Korea 정보화
한글 NEO(2016)

불필요한건 빼고 필요한 것만 공부한다!
Korea 정보화
한글 NEO(2016)

발 행 일 : 2021년 11월 01일(1판 1쇄)
개 정 일 : 2023년 10월 16일(1판 3쇄)
I S B N : 978-89-8455-058-2(13000)
정   가 : 12,000원

집   필 : 이상미
진   행 : 김동주
본문디자인 : 앤미디어

발 행 처 : (주)아카데미소프트
발 행 인 : 유성천
주   소 : 경기도 파주시 정문로 588번길 24
홈페이지 : www.aso.co.kr / www.asotup.co.kr

※ 이 책은 저작권법에 따라 보호를 받는 저작물이므로 무단 전재와 무단 복제를 금지하며,
   이 책 내용의 전부 또는 일부를 이용하려면 반드시 (주)아카데미소프트의 서면동의를 받아야 합니다.

CONTENTS

CHAPTER 01 한글 NEO 시작하기
- 01 새 문서 만들기 05
- 02 저장하고 종료하기 07

CHAPTER 02 특수문자/한자 입력하기
- 01 글자 삽입과 수정 13
- 02 특수문자 입력하기 15
- 03 글자 겹치기 16
- 04 한자 입력하기 19

CHAPTER 03 글자 모양 활용하기
- 01 글자 모양 바꾸기 25
- 02 글자 모양 복사하기 28
- 03 글머리표 넣기 29

CHAPTER 04 문단 모양 활용하기
- 01 내용 복사하기 35
- 02 문단 모양 지정하기 36
- 03 문단 테두리/배경 지정하기 39
- 04 탭 지정하기 40

CHAPTER 05 표 만들기
- 01 표 만들기 45
- 02 셀 합치기와 나누기 46
- 03 셀/테두리 배경 지정하기 49
- 04 표 복사와 자동 채우기 52

CHAPTER 06 차트 만들기
- 01 표에서 계산하기 59
- 02 차트 만들기 62
- 03 차트 편집하기 65

CHAPTER 07 글맵시와 글상자가 있는 문서 만들기
- 01 글맵시 넣기 73
- 02 글상자 만들기 75
- 03 클립아트 넣기 79

CHAPTER 08 문서에 그림 넣기
- 01 제목 작성하기 85
- 02 스크린샷 사용하기 87
- 03 타원에 그림 넣기 91
- 04 타원을 글상자로 만들기 93

CHAPTER 09 메일머지로 엽서 만들기
- 01 데이터 파일 작성하기 98
- 02 문서마당 이용하기 99
- 03 메일 머지 표시 달기 101
- 04 메일 머지 만들기 103

CHAPTER 10 다단 문서 만들기
- 01 문서 작성하기 108
- 02 머리말/꼬리말 넣기 109
- 03 다단 설정하기 111
- 04 구역 나누기 112

CHAPTER 11 조판 기능 이용하기
- 01 편집 용지와 쪽 테두리 지정하기 119
- 02 덧말 넣기 120
- 03 문단 첫 글자 장식 122
- 04 그림 넣기 123
- 05 각주 넣기 125
- 06 문단 번호 지정하기 127
- 07 쪽 번호 지정하기 131

CHAPTER 12 유용한 기능들
- 01 수식 입력하기 137
- 02 원고지 쓰기 139
- 03 맞춤법 검사 140
- 04 책갈피와 하이퍼링크 142
- 05 인쇄하기 144

CHAPTER 01 한글 NEO 시작하기

예제파일 : 없음   완성파일 : 명언.hwp

✱ 이번 장에서는

- 한글 NEO를 실행하고 화면 구성을 알아봅니다.
- 간단한 문서를 작성하고 저장하는 방법과 종료한 후 문서를 다시 불러오는 방법을 알아봅니다.

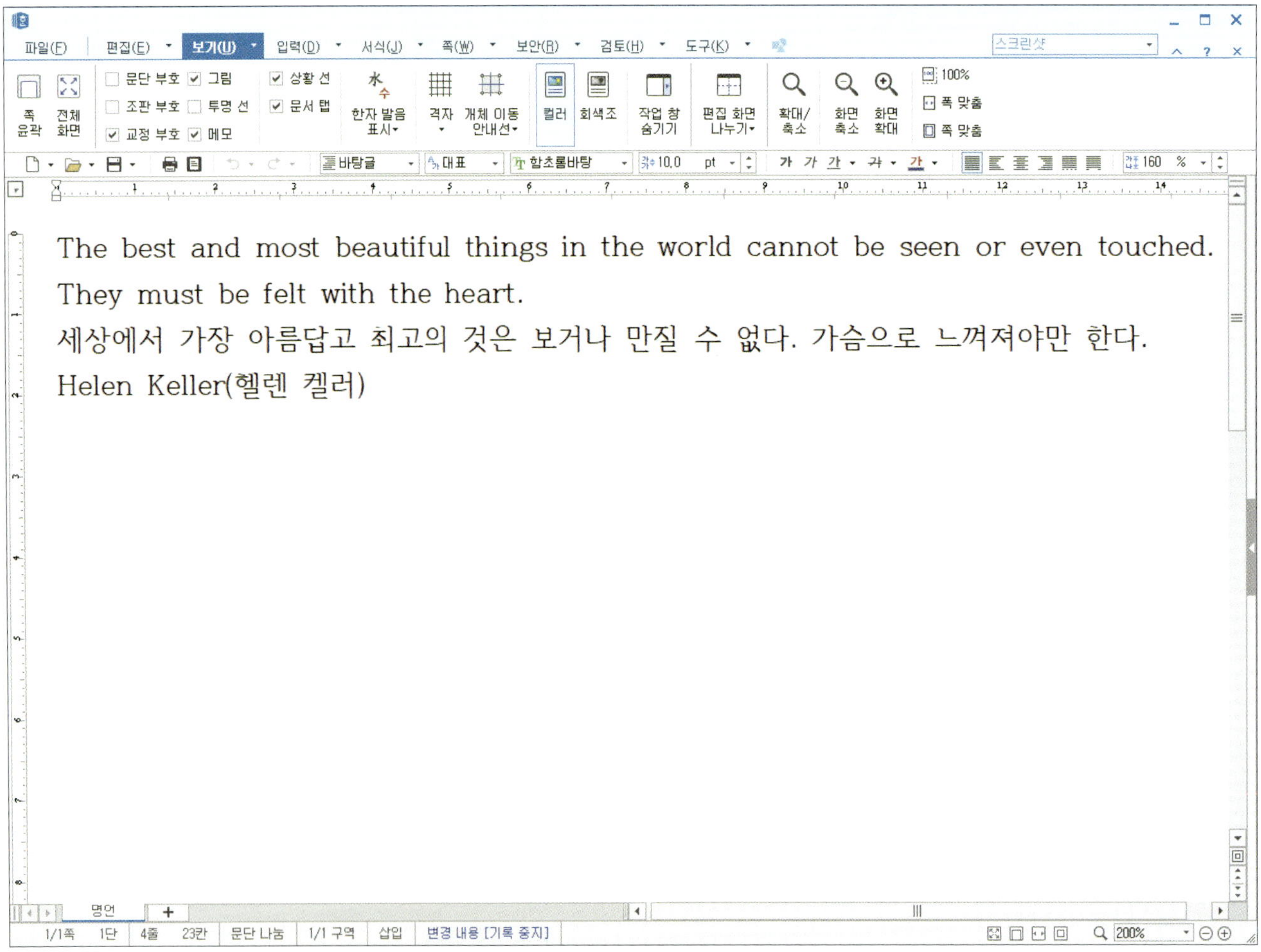

01 새 문서 만들기

01 바탕화면에서 [한글(📘)] 바로가기 아이콘을 더블클릭하거나 [시작(⊞)]-[한글(📘)]을 클릭합니다.

02 다음과 같이 한글 NEO가 실행됩니다. 화면 구성은 다음과 같습니다.

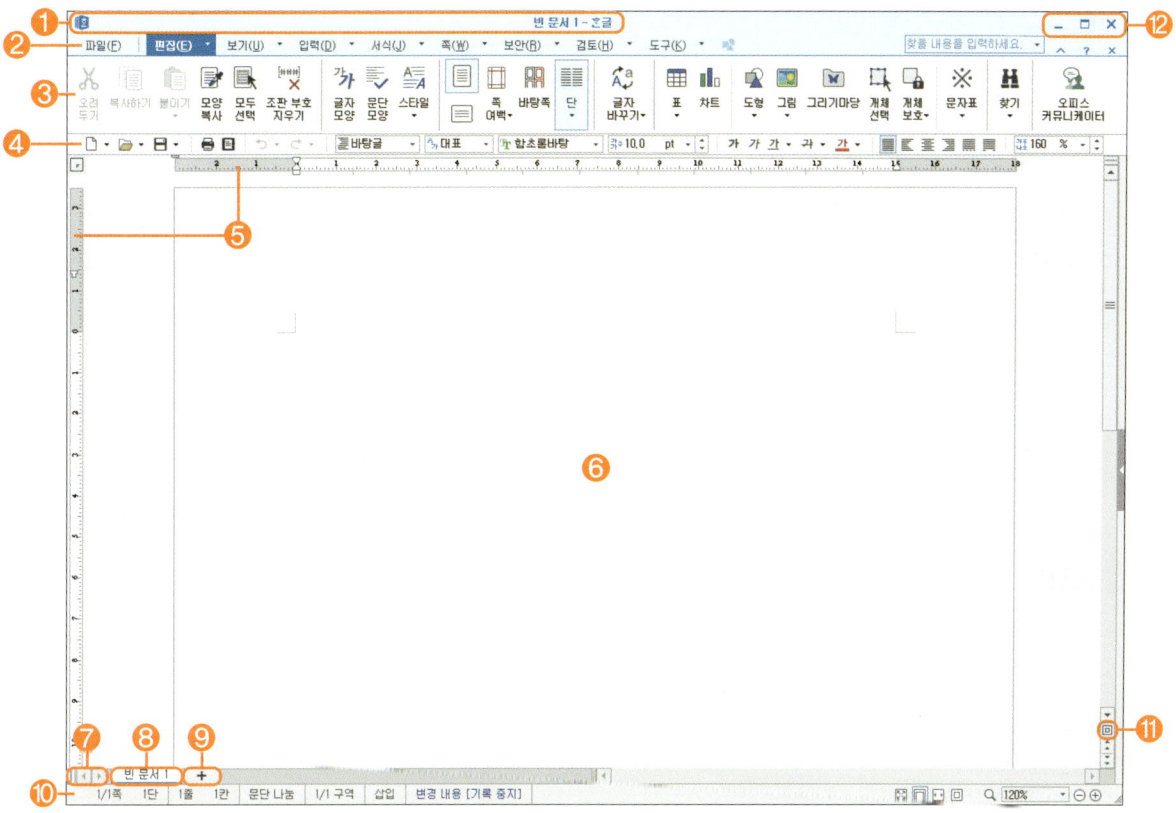

① **제목 표시줄** : 현재 작업 중인 문서의 이름과 저장된 경로가 표시됩니다.
② **메뉴 표시줄** : 프로그램에서 사용하는 기능을 종류별로 묶어 메뉴로 표시합니다.
③ **기본 도구 상자** : 각각의 메뉴에서 자주 사용하는 기능을 그룹별로 묶어서 탭 형식으로 표시합니다.
④ **서식 도구 상자** : 문서를 편집할 때 자주 사용하는 기능을 아이콘으로 표시합니다.
⑤ **가로/세로 눈금자** : 개체의 위치나 크기를 확인할 수 있습니다.
⑥ **편집 창** : 글자나 그림 등을 넣어 문서를 작성하는 작업 공간입니다.
⑦ **탭 이동 아이콘** : 여러 개의 탭이 열려 있을 때 이전 탭이나 다음 탭으로 이동할 수 있습니다.
⑧ **문서 탭** : 작업 중인 문서의 이름이 표시되고, 저장되지 않은 경우에는 빨간색, 자동 저장된 문서는 파란색, 저장이 완료된 문서는 검은색으로 표시합니다.
⑨ **새 탭** : 문서에 새 탭을 추가합니다.
⑩ **상태 표시줄** : 편집 창의 상태와 커서의 위치를 표시합니다.
⑪ **보기 선택 아이콘** : 화면에 표시되는 부호나 화면을 조절하는 도구 모음을 표시합니다.
⑫ **창 조절 단추** : 창의 크기를 조절하거나 창을 닫을 수 있습니다.

03 [보기] 탭-[화면 확대(🔍)]를 클릭하여 작업하기 편한 비율을 지정합니다.

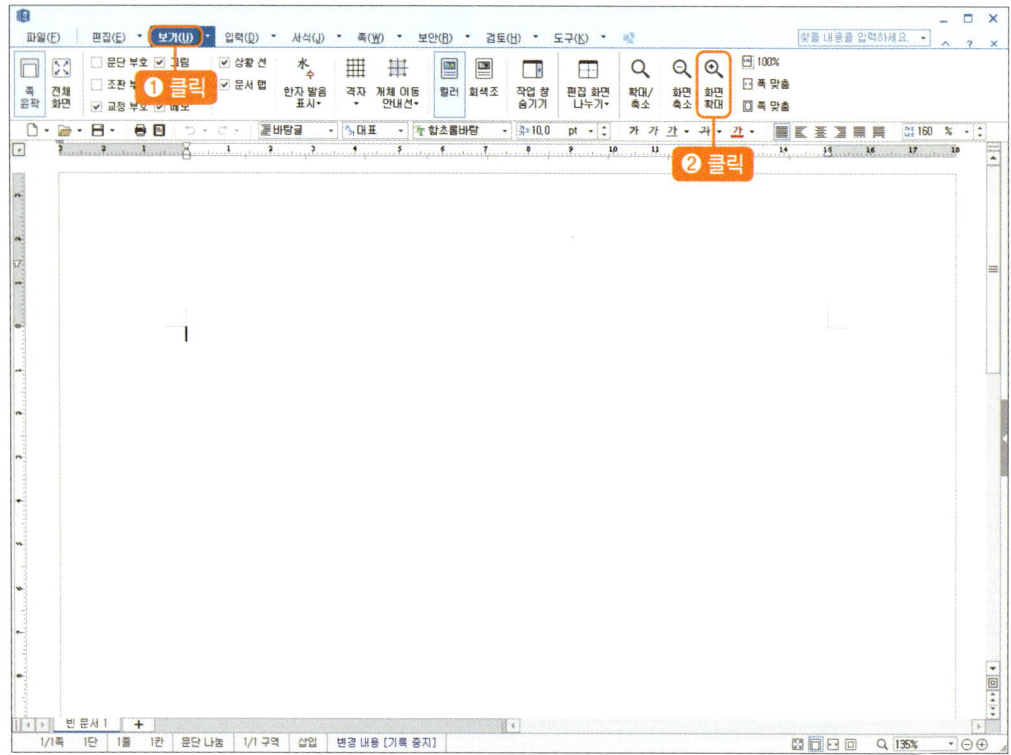

TIP

[보기] 탭-[폭 맞춤(▯)]을 클릭하면 용지의 너비가 문서 창의 너비에 맞게 확대되거나 축소됩니다.

04 [보기] 탭-[문단 부호]를 체크하면 Enter 키를 누른 위치를 확인할 수 있습니다.

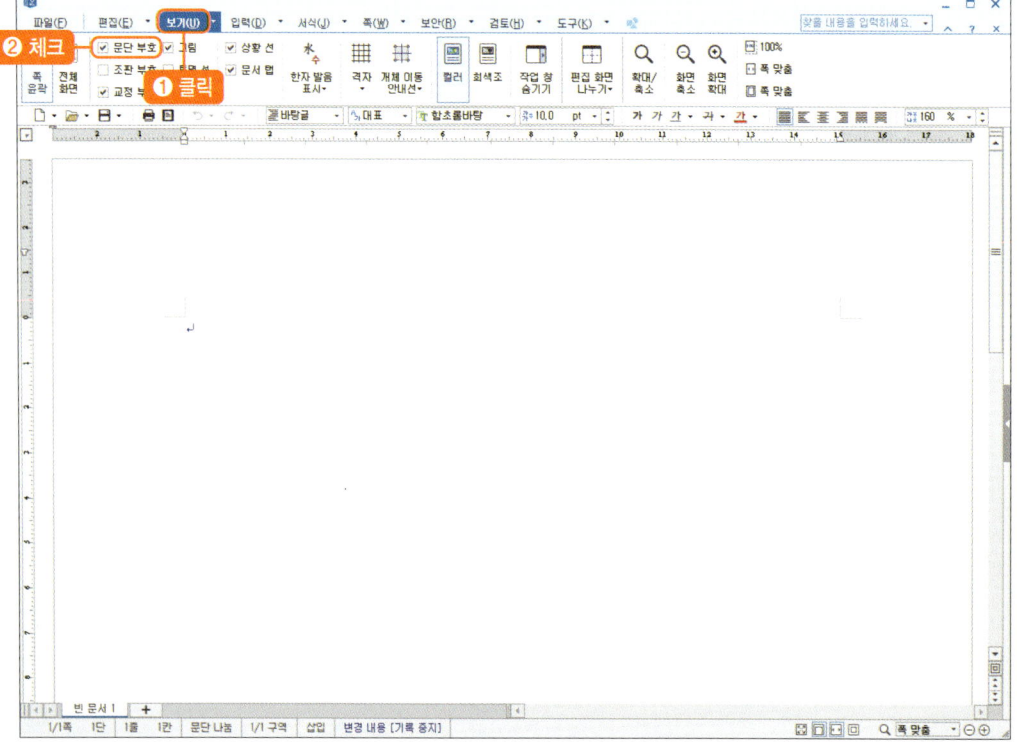

TIP

쪽 윤곽

- [보기] 탭-[쪽 윤곽(□)]이 선택되어 있으면 용지 여백이나 머리말/꼬리말, 쪽 테두리 등의 인쇄될 모양을 화면으로 직접 보면서 편집을 할 수 있습니다.
- 쪽 윤곽을 해제하면 여백없이 꽉 차게 화면을 볼 수 있습니다.

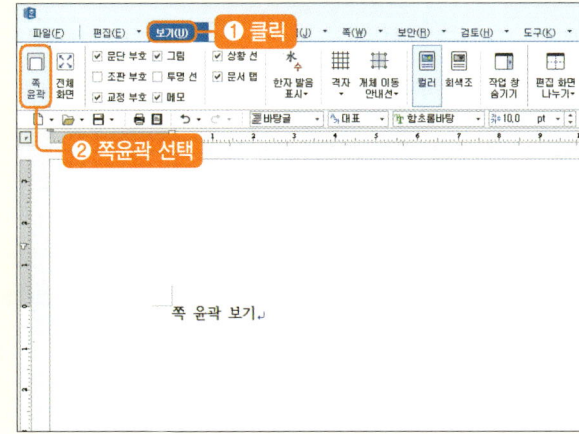 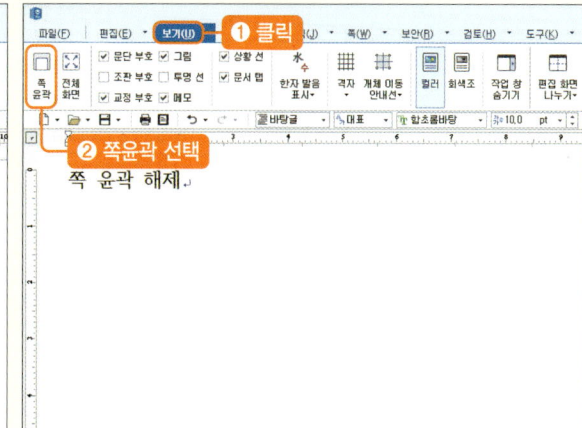

02 저장하고 종료하기

01 다음 내용을 입력하고 [서식] 도구 상자-[저장하기(💾)]를 클릭합니다. (Alt+S)

> The best and most beautiful things in the world cannot be seen or even touched.
> They must be felt with the heart.
> 세상에서 가장 아름답고 최고의 것은 보거나 만질 수 없다. 가슴으로 느껴져야만 한다.
> Helen Keller(헬렌 켈러)

TIP

- 한글/영문 변환 : 한/영 키
- 띄어쓰기 : Space Bar 키
- 줄 바꾸기 : Enter 키
- 커서 앞 글자 삭제 : Back Space 키
- 커서 뒤 글자 삭제 : Delete 키

02 [다른 이름으로 저장하기] 대화상자에서 저장 위치를 다음과 같이 지정한 후 [새 폴더]를 클릭합니다.

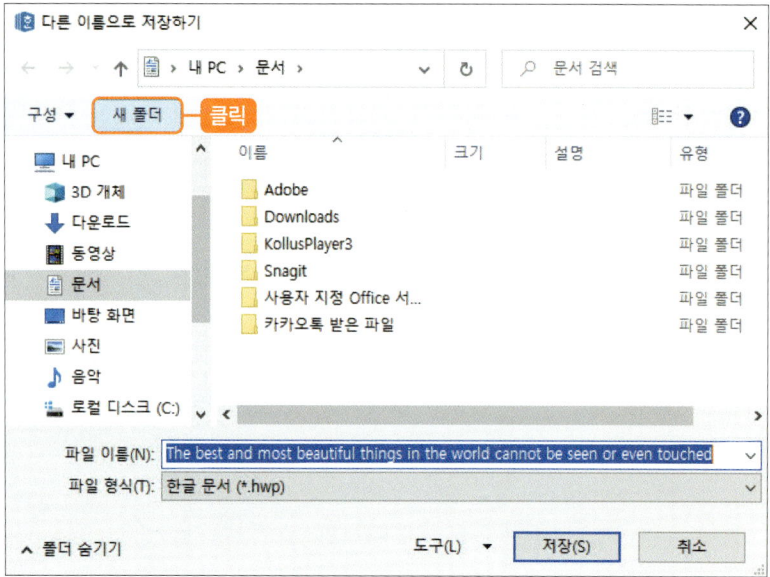

03 [새 폴더]가 나타나면 이름을 다음과 같이 입력한 후 〈열기〉 단추를 클릭합니다.

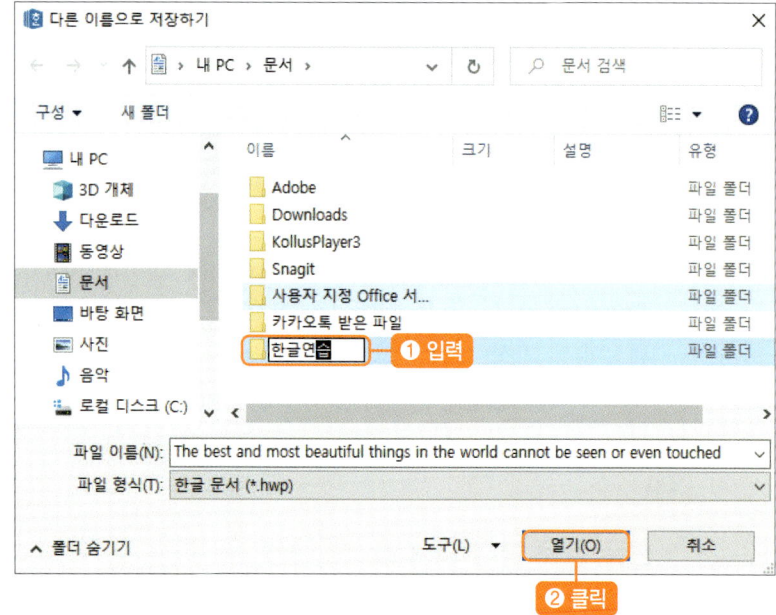

04 파일 이름에 '명언'이라고 입력한 후 〈저장〉 단추를 클릭합니다.

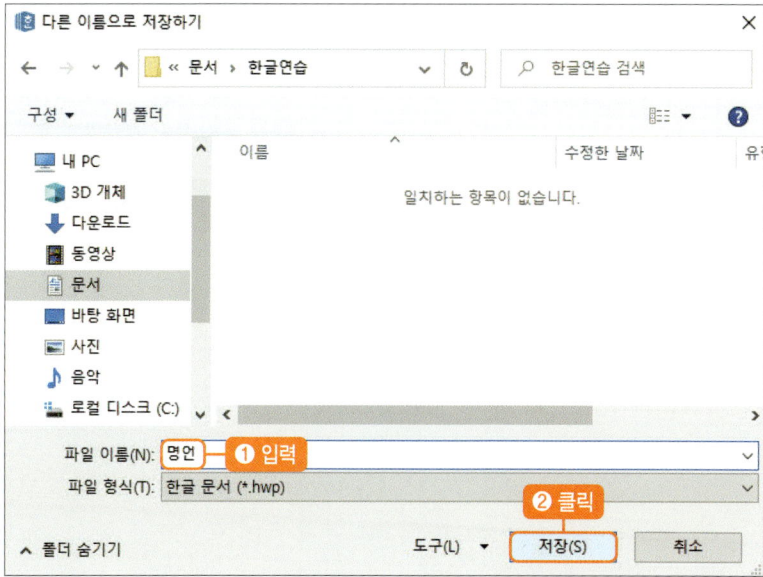

05 제목 표시줄에 표시된 경로와 파일 이름을 확인한 후 〈닫기(✕)〉 단추를 클릭하여 한글 NEO를 종료합니다.

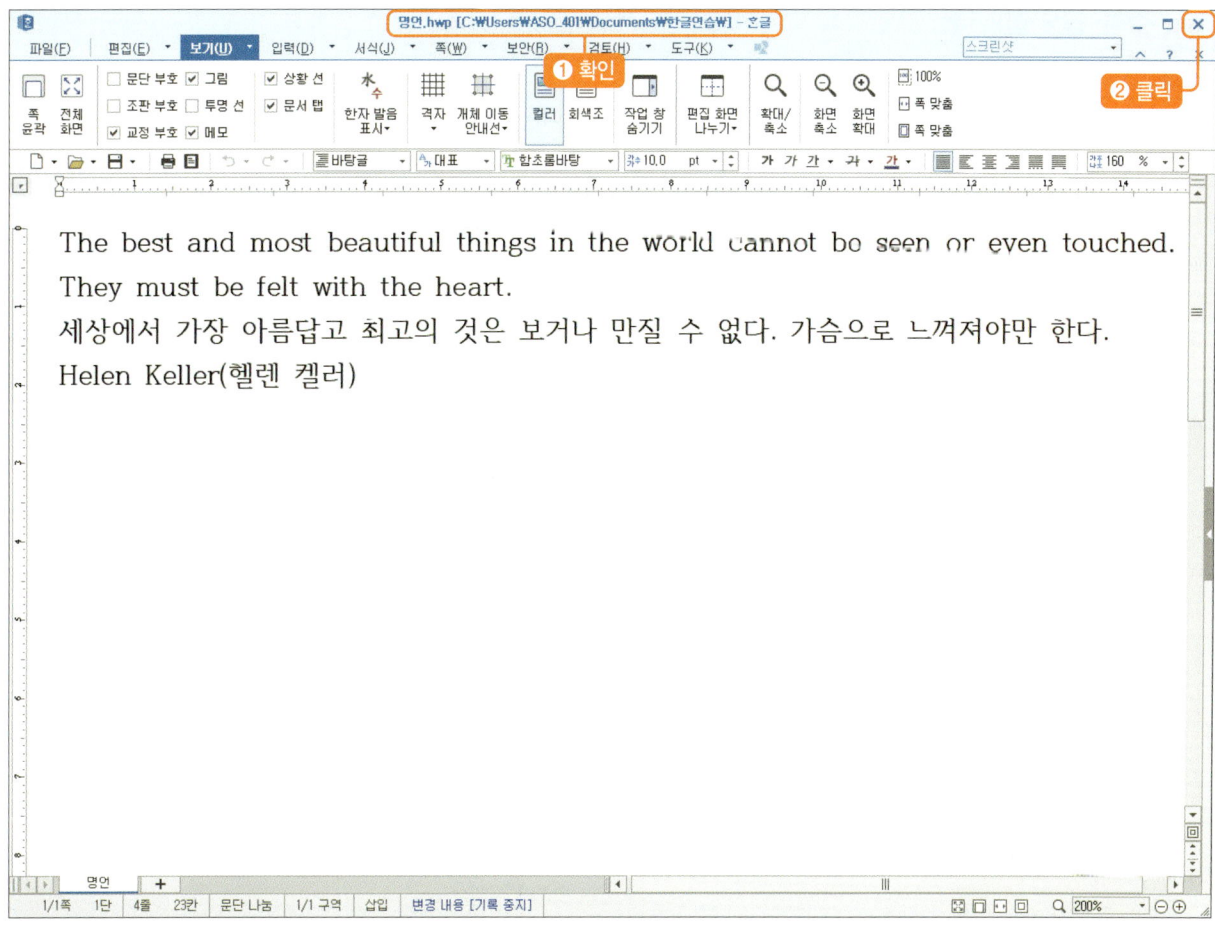

06 한글 NEO를 다시 실행한 후 [서식] 도구 상자-[불러오기(📂)]를 클릭합니다. (Alt+O)

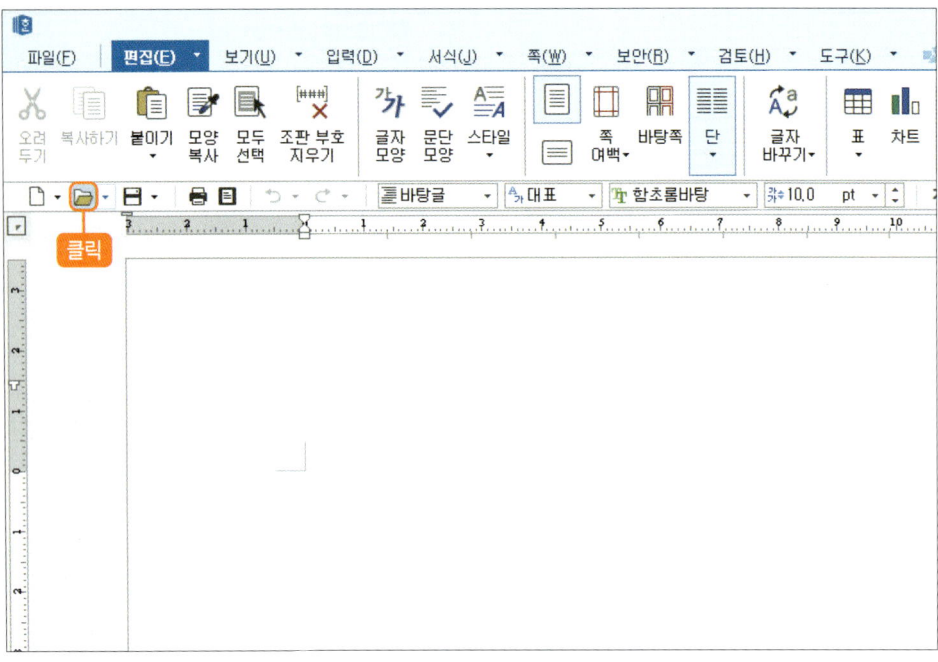

07 [불러오기] 대화상자가 나타나면 다음과 같이 폴더를 지정하고 '명언.hwp'를 선택한 후 〈열기〉 단추를 클릭합니다.

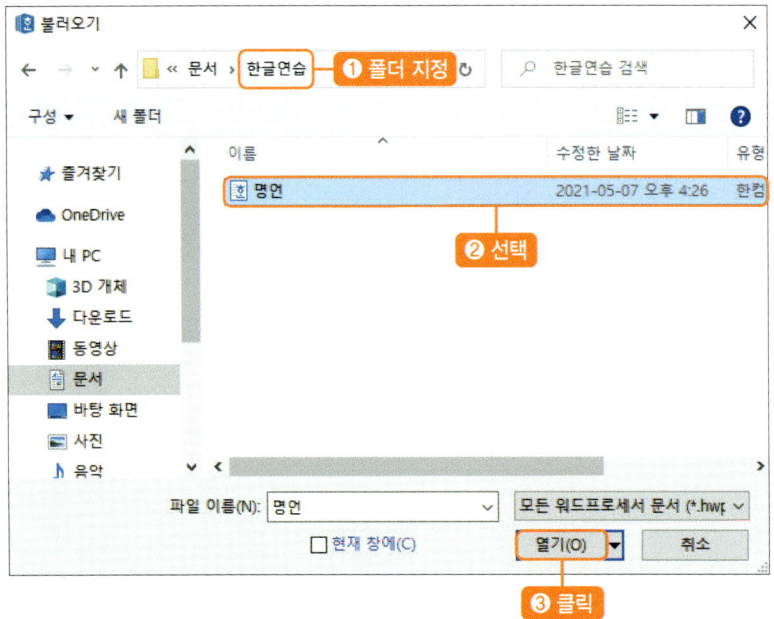

활용마당

1 다음과 같이 문서를 작성하고 저장해 보세요.

◉ **예제파일** : 없음   ◉ **완성파일** : 노래(완성).hwp

> 비 그친 초록나라 풀꽃들을 보세요.
> 밝은 햇살에 활짝 웃는 예쁜 얼굴들
> 우리들은 그런 꽃을 닮고 싶어요
> 우리 노래는 향기로운 꽃내음
> 세상을 밝게 할래요 아름답게 할래요
> 향기롭게 할래요
> 세상을 밝게 만드는 아름답게 만드는
> 꽃을 닮은 아이들

HINT
❶ [서식] 도구 상자-[새문서(□)] 클릭
❷ 내용 입력 후 '노래.hwp'로 저장

2 다음과 같이 문서를 작성하고 저장해 보세요.

◉ **예제파일** : 없음   ◉ **완성파일** : 꽃말(완성).hwp

> 개나리(Forsythia)-희망
> 수국(Hydrangea)-진심
> 백합(Lily)-순결함
> 장미(Rose)-열렬한 사랑
> 안개꽃(Gypsophila)-깨끗한 마음, 기쁨
> 프리지아(Freesia)-우정
> 코스모스(Cosmos)-순정
> 목화(Cotton)-어머니의 사랑

특수문자/한자 입력하기

CHAPTER 02

● **예제파일** : 12월의 베스트셀러.hwp   ● **완성파일** : 12월의 베스트셀러(완성).hwp

✱ 이번 장에서는

- 글자를 삽입하거나 수정하는 방법을 알아봅니다.
- 특수문자를 입력하고 글자를 겹치는 방법, 한자를 입력하는 다양한 방법을 알아봅니다.

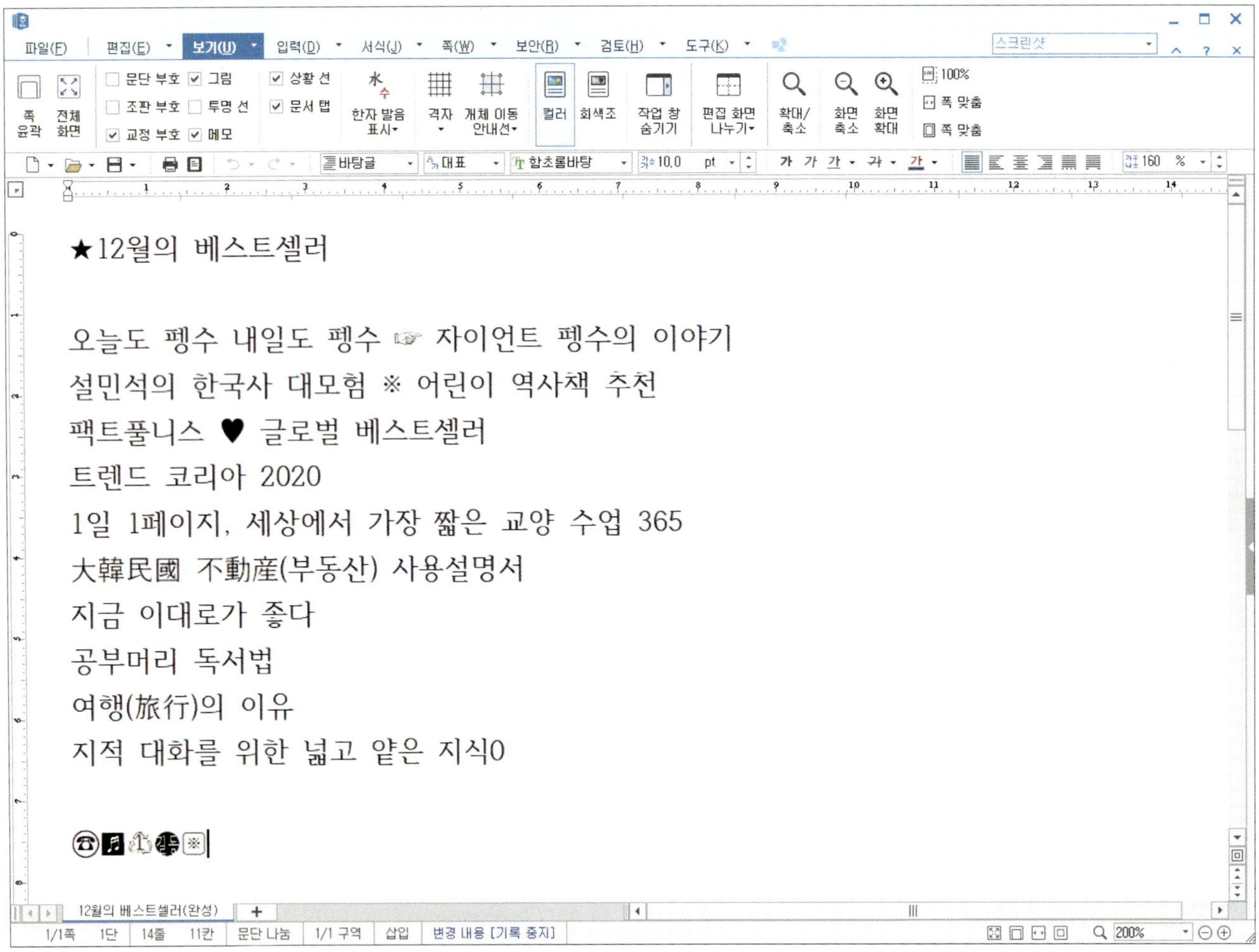

01 글자 삽입과 수정

01 다음과 같이 문서에 내용을 입력하고 '12월의 베스트셀러.hwp'로 저장합니다.

```
12월의 베스트셀러

내일도 펭수
설민석의 세계사 대모험
팩트풀니스
트렌드 코리아 2020
1일 1페이지, 세상에서 가장 짧은 교양 수업 365
대한민국 부동산 사용설명서
지금 이대로가 좋다
공부머리 독서법
여행의 이유
지적 대화를 위한 넓고 얕은 지식0
```

02 상태표시줄에 현재 상태가 '삽입'인지 확인합니다. '내일도' 앞을 클릭하여 '오늘도 펭수'를 입력하고 Space Bar 키를 한 번 누르면 단어가 뒤로 밀리면서 글자가 삽입됩니다.

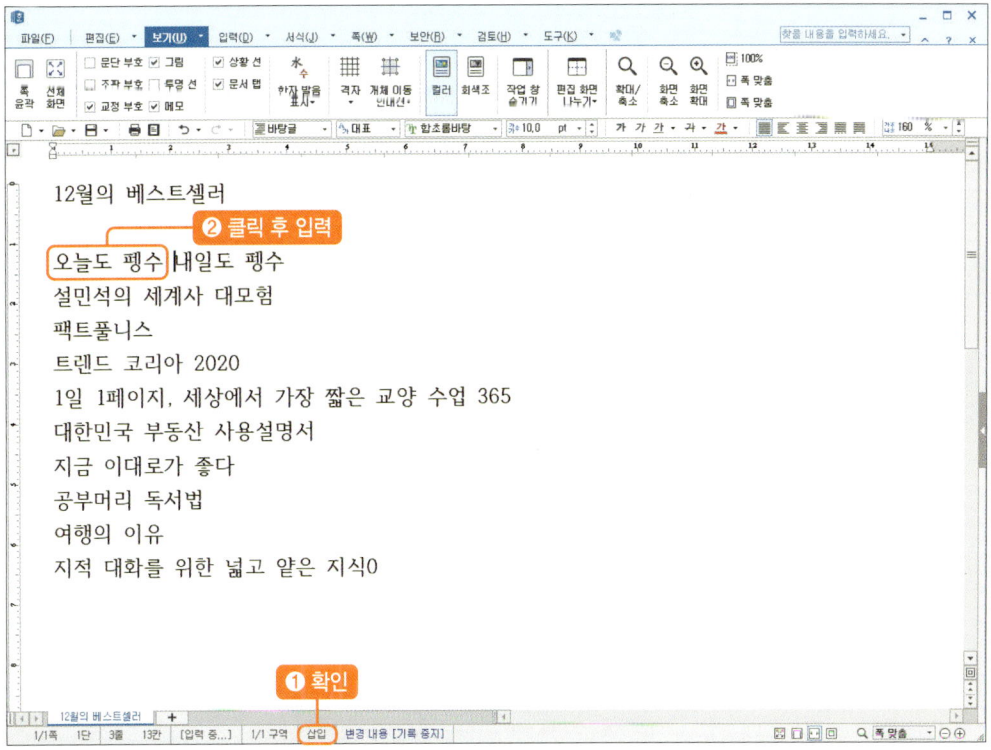

한글 NEO • **13**

03 상태표시줄의 '삽입'을 클릭하여 '수정'으로 변경합니다. '세계사' 앞을 클릭하고 '한국사'를 입력하면 글자가 지워지면서 '한국사'가 입력됩니다.

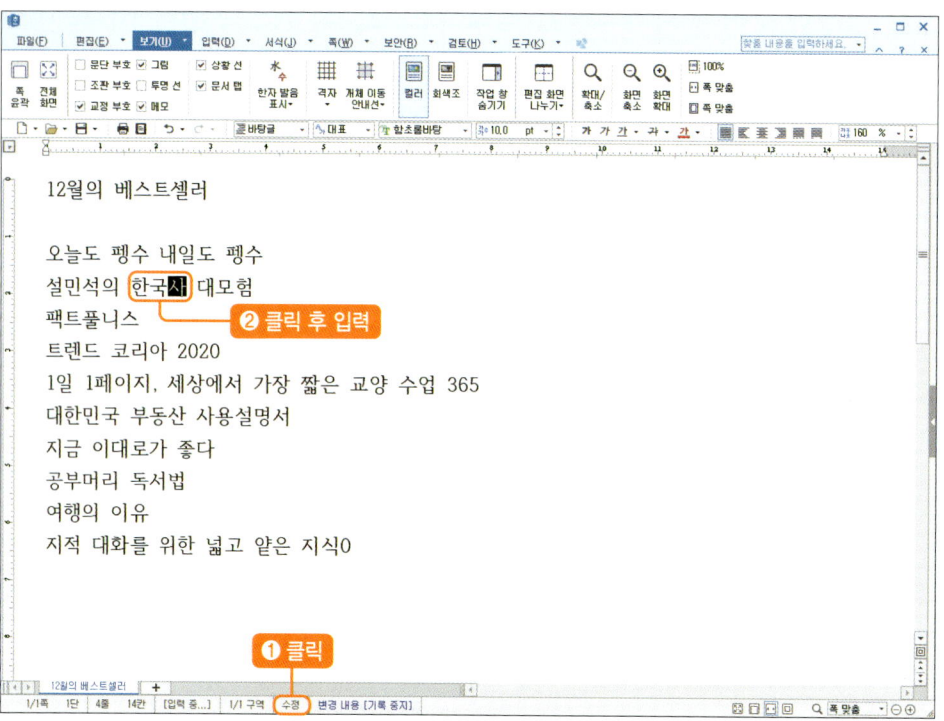

04 다시 상태표시줄의 '수정'을 클릭하여 '삽입'으로 변경합니다.
　　※ 글자가 실수로 지워지는 것을 막기 위하여 가능하면 '삽입' 상태에서 작업을 하는 것이 편리합니다.

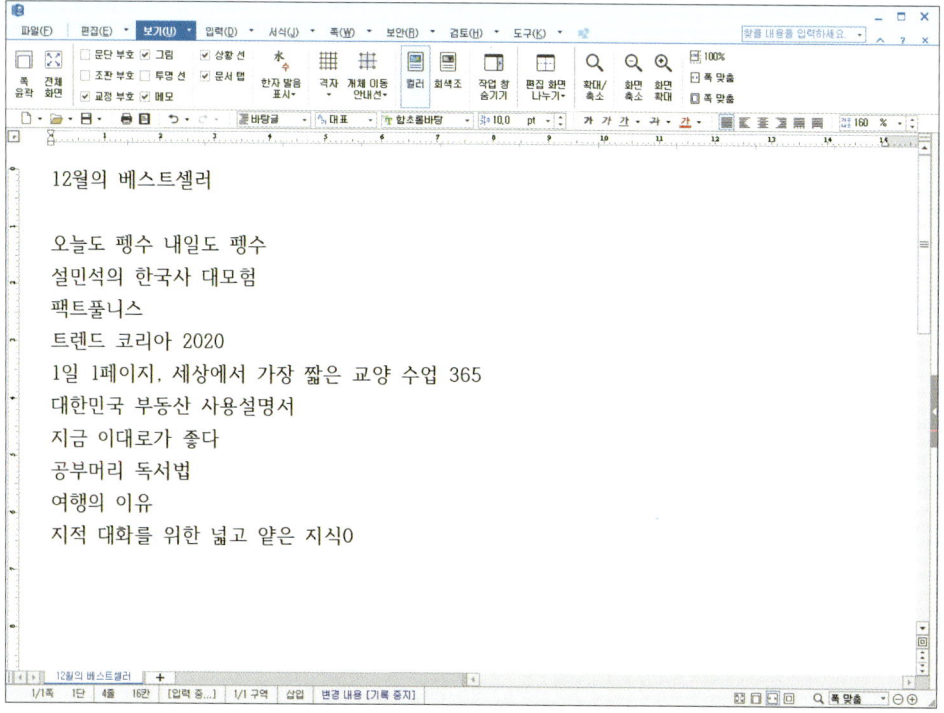

TIP
삽입/수정 상태는 Insert 키를 눌러 변환할 수도 있습니다.

02 특수문자 입력하기

01 커서를 제목(12월의 베스트셀러) 맨 앞에 위치한 후 [입력] 탭-[문자표]-[문자표]를 클릭합니다. (Ctrl + F10)

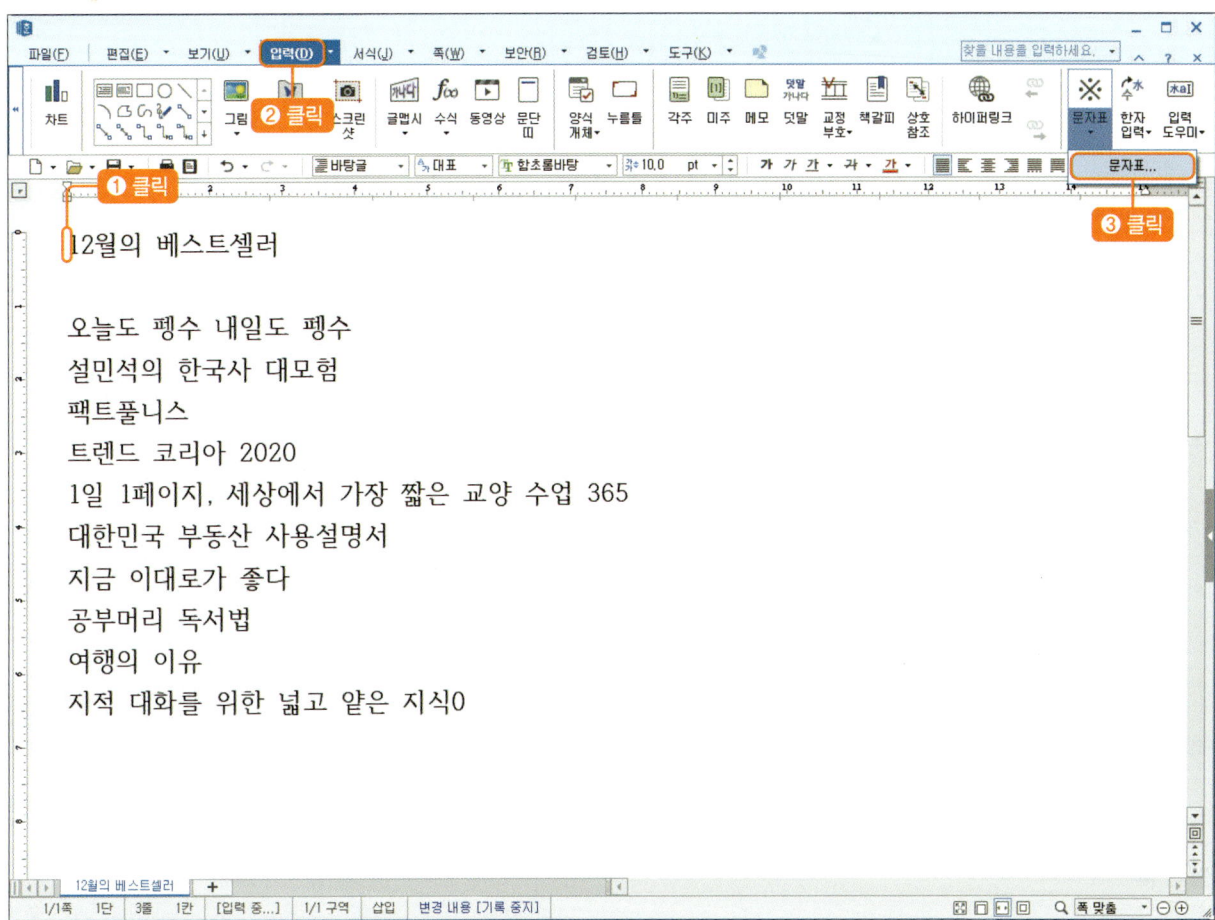

02 [문자표 입력] 대화상자의 [흔글(HNC) 문자표] 탭에서 '전각 기호(일반)'을 선택하고 '문자 선택'에서 '★'을 선택한 후 〈넣기〉 단추를 클릭합니다.

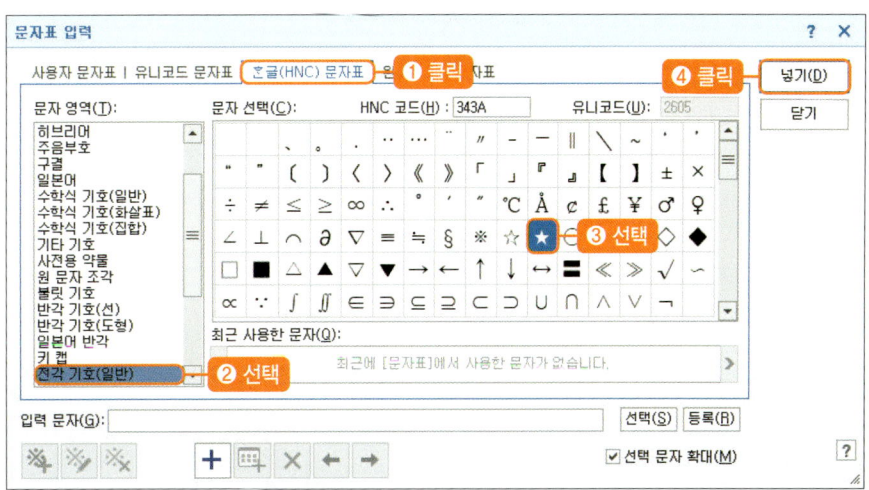

한글 NEO • **15**

03 위와 같은 방법으로 다음의 특수문자와 내용을 입력합니다.

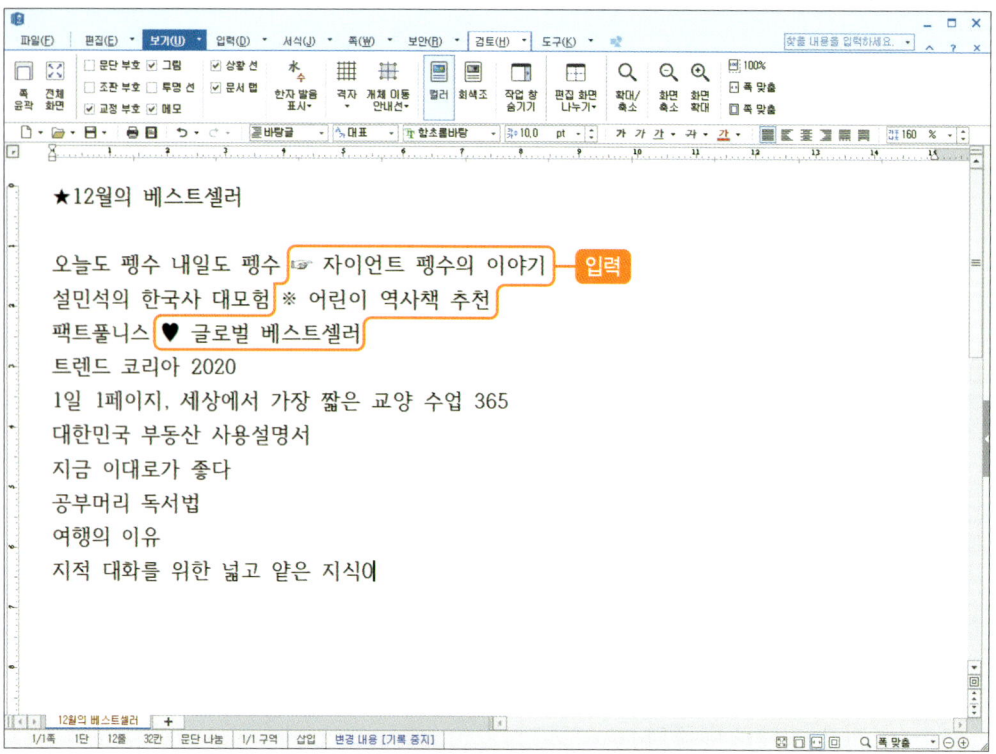

03 글자 겹치기

01 내용 마지막줄에서 Enter 키를 두 번 누르고 [입력] 탭의 목록 단추(▼)를 클릭하여 [글자 겹치기(㉑)]를 선택합니다.

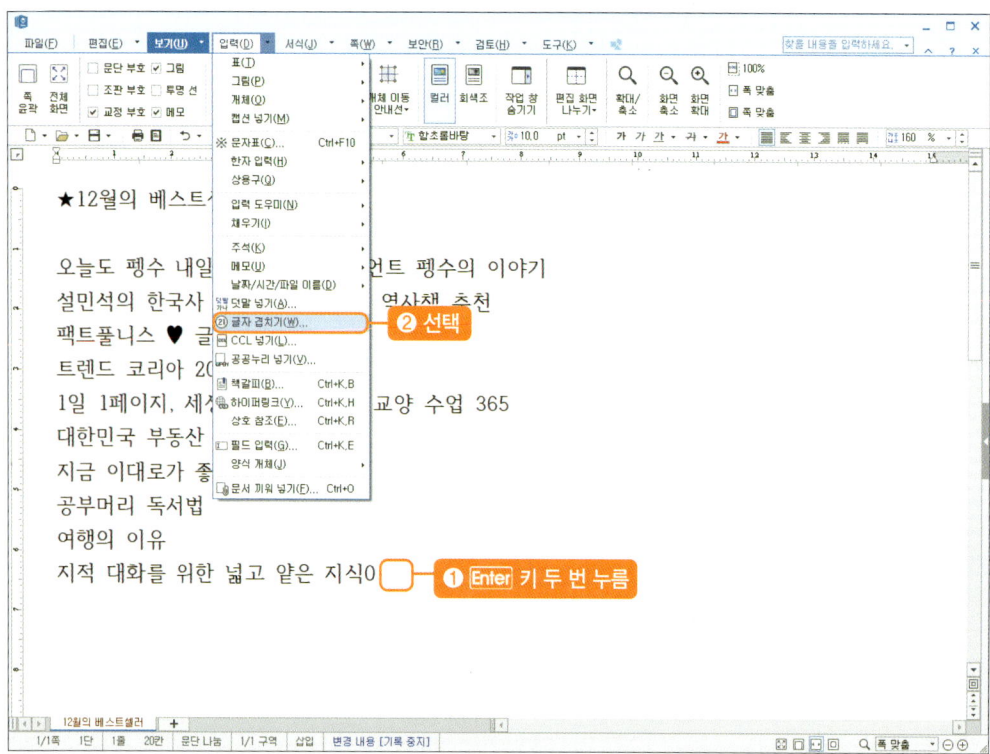

02 [글자 겹치기] 대화상자의 '겹쳐 쓸 글자'에서 Ctrl+F10을 누릅니다.

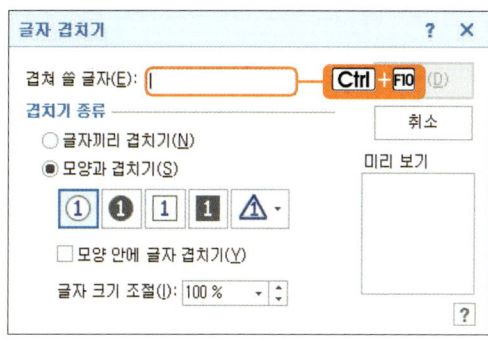

03 [문자표 입력] 대화상자의 [한글(HNC) 문자표] 탭에서 '전각 기호(일반)'을 선택하고 '문자 선택'에서 '☎'을 선택한 후 〈넣기〉 단추를 클릭합니다.

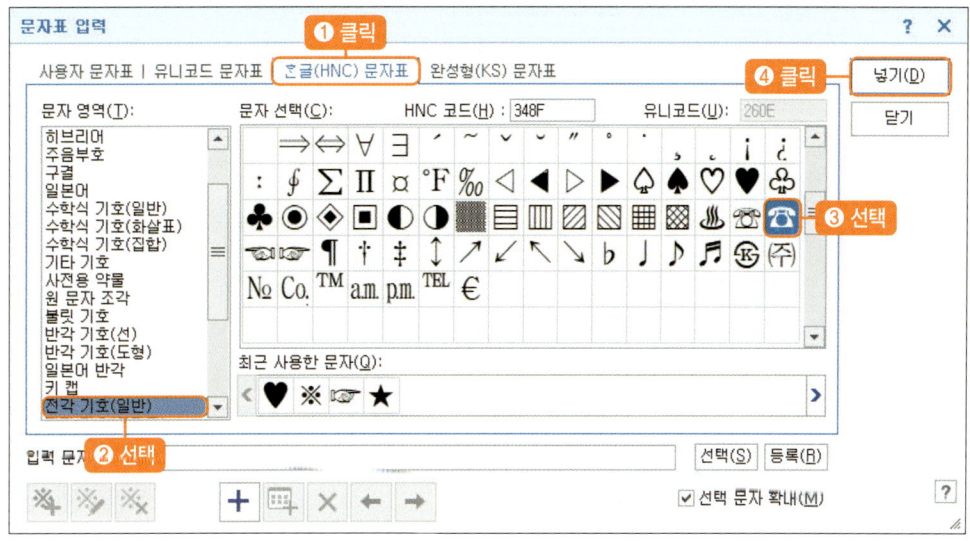

04 [글자 겹치기] 대화상자에서 〈넣기〉 단추를 클릭합니다.

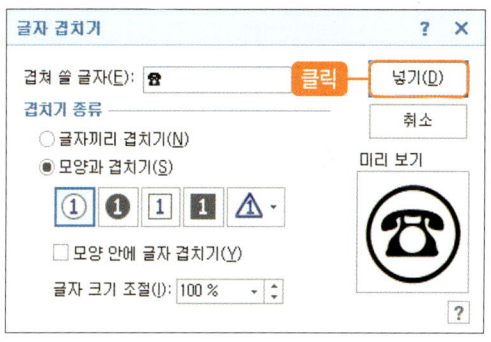

05 다시 [입력] 탭의 목록 단추(▾)를 클릭하고 [글자 겹치기]를 선택합니다. 이어서, 같은 방법으로 '♬'을 선택한 후 '모양과 겹치기'에서 '반전된 사각형 문자(1)'를 선택하고 〈넣기〉 단추를 클릭합니다.

글자 겹치기
① Ctrl+F10 누른 후 선택
겹쳐 쓸 글자(E): ♬
넣기(D)
③ 클릭
겹치기 종류
글자끼리 겹치기(N)
모양과 겹치기(S)
미리 보기
② 선택
모양 안에 글자 겹치기(Y)
글자 크기 조절(I): 100 %

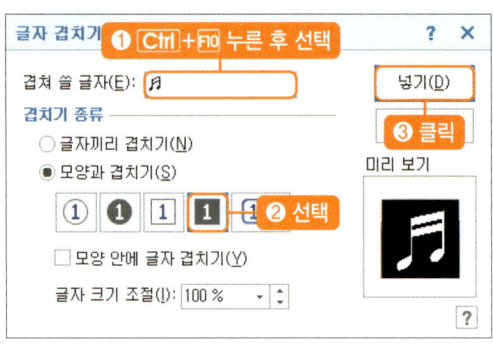

06 나머지 글자들도 글자 겹치기를 이용하여 완성합니다.

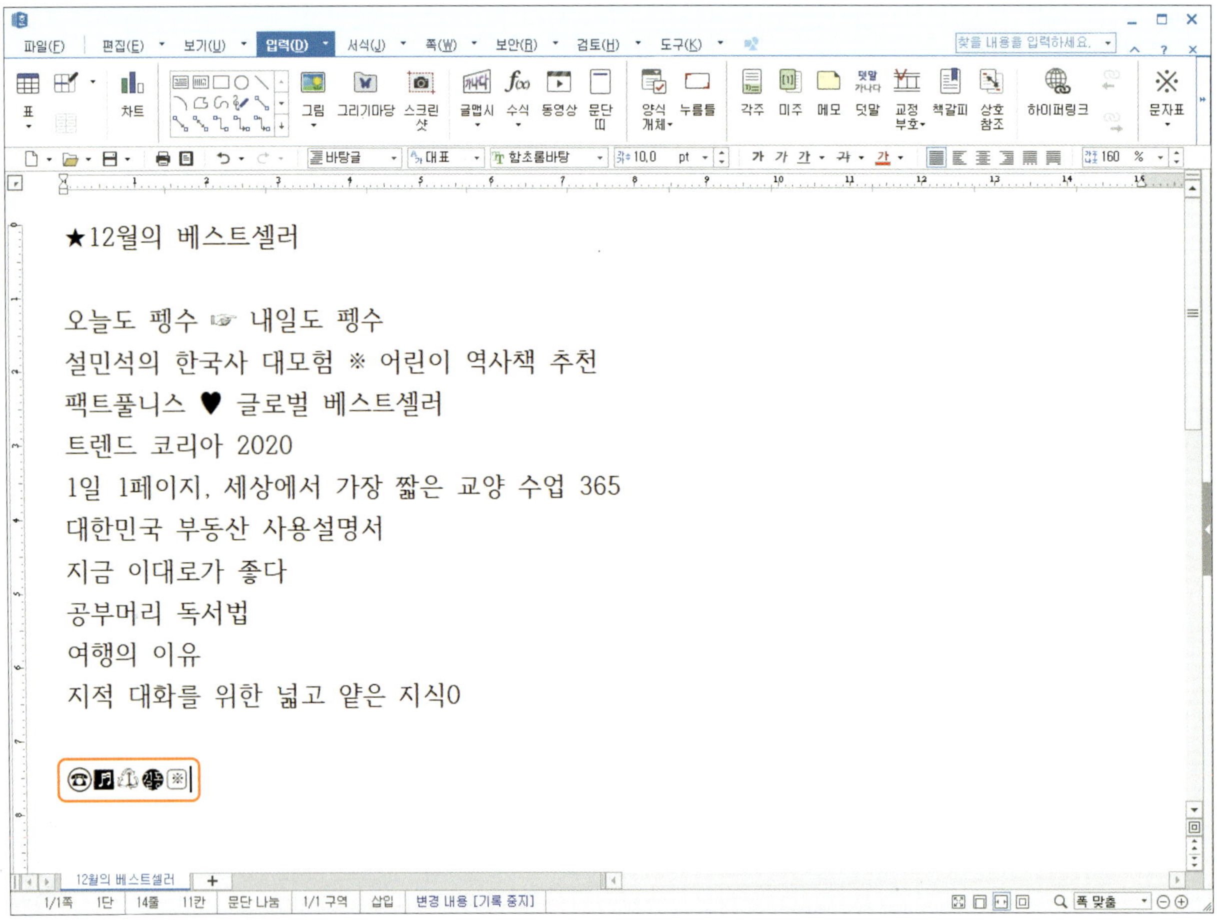

★12월의 베스트셀러
오늘도 펭수 ☞ 내일도 펭수
설민석의 한국사 대모험 ※ 어린이 역사책 추천
팩트풀니스 ♥ 글로벌 베스트셀러
트렌드 코리아 2020
1일 1페이지, 세상에서 가장 짧은 교양 수업 365
대한민국 부동산 사용설명서
지금 이대로가 좋다
공부머리 독서법
여행의 이유
지적 대화를 위한 넓고 얕은 지식0

TIP

❶ ⚠ : [기타 문자]
❷ ♋ : [반전된 원 문자]
❸ ※ : [기타 문자]

04 한자 입력하기

01 '대한민국' 단어 뒤에 커서를 위치하고 [한자] 키를 누릅니다.

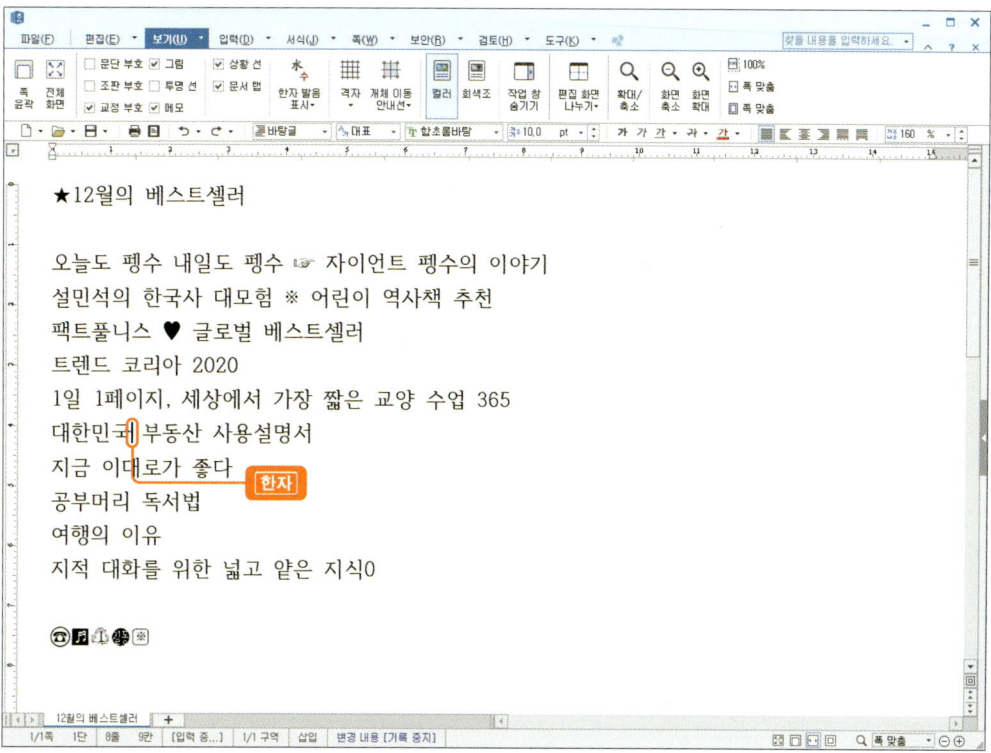

02 [한자로 바꾸기] 대화상자에서 '大韓民國'을 선택하고 '입력 형식'에서 '漢字'를 선택한 후 〈바꾸기〉 단추를 클릭합니다.

TIP

'입력 형식'에서 한글을 어떤 모양의 한자로 바꿀지 지정할 수 있으며 모두 7가지의 형식이 있습니다.

03 이번에는 '부동산' 단어 뒤에 커서를 위치하고 한자 키를 누릅니다.

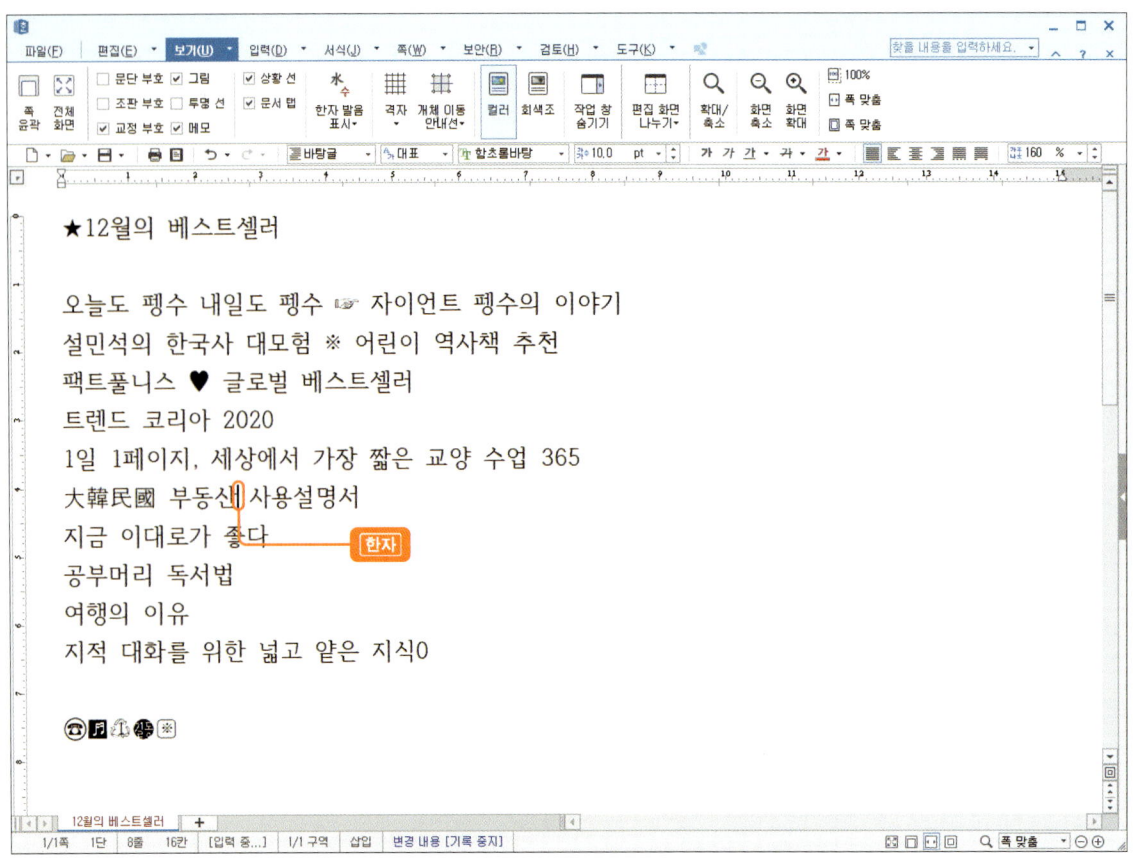

04 [한자로 바꾸기] 대화상자에서 '不動産'을 선택하고 '입력 형식'에서 '漢字(한글)'을 선택한 후 〈바꾸기〉 단추를 클릭합니다.

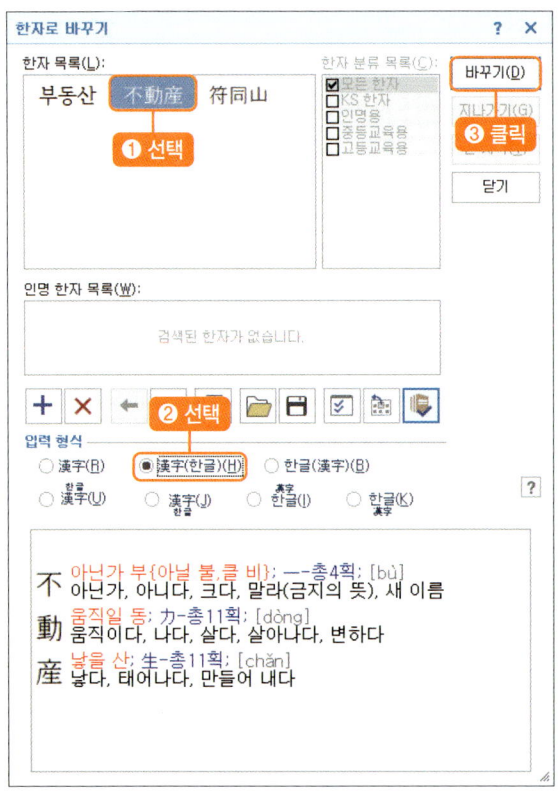

05 같은 방법으로 '여행'을 '여행(旅行)'으로 변환한 후 '12월의 베스트셀러(완성).hwp'로 저장합니다.

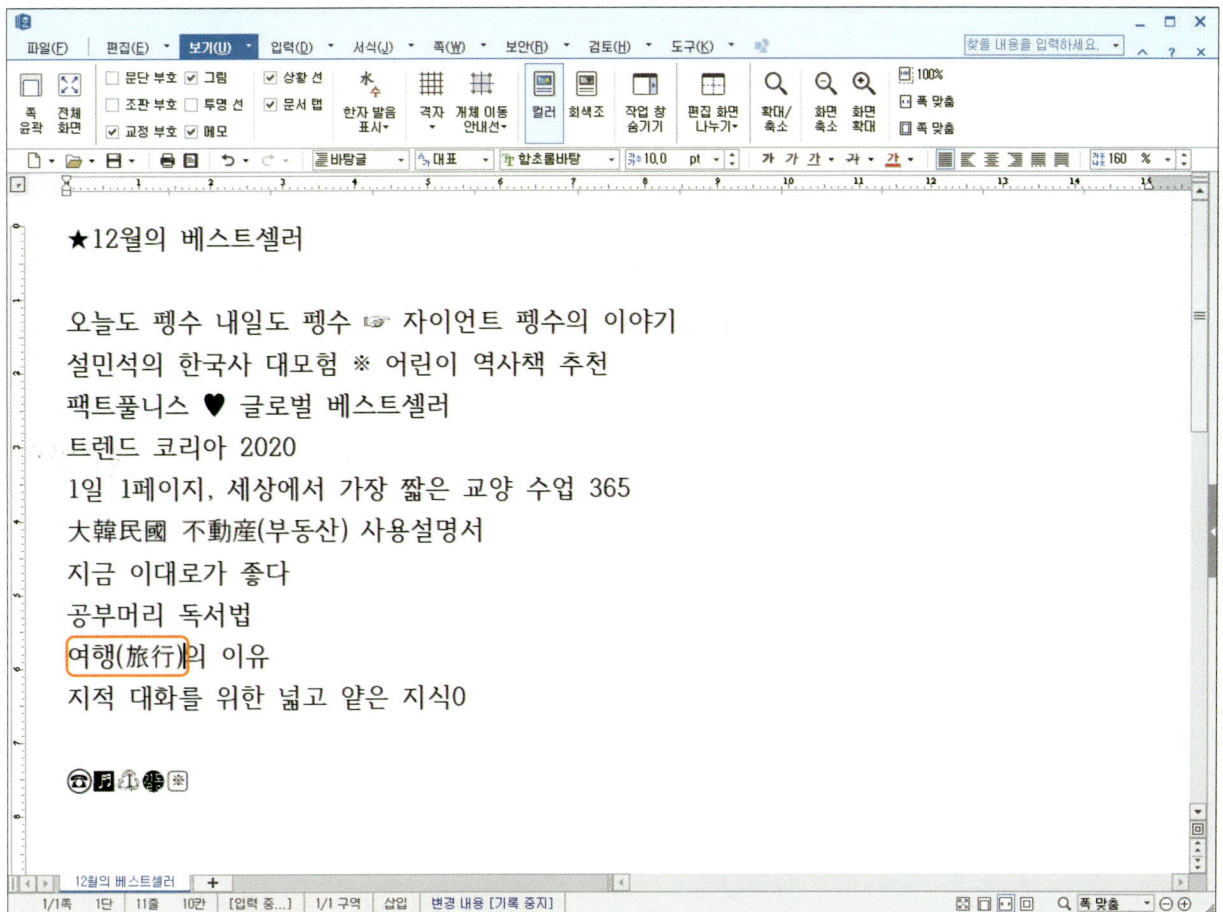

TIP
변환된 한자를 다시 한글로 바꾸려면 한자 뒤에 커서를 놓고 한자 키를 누르면 한자가 한글로 변환됩니다.

활용마당

1 다음과 같이 특수문자를 입력한 후 저장해 보세요.

◉ 예제파일 : 없음   ◉ 완성파일 : 특수문자(완성).hwp

[유니코드 문자표]-[여러 가지 기호] : ☀☂⛄☕☺☻
[유니코드 문자표]-[딩벳 기호] : ✂✈✧✱✲✿❄❊
[훈글(HNC) 문자표]-[수학식 기호(집합)] : ∈∉∑∧∨∩∪≒
[훈글(HNC) 문자표]-[원 문자 조각] : ①②③❶❷❸[1][2][3]\[1\]\[2\]\[3\]
[훈글(HNC) 문자표]-[전각 기호(로마자)] : ⅰⅱⅲⅠⅡⅢΑΒΓαβγ

HINT ❶ [입력] 탭-[문자표]-[문자표]를 클릭하거나 Ctrl+F10을 눌러 특수문자를 입력

2 다음과 같이 특수문자와 한자를 입력한 후 저장해 보세요.

◉ 예제파일 : 없음   ◉ 완성파일 : 고사성어(완성).hwp

☞ 오늘의 고사성어

① 管鮑之交(관포지교) :
옛날 중국의 관중과 포숙처럼 친구 사이가 다정함을 이르는 말,
매우 다정하고 허물없는 친구사이

② 대기만성(大器晩成) :
큰 그릇은 늦게 이루어진다는 뜻으로,
크게 될 인물은 오랜 공적을 쌓아 늦게 이루어짐을 이름

HINT ❶ ☞ : [훈글(HNC) 문자표]-[전각 기호(일반)]
❷ ①, ② : [훈글(HNC) 문자표]-[원 문자 조각]

3 다음과 같이 글자 겹치기를 이용하여 문서를 작성한 후 저장해 보세요.

　　　　　　　　　　　　　◉ 예제파일 : 없음　　◉ 완성파일 : 글자겹침(완성).hwp

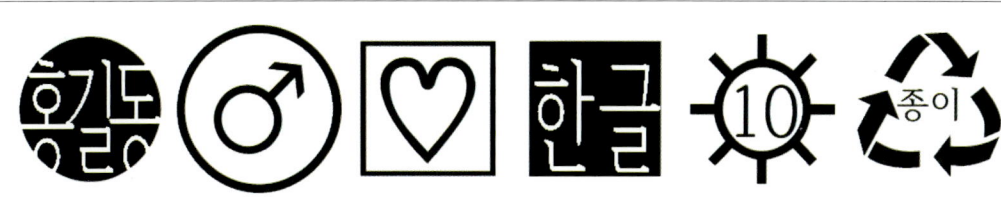

HINT ☼♻ : '글자 크기 조절'을 50%로 지정

4 다음과 같이 특수문자와 한자를 입력한 후 저장해 보세요.

　　　　　　　　　　　　　◉ 예제파일 : 없음　　◉ 완성파일 : 한자공부(완성).hwp

　　◑ 오늘의 한자 공부 ◐
(1) 麥秀之嘆(맥수지탄)
고국의 멸망함을 한탄함
麥 : 보리 맥
秀 : 빼어날 수
之 : 갈 지
嘆 : 탄식할 탄
(2) 明若觀火(명약관화)
불을 보듯 분명하고 뻔함
明 : 밝을 명
若 : 같을 약
觀 : 볼 관
火 : 불 화

HINT ❶ 麥秀之嘆(맥수지탄) : 입력 형식을 漢字(한글)로 지정
　　　❷ 麥 : 입력 형식을 漢字로 지정

03 CHAPTER 글자 모양 활용하기

예제파일 : 발사믹 드레싱.hwp   **완성파일** : 발사믹 드레싱(완성).hwp

✱ 이번 장에서는

- 글자 모양을 다양하게 변경하고 변경된 글자 모양을 다른 내용에 복사하는 방법을 알아봅니다.
- 문단 앞에 글머리표를 넣어 내용을 보기좋게 정리하는 방법을 알아봅니다.

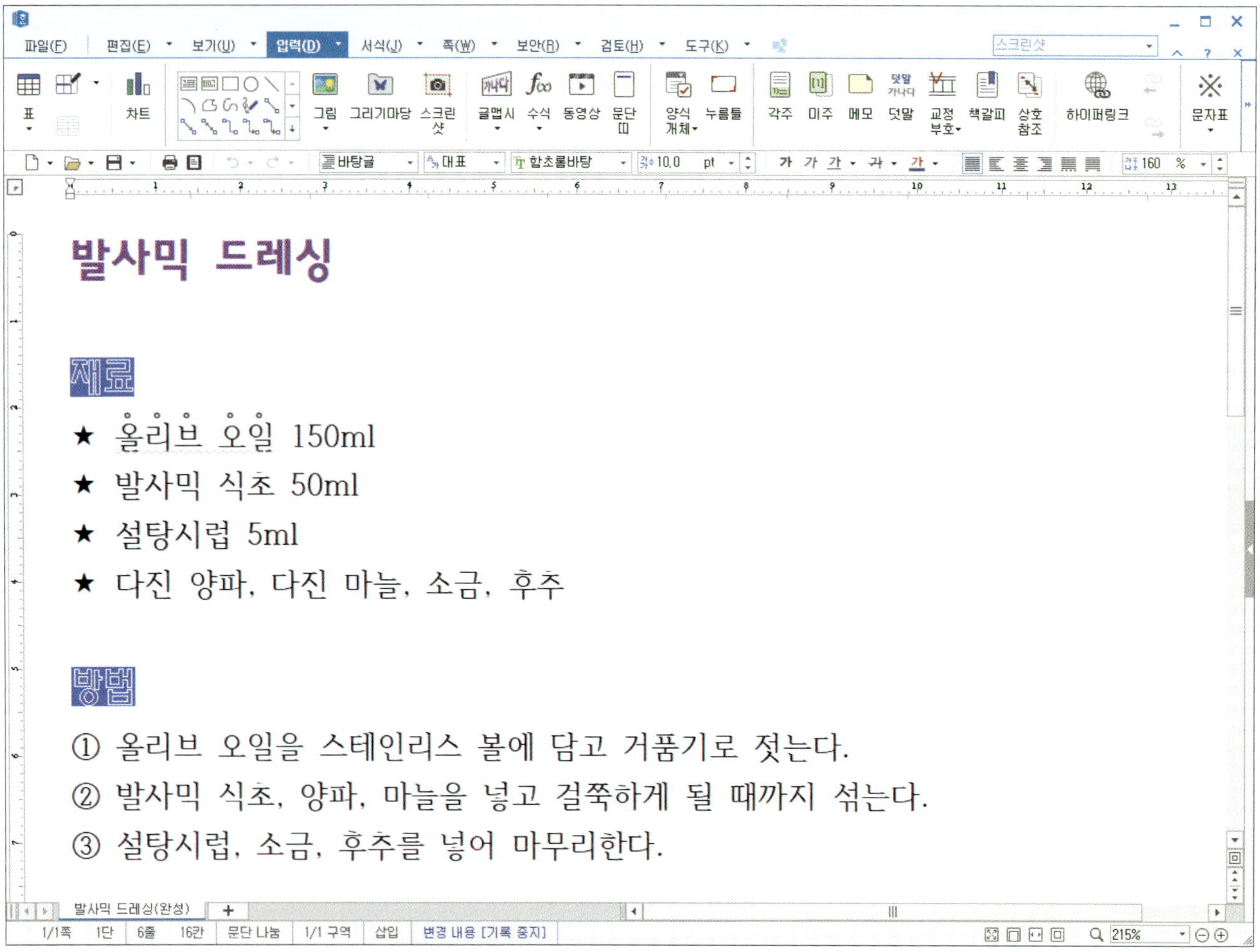

01 글자 모양 바꾸기

01 다음과 같이 문서에 내용을 입력하고 '발사믹 드레싱.hwp'으로 저장합니다.

```
발사믹 드레싱

재료
올리브 오일 150ml
발사믹 식초 50ml
설탕시럽 5ml
다진 양파, 다진 마늘, 소금, 후추

방법
올리브 오일을 스테인리스 볼에 담고 거품기로 젓는다.
발사믹 식초, 양파, 마늘을 넣고 걸쭉하게 될 때까지 섞는다.
설탕시럽, 소금, 후추를 넣어 마무리한다.
```

02 첫 줄을 블록으로 지정합니다. [서식] 도구 상자에서 글꼴(한컴 윤고딕 250), 글자 크기(15pt), 글자색(보라색)을 선택합니다.

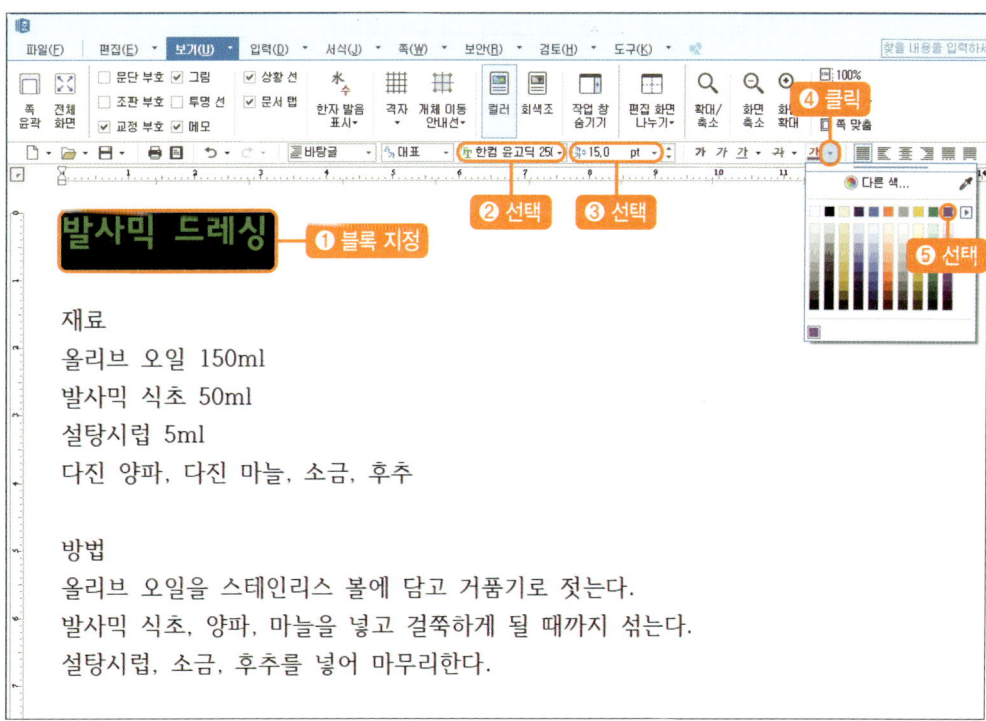

TIP

블록 쉽게 지정하기

- 단어 : 단어를 더블 클릭
- 한 줄 : 본문의 왼쪽 여백을 클릭
- 문단 : 본문의 왼쪽 여백을 더블클릭
- 문서 전체 : 본문의 왼쪽 여백을 세 번 클릭하거나 Ctrl+A

03 '재료'를 블록으로 지정하고 [서식] 탭-[글자 모양(가)]을 클릭합니다. (Alt + L)

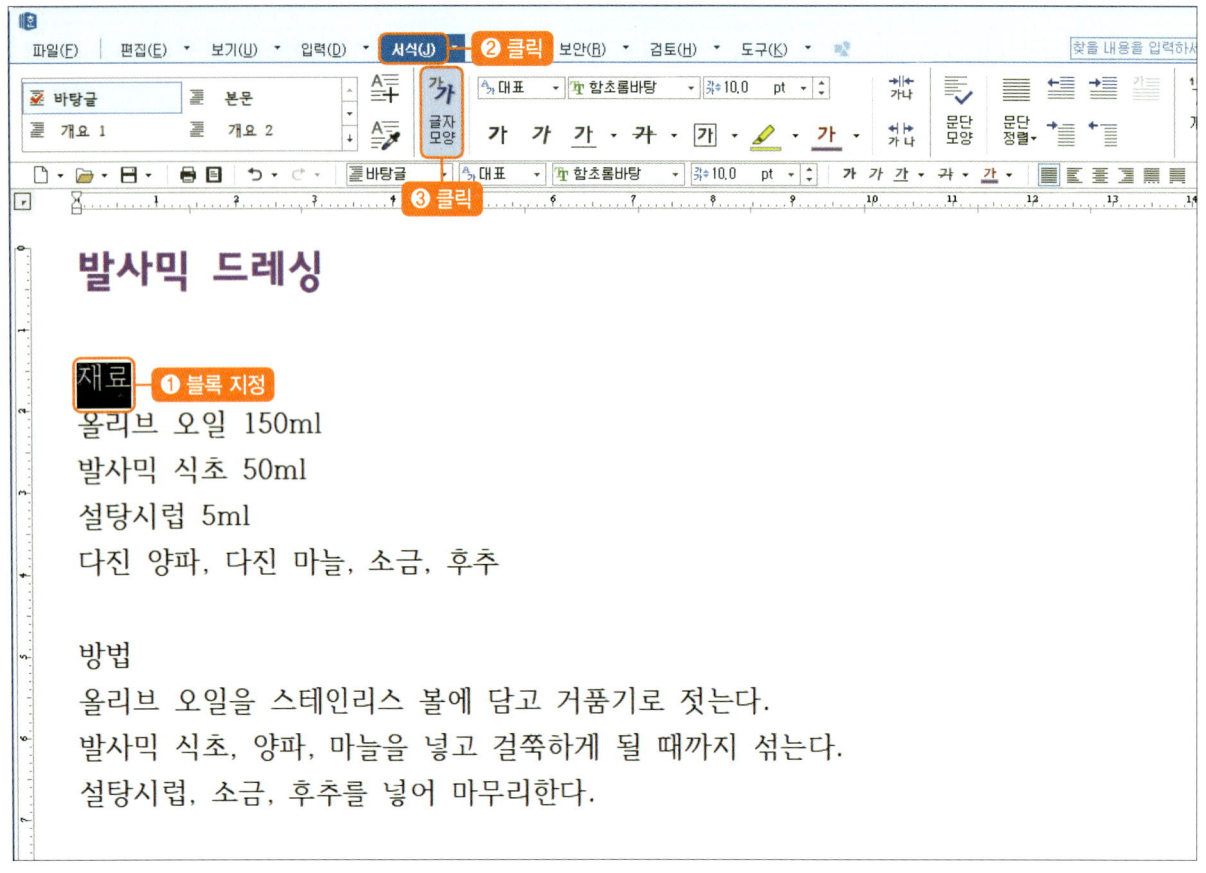

TIP

[편집] 탭에도 동일한 [글자 모양(가)]이 있으므로 이것을 이용해도 됩니다.

04 [글자 모양] 대화상자의 [기본] 탭에서 기준 크기(13pt), 글꼴(휴먼모음T), 속성(외곽선), 글자색(하양), 음영색(하늘색)을 지정한 후 〈설정〉 단추를 클릭합니다.

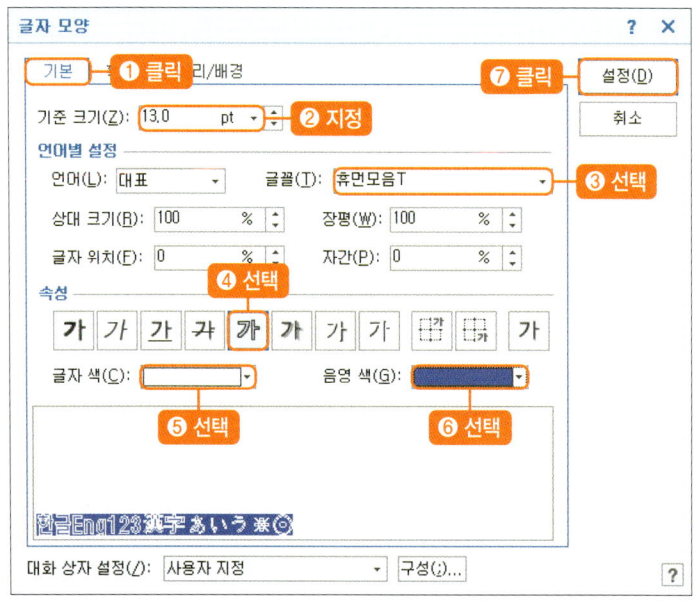

05 '올리브 오일'을 블록으로 지정하고 [서식] 탭-[글자 모양(가)]을 클릭합니다. (Alt+L)

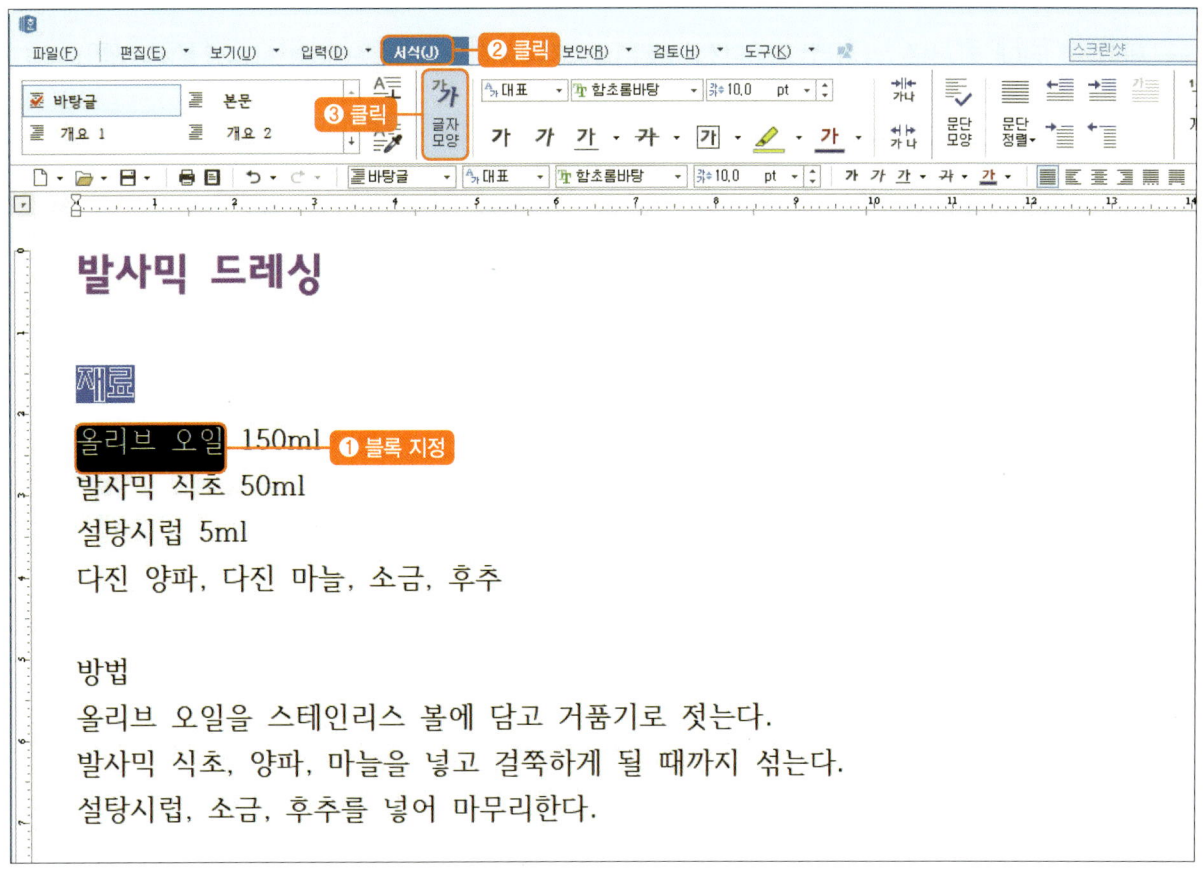

06 [글자 모양] 대화상자의 [확장] 탭에서 밑줄 위치(아래쪽), 모양(물결선), 색(하늘색 60% 밝게), 강조점(　)을 지정한 후 〈설정〉 단추를 클릭합니다.

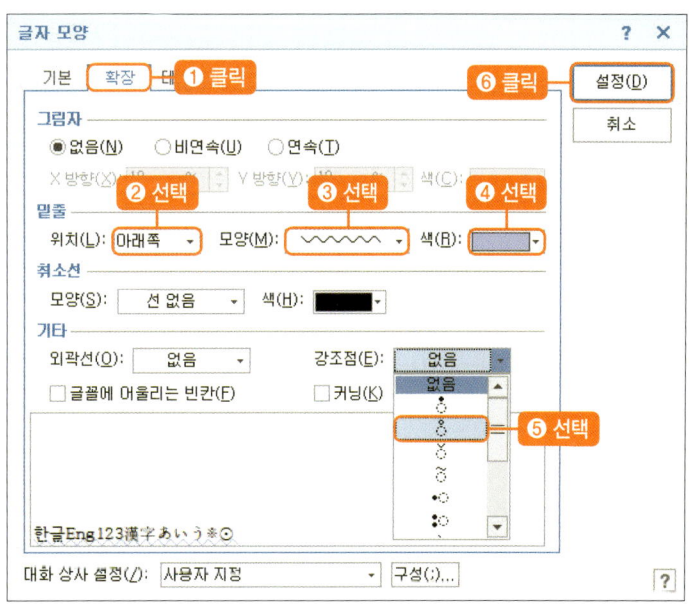

02 글자 모양 복사하기

01 '재료'의 뒤에 커서를 위치한 후 [편집] 탭–[모양 복사(📋)]를 클릭합니다. (`Alt`+`C`)

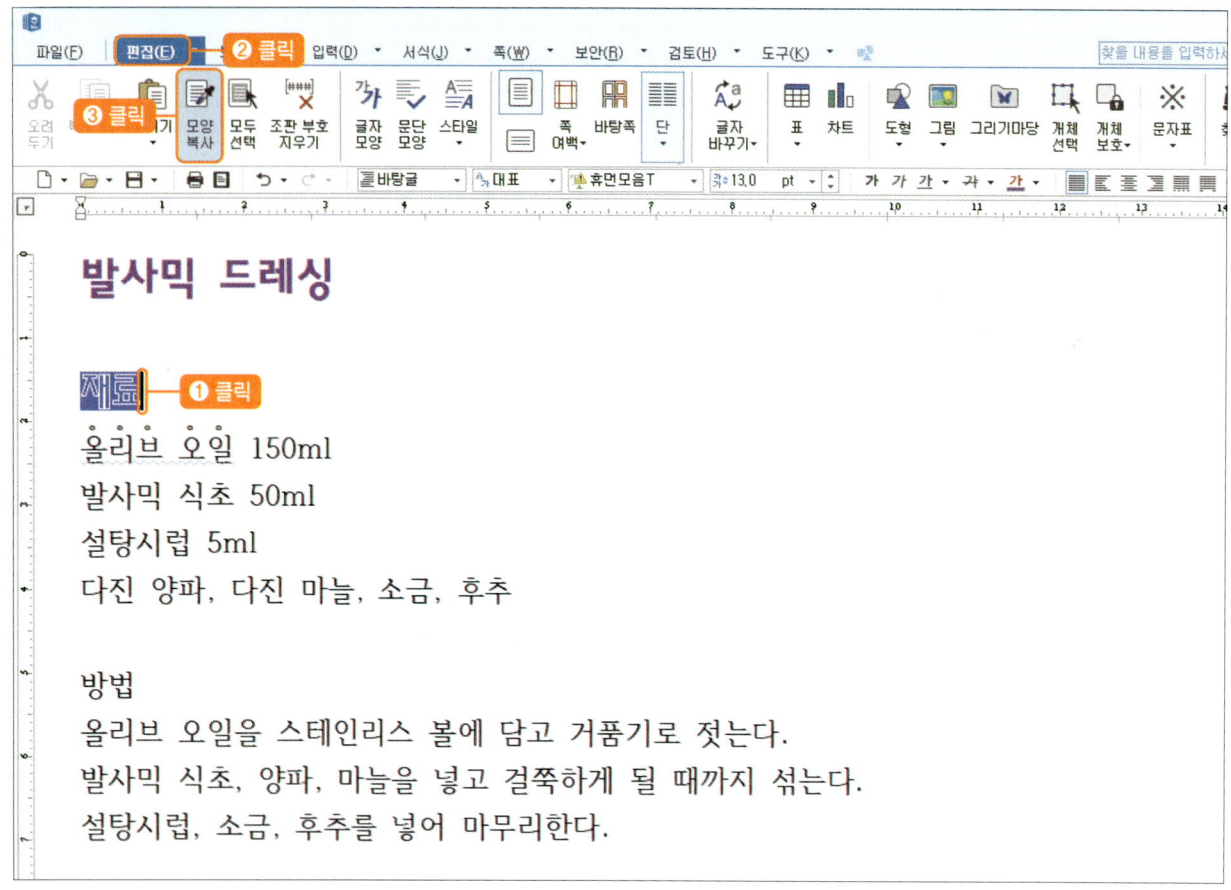

> **TIP**
> 모양 복사는 커서 위치의 글자 모양이나 문단 모양, 스타일 등을 다른 내용에 복사하는 기능으로 반복되는 모양을 지정하는데 편리하게 사용할 수 있습니다.

02 [모양 복사] 대화상자에서 '글자 모양'을 선택한 후 〈복사〉 단추를 클릭합니다.

28 • 글자 모양 활용하기

03 '방법'을 블록으로 지정한 후 [편집] 탭-[모양 복사(📋)]를 클릭합니다.

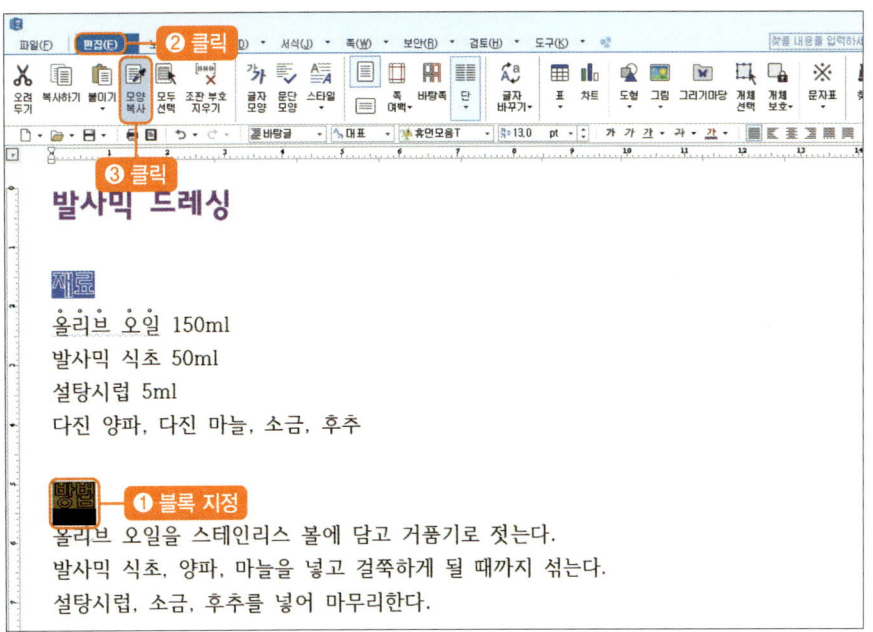

TIP

블록을 지정하지 않은 상태에서 [모양 복사]를 클릭하면 커서 위치의 모양을 복사하는 기능이 실행되고, 블록을 지정한 상태에서 [모양 복사]를 클릭하면 기억된 모양을 덮어 씌우는 기능이 실행됩니다.

03 글머리표 넣기

01 글머리표를 넣을 문단을 다음과 같이 블록으로 지정하고 [서식] 탭의 목록 단추(▼)를 클릭한 후 [문단 번호 모양(📋)]을 선택합니다. (Ctrl+K, N)

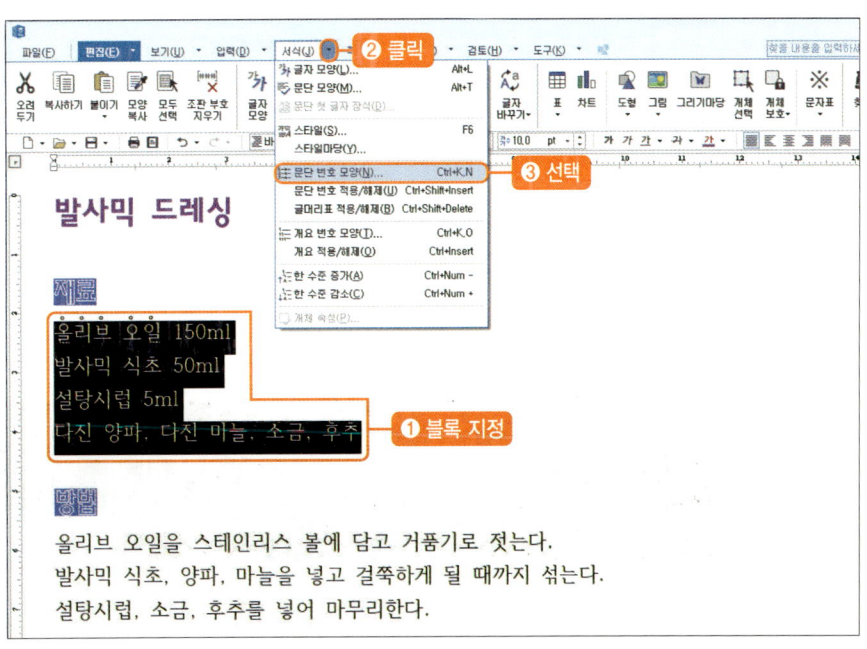

02 [문단 번호/글머리표] 대화상자의 [글머리표] 탭에서 스크롤바를 드래그하여 별 모양의 글머리표를 선택한 후 〈설정〉 단추를 클릭합니다.

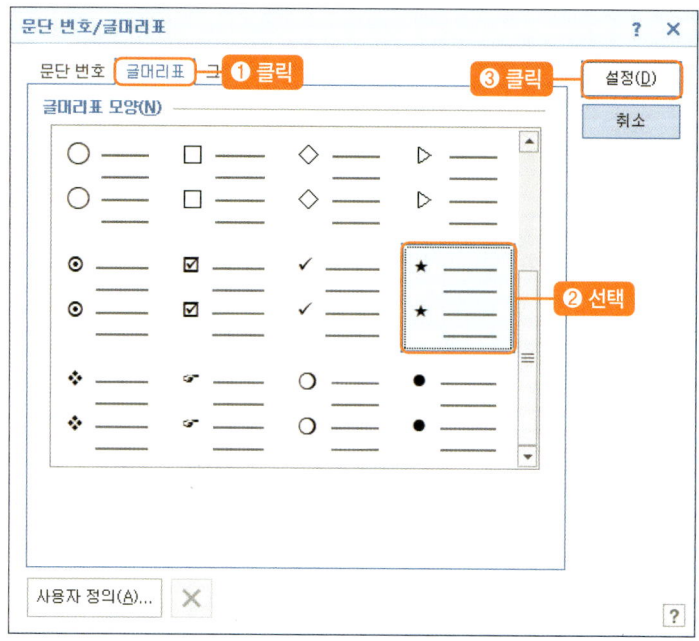

03 문단 번호를 넣을 문단을 다음과 같이 블록으로 지정하고 [서식] 탭의 목록 단추( )를 클릭한 후 [문단 번호 모양( )]을 선택합니다.(Ctrl + K , N)

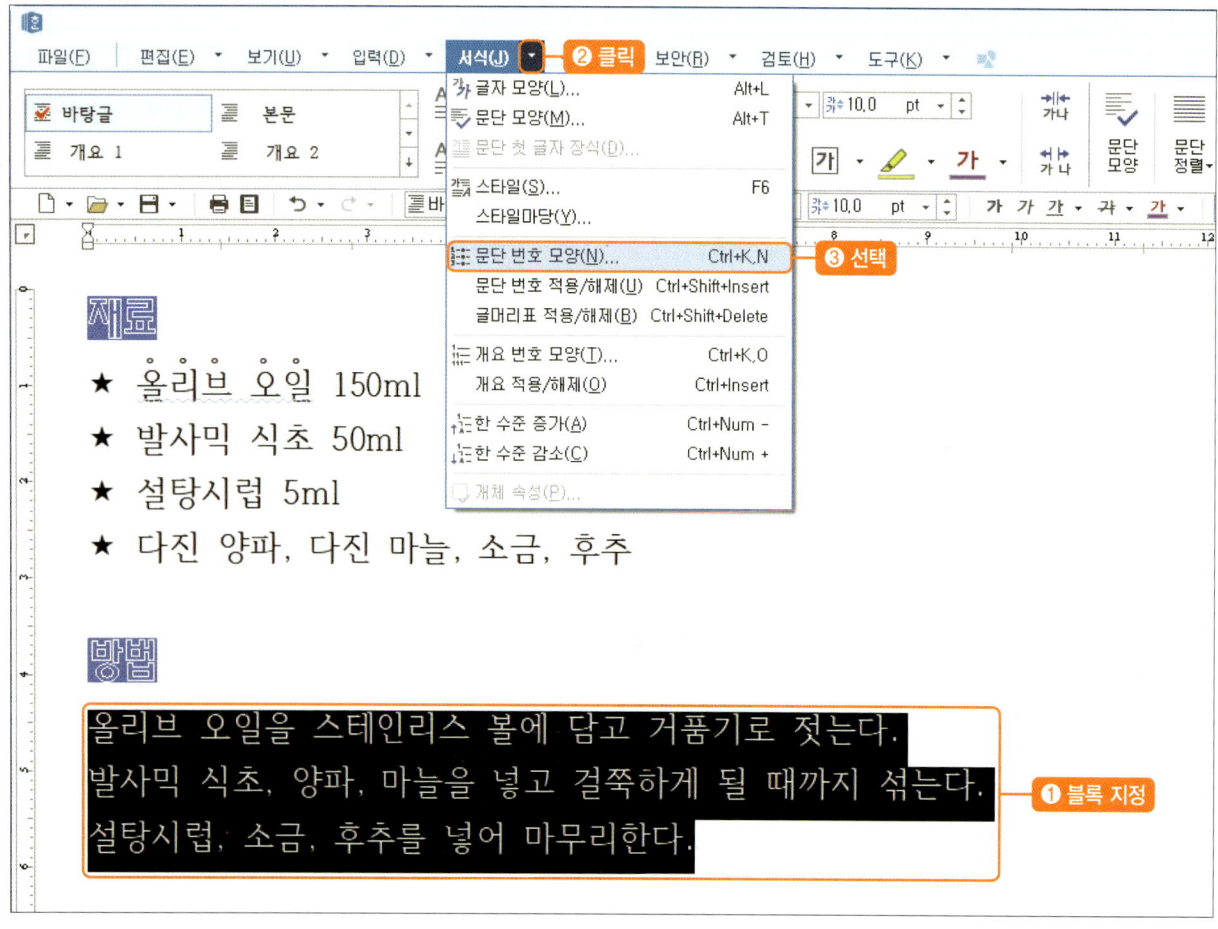

04 [문단 번호/글머리표] 대화상자의 [문단 번호] 탭에서 원 문자로 시작되는 문단 번호를 선택한 후 〈설정〉 단추를 클릭합니다.

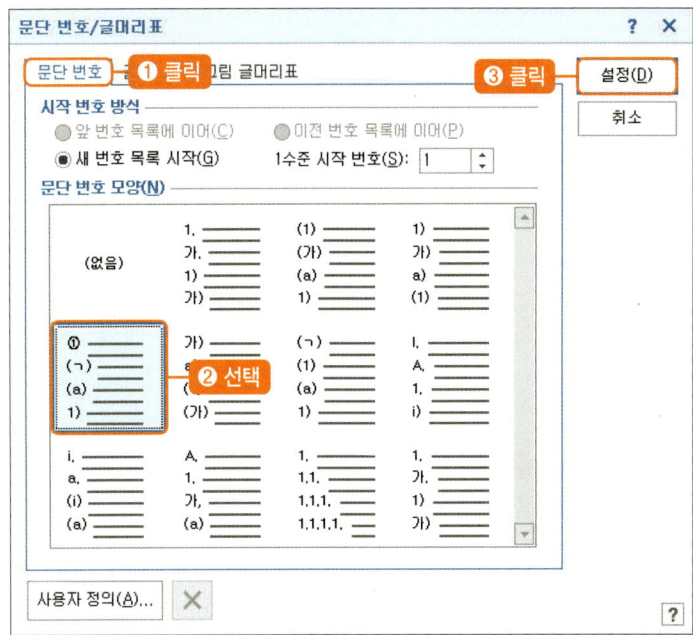

05 Esc 키를 눌러 블록을 해제합니다. 작업한 결과를 확인한 후 '발사믹 드레싱(완성).hwp'로 저장합니다.

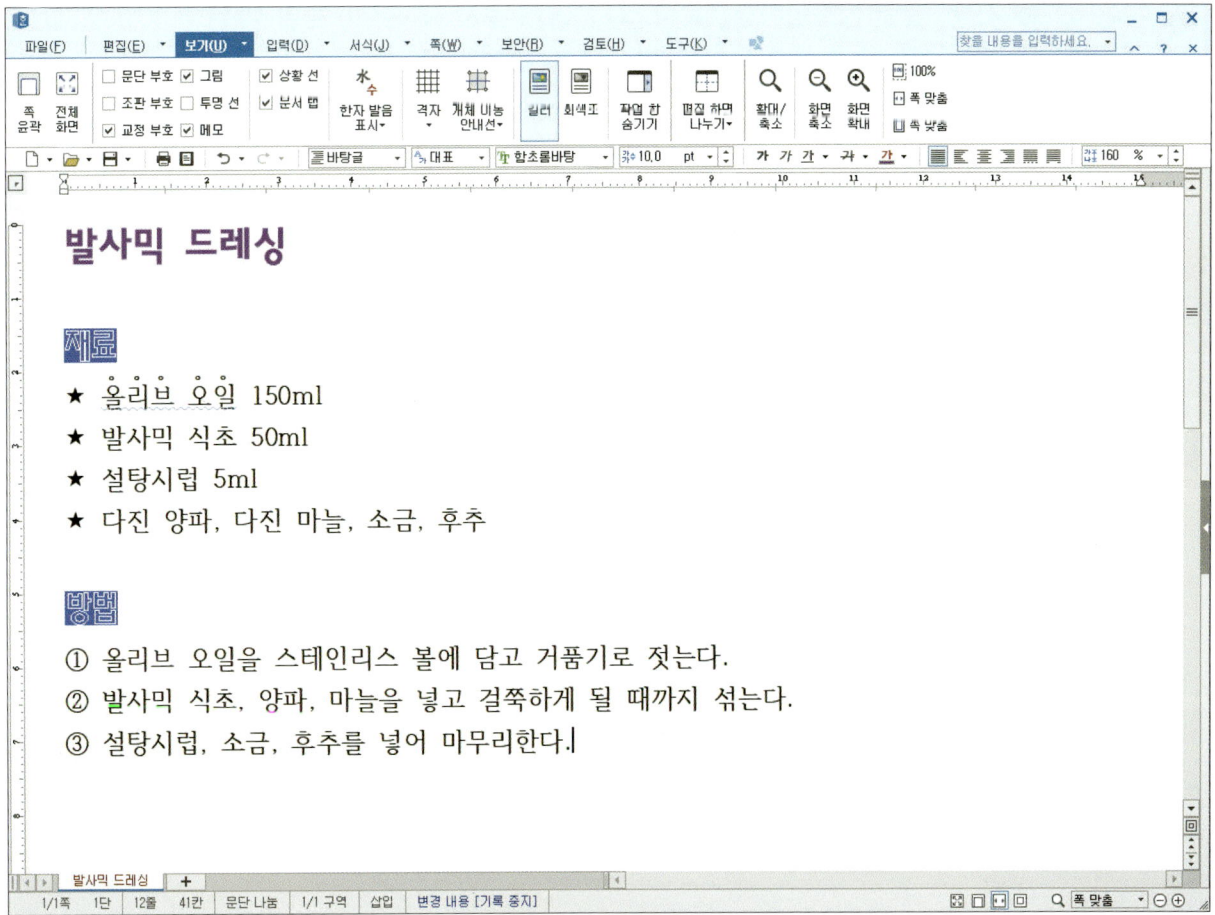

활용마당

1 다음 내용을 입력한 후 글자 모양을 변경해 보세요.

◎ 예제파일 : 없음   ◎ 완성파일 : 가을도서전(완성).hwp

> **책과 함께 하는 가을 도서전**
>
> 깊어가는 가을 세계 최대의 책마을 출판도시에서 열리는 가을 도서전으로 **초대**합니다.
>
> - 기   간 : 10월 5일(월) ~ 10월 11일(일)
> - 주요내용 : 개막식, 테마전시, 공연, 인문학강연, 체험행사 등

HINT
❶ **책과 함께 하는 가을 도서전** : 글꼴(HY헤드라인M), 글자 크기(16pt), 글자 색(초록 20% 밝게)
❷ **깊어가는 가을** : 글꼴(함초롬바탕), 글자 크기(15pt), 장평(150%), 자간(10%), 글자 색(보라 20% 밝게)
❸ **가을 도서전** : 글꼴(함초롬바탕), 글자 크기(15pt), 밑줄, 외곽선
❹ **초대** : 글꼴(함초롬바탕), 글자 크기(20pt), 그림자, 강조점
❺ **기간** : 글꼴(함초롬바탕), 글자 크기(10pt), 글자 색(흰색), 음영 색(남색 40% 밝게)
❻ **체험행사** : 취소선(이중실선, 보라 20% 밝게)

2 다음 내용을 입력한 후 글자 모양을 변경하고 글머리표를 지정해 보세요.

◎ 예제파일 : 없음   ◎ 완성파일 : 어리연(완성).hwp

> 어리연은 제주도와 남부, 중부지역의 습지나 연못에서 자라는 다년생수생초이다. 생육환경은 물 깊이가 낮고 잘 고여 있는 양지바른 곳에서 자란다. 원줄기는 가늘며 약 1m 정도 자란다.
>
> ❖ 계 : 식물계(Plantae)
> ❖ 문 : 피자식물문(Angiospermae)
> ❖ 강 : 쌍떡잎식물강(Dicotyledoneae)
> ❖ 과 : 조름나물과

HINT
❶ **계** : 글머리표, 글꼴(휴먼옛체), 진하게, 글자색(주황 50% 어둡게), 음영색(연한 노랑 50% 어둡게)
❷ '계' 뒤에 커서를 놓고 **Alt**+**C** → '문', '강', '과'를 각각 블록으로 지정하고 **Alt**+**C**

활용마당

3 다음 내용을 입력한 후 글자 모양을 변경해 보세요.

○ **예제파일** : 없음   ○ **완성파일** : 독도(완성).hwp

> 독도
>
> 경상북도 울릉군 울릉읍 독도리에 있는 섬으로 **삼국사기**에는 512년(신라 지증왕 13) 하슬라 주의 군주 이사부가 독도를 중심으로 한 해상왕국 우산국을 정벌하면서, 독도가 우산도로 불렸다는 기록이 있으며, 1432년에 편찬된 세종실록지리지에 우산과 무릉 두 섬은 날씨가 맑은 날 서로 바라볼 수 있다고 기록하고 있다.
>
> **독도는 460만 년 전 형성된 것**으로 추정되며, 제주도(120만년)보다 훨씬 오래 된 화산섬이다.

HINT
① **독도** : 글꼴(양재튼튼체B), 글자 크기(13pt), 테두리(실선, 하늘색 30% 어둡게)
② **경상북도 울릉군 울릉읍 독도리** : 글꼴(양재난초체M), 글자 크기(12pt), 기울임, 밑줄(물결선, 초록 30% 어둡게)
③ **삼국사기** : 글꼴(양재소슬체S), 글자색(주황 50% 어둡게), 진하게
④ **세종실록지리지** : 글꼴(양재매화체S), 글자색(보라 20% 밝게), 그림자
⑤ **독도는 460만 년 전 형성된 것** : 글꼴(한컴 소망B), 글자색(초록 10% 어둡게), 양각
⑥ **제주도(120민년)** : 글꼴(한컴 쿨재즈B), 글자색(흰색), 음영색(연한 노랑 50% 어둡게), 음각

4 다음 내용을 입력한 후 글자 모양을 변경하고 그림 글머리표와 문단 번호를 지정해 보세요.

○ **예제파일** : 없음   ○ **완성파일** : 장기요양인정(완성).hwp

> ■ 장기요양인정 신청
>
> 가) _신청인_ : 본인 또는 대리인이 신청
> 나) _신청방법_ : 공단지사 방문, 우편, 팩스, 인터넷으로 신청
> 다) _제출서류_ : 장기요양인정신청서, 의사소견서

HINT
① **장기요양인정 신청** : 그림 글머리표, 글꼴(HY견고딕), 글자 크기(16pt), 그림자
② **신청인, 신청방법, 제출서류** : 문단 번호, 기울임, 밑줄

CHAPTER 04 문단 모양 활용하기

◉ **예제파일** : 오늘의 회화.hwp   ◉ **완성파일** : 오늘의 회화(완성).hwp

✱ 이번 장에서는

- 정렬 방식, 여백, 줄 간격 등의 문단 모양을 지정하는 방법을 알아봅니다.
- 문단에 테두리/배경을 지정하고 탭을 설정하는 방법을 알아봅니다.

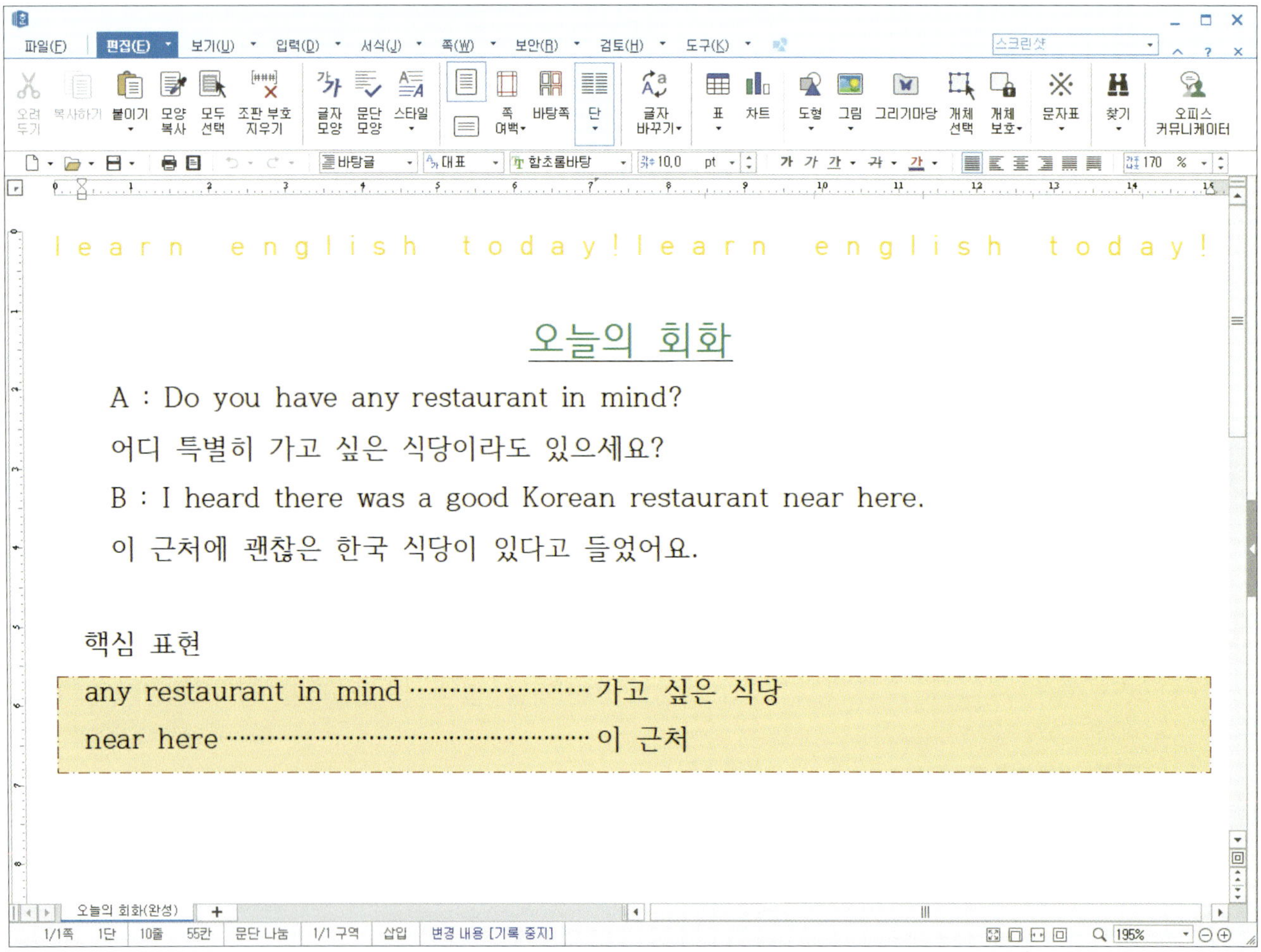

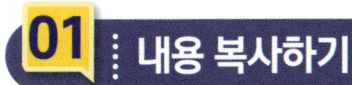 **내용 복사하기**

01 다음과 같이 문서에 내용을 입력합니다.

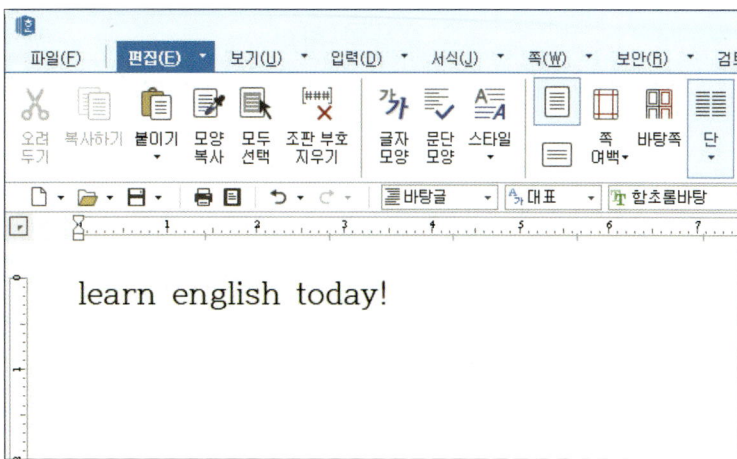

02 첫 줄을 블록으로 지정하고 [편집] 탭-[복사하기(📋)]를 클릭합니다. (Ctrl+C)

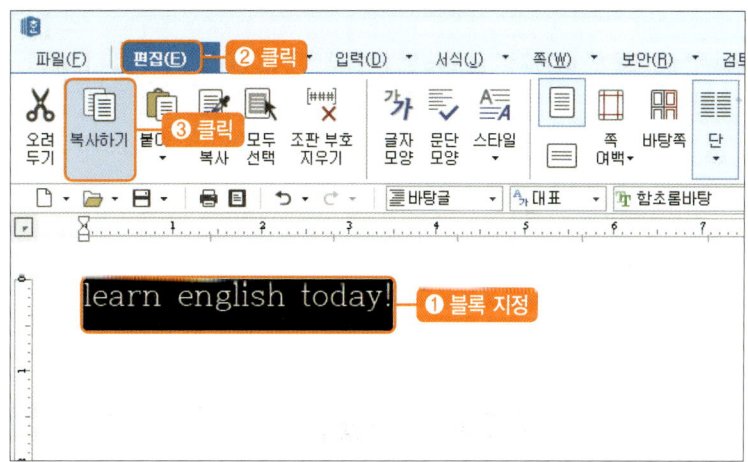

03 마지막 글자 다음에 커서를 놓고 [편집] 탭-[붙이기(📋)]를 클릭합니다. (Ctrl+V)

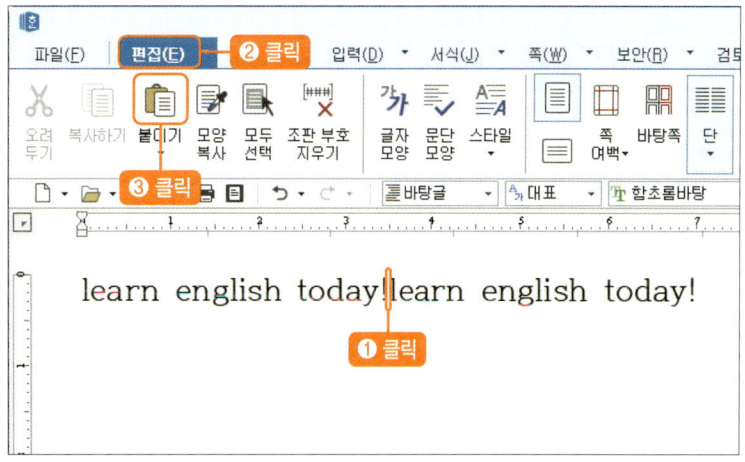

04 다음과 같이 나머지 내용을 입력하고 '오늘의 회화.hwp'로 저장합니다.

> learn english today!learn english today!
>
> 오늘의 회화
> A : Do you have any restaurant in mind?
> 어디 특별히 가고 싶은 식당이라도 있으세요?
> B : I heard there was a good Korean restaurant near here.
> 이 근처에 괜찮은 한국 식당이 있다고 들었어요.
>
> 핵심 표현
> any restaurant in mind 가고 싶은 식당
> near here 이 근처

02 문단 모양 지정하기

01 첫 줄을 블록으로 지정합니다. [서식] 도구 상자에서 글꼴(함초롬돋움), 글자 색(노랑), 배분 정렬을 선택합니다.

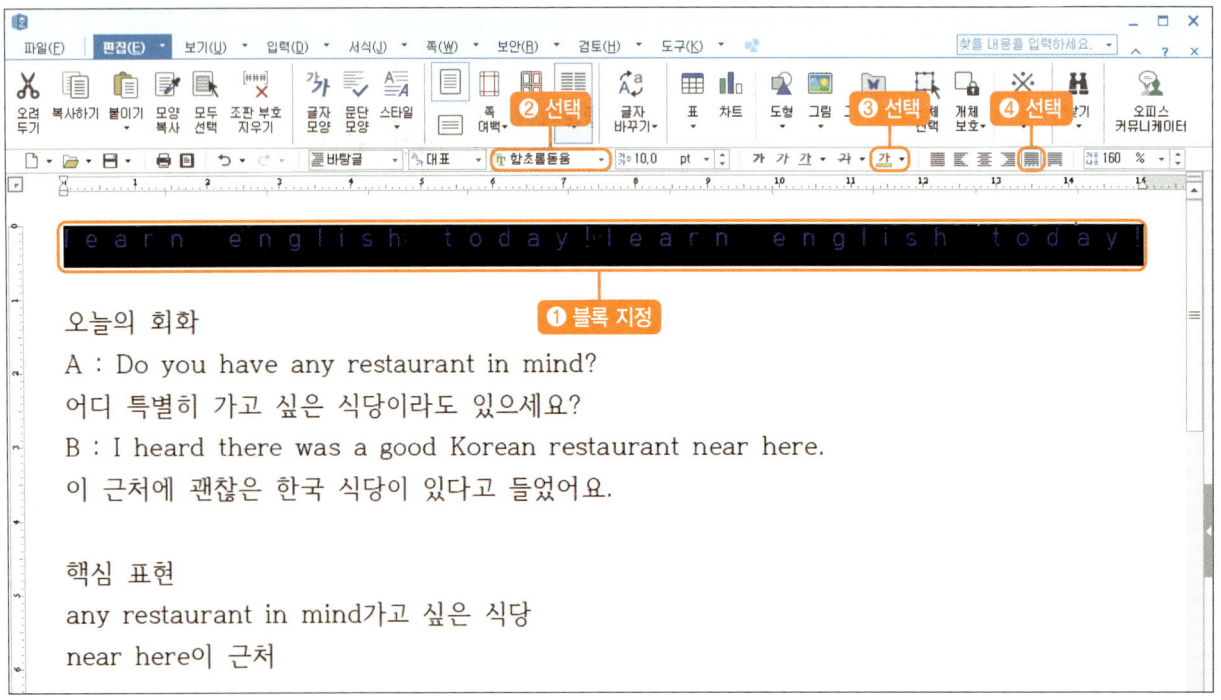

TIP

배분 정렬은 글자 수에 상관없이 양쪽 맞춤을 하고 글자 사이를 일정하게 띄우는 정렬 방식입니다.

02 두 번째 줄을 블록으로 지정합니다. [서식] 도구 상자에서 글꼴(함초롬돋움), 글자 크기(14pt), 밑줄, 글자 색(초록), 가운데 정렬을 선택합니다.

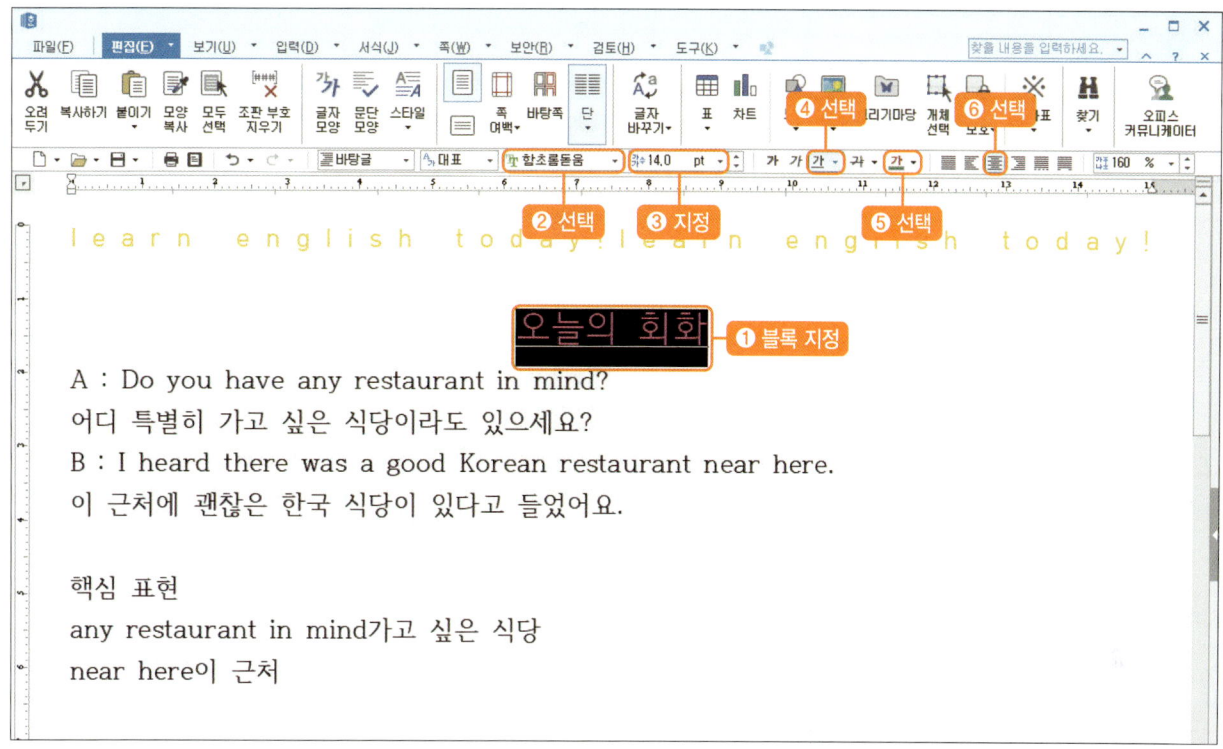

03 다음과 같이 본문의 내용을 블록으로 지정한 후 [편집] 탭-[문단 모양(☑)]을 클릭합니다. (Alt + T)

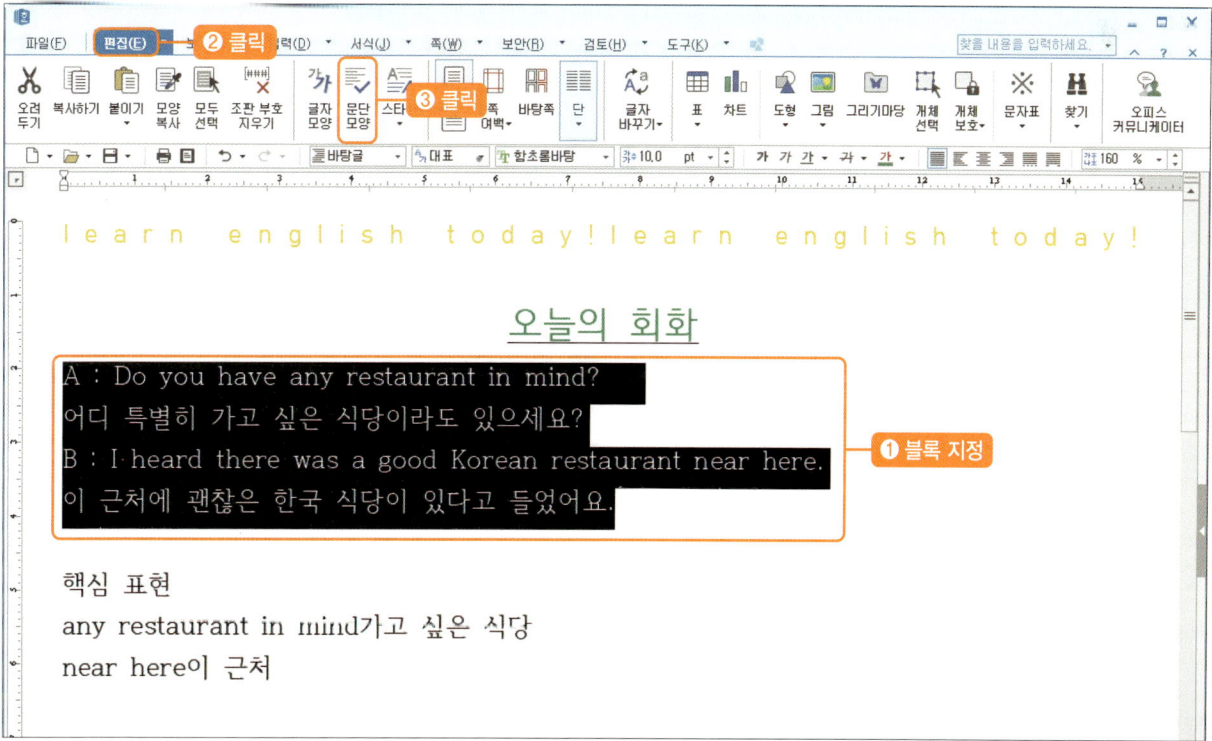

한글 NEO • 37

04 [문단 모양] 대화상자의 [기본] 탭에서 왼쪽 여백(20pt), 줄 간격(180%)으로 지정한 후 〈설정〉 단추를 클릭합니다.

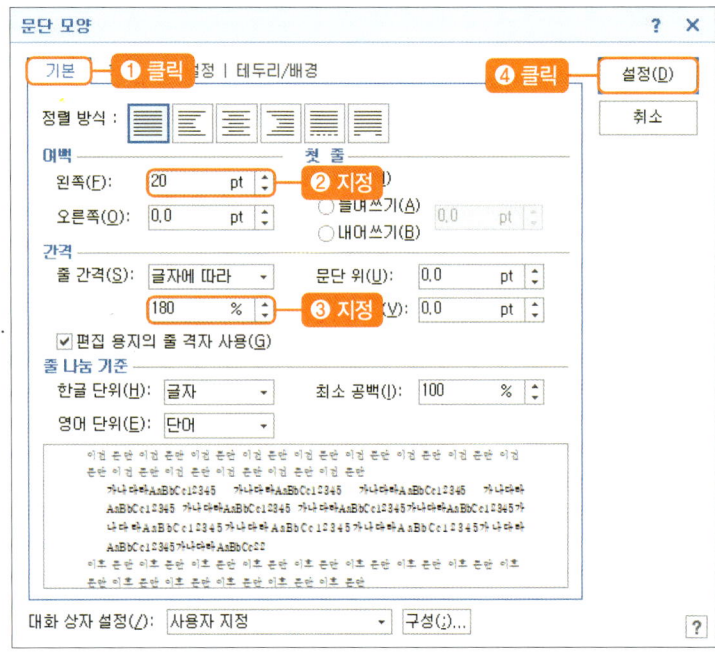

05 같은 방법으로 나머지 세 줄의 문단 모양도 다음과 같이 지정합니다.

왼쪽 여백(10pt), 줄 간격(170%)

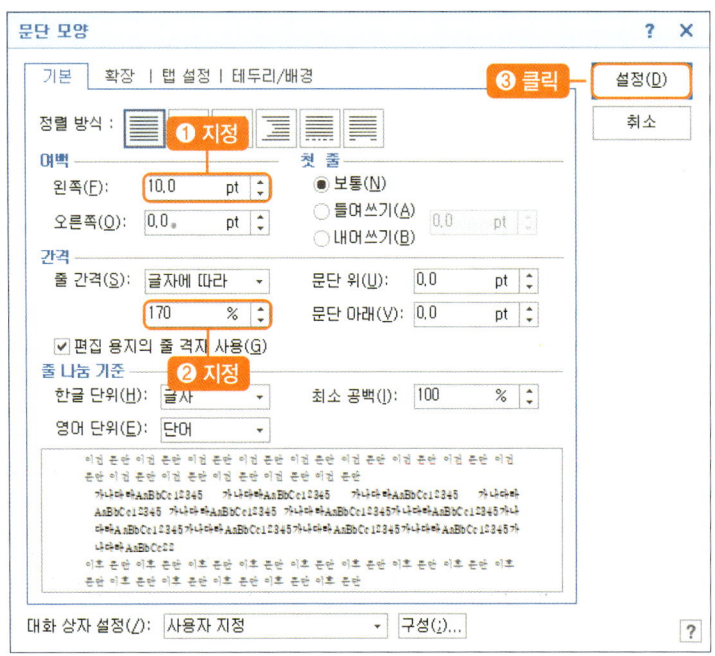

03 문단 테두리/배경 지정하기

01 문단 테두리를 지정할 내용을 블록으로 지정하고 [편집] 탭-[문단 모양(▼)]을 클릭합니다. (Alt + T)

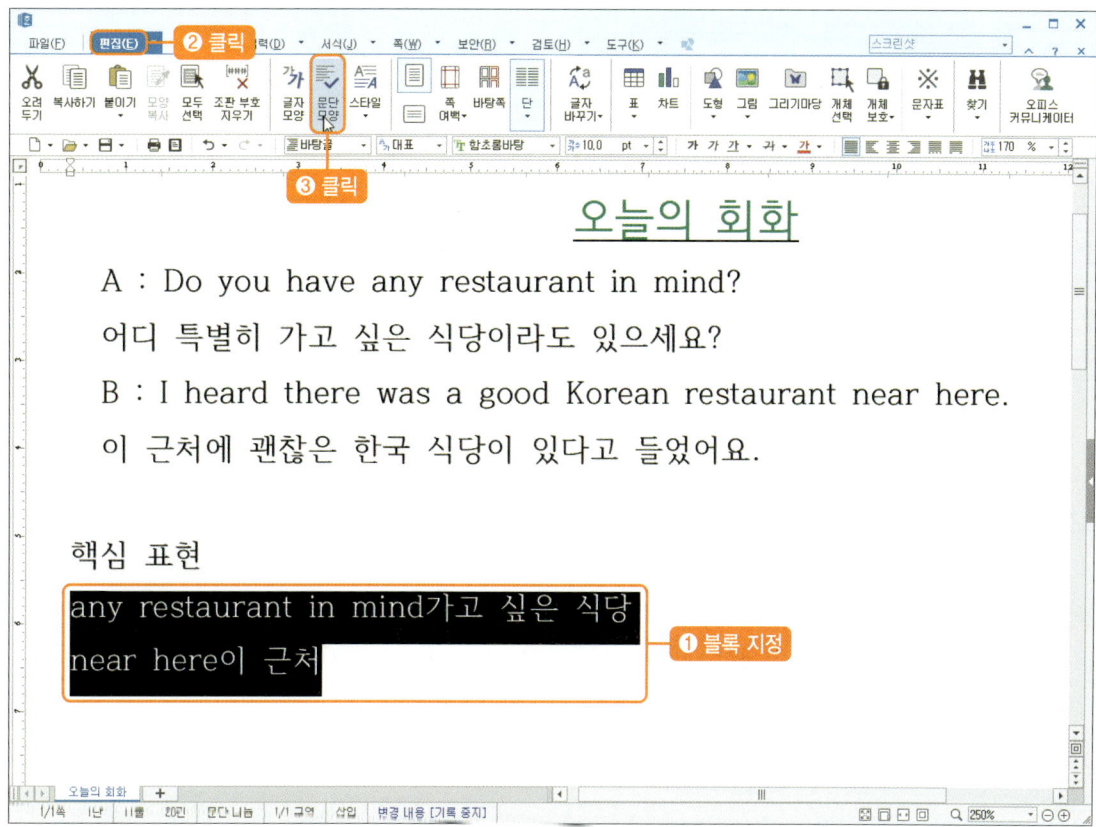

02 [문단 모양] 대화상자의 [테두리/배경] 탭에서 테두리 종류(일점쇄선), 색(주황 50% 어둡게), '문단 테두리 연결'과 '모두'를 선택하고, 면 색(연한 노랑 10% 어둡게)을 지정한 후 <설정> 단추를 클릭합니다.

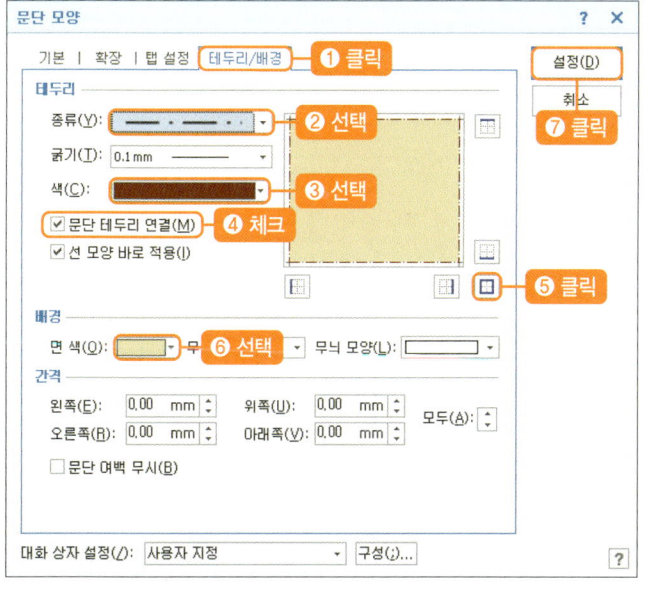

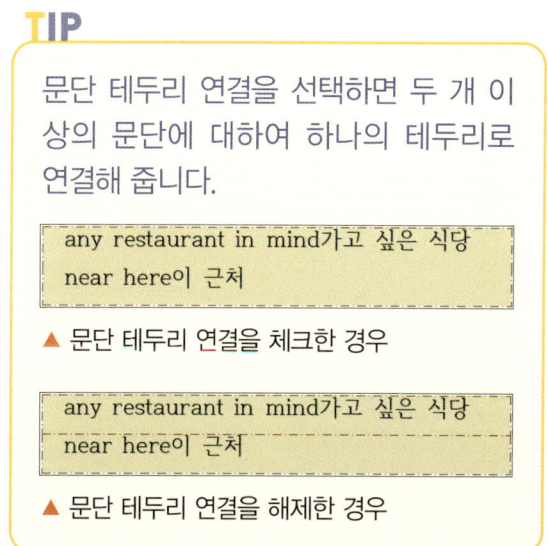

> **TIP**
> 문단 테두리 연결을 선택하면 두 개 이상의 문단에 대하여 하나의 테두리로 연결해 줍니다.
>
> ▲ 문단 테두리 연결을 체크한 경우
>
> ▲ 문단 테두리 연결을 해제한 경우

03 탭 지정하기

01 탭을 설정할 내용을 블록으로 지정하고 [편집] 탭-[문단 모양(☑)]을 클릭합니다.

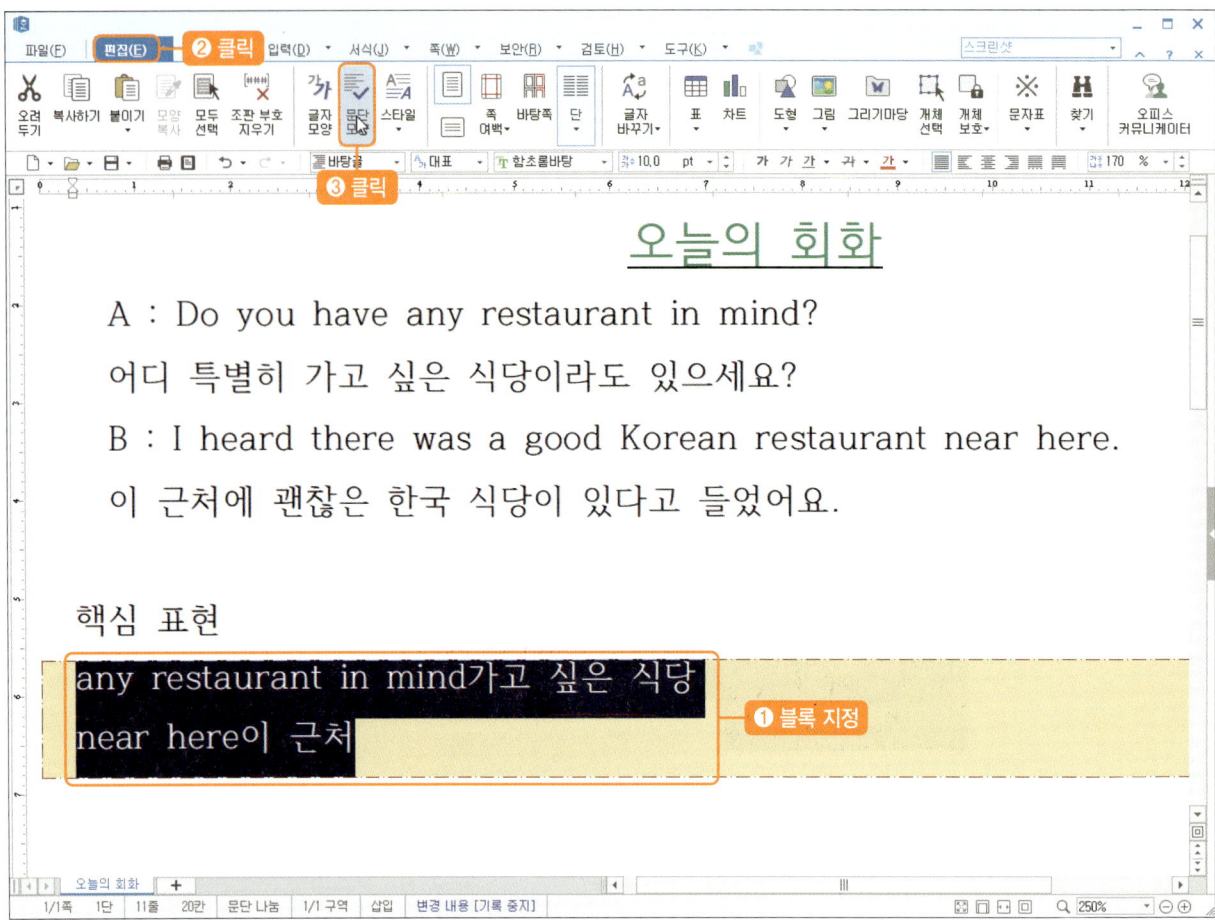

02 [문단 모양] 대화상자의 [탭 설정] 탭에서 탭 종류(왼쪽), 채울 모양(점선), 탭 위치(200pt)로 지정하고 [추가]를 클릭한 후 〈설정〉 단추를 클릭합니다.

40 • 문단 모양 활용하기

03 'mind' 다음에 커서를 놓고 Tab 키를 한 번 누르면 점선 탭이 추가되는 것을 확인할 수 있습니다.

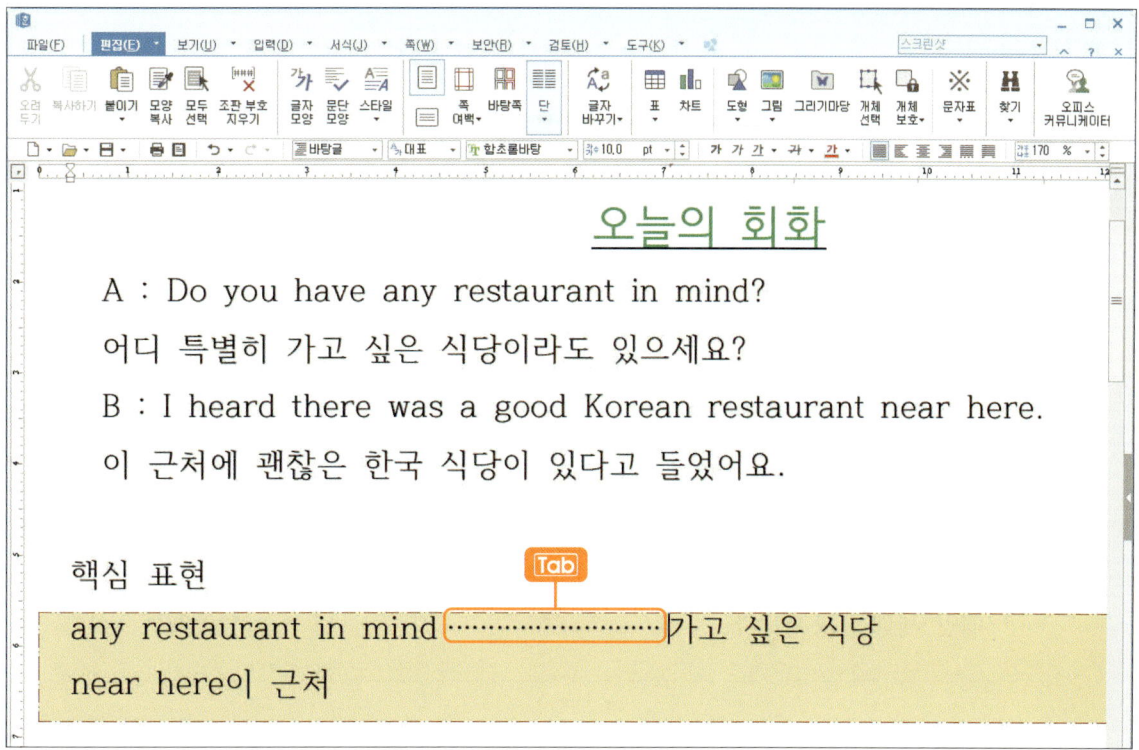

TIP
탭을 설정하려면 탭으로 분리될 부분은 반드시 Tab 키를 눌러서 띄어쓰기를 해야합니다.

04 같은 방법으로 'here' 다음에 커서를 놓고 Tab 키를 한 번 눌러 점선 탭을 추가합니다.

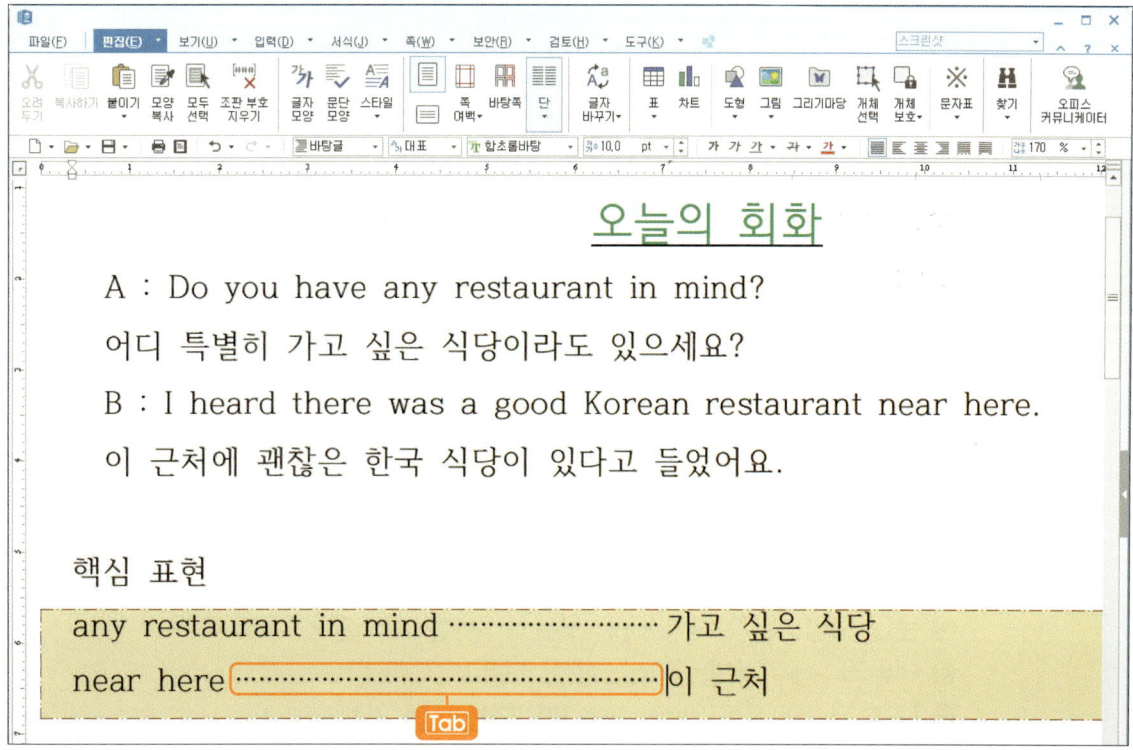

활용마당

1 다음 문서의 문단 모양을 변경해 보세요.

◎ **예제파일** : 용어사전.hwp   ◎ **완성파일** : 용어사전(완성).hwp

용 어 사 전 용 어 사 전 용 어 사 전 용 어 사 전 용 어 사 전

스마트폰 좀비(smartphone zombie)

스마트폰 화면을 들여다보느라 길거리에서 고개를 숙이고 걷는 사람을 넋 빠진 시체 걸음걸이에 빗대어 일컫는 말.

스마트폰(smartphone)'과 '좀비(zombie)'를 합성하여 '스몸비(smombie)'라고도 한다. 스마트폰 좀비(또는 스몸비)는 2015년 독일에서 처음 사용되었으며, 스마트폰에 지나치게 매인 세태를 풍자했다.

HINT ❶ 용어사전 : 복사 후 배분 정렬
　　　　❷ 스마트폰 좀비(smartphone zombie) : 가운데 정렬
　　　　❸ 내용 부분 : 왼쪽 여백(10pt), 오른쪽 여백(10pt), 줄 간격(170%), 문단 아래(10pt)

2 다음 문서의 문단 모양을 변경해 보세요.

◎ **예제파일** : 영어단어장.hwp   ◎ **완성파일** : 영어단어장(완성).hwp

영어단어장

disappointment	실망, 낙심
promptly	지체 없이
let alone	커녕
nationalism	민족주의
propel	나아가게 하다

HINT ❶ 제목 : 오른쪽 정렬
　　　　❷ 문단 모양 : 왼쪽 여백(10pt), 오른쪽 여백(10pt), 줄 간격(180%)
　　　　❸ 테두리 : 테두리 종류(이중 실선), 테두리 색(노랑)
　　　　❹ 탭 설정 : 탭 종류(왼쪽), 채울 모양(점선), 탭 위치(250pt)

활용마당

3 다음 문서의 문단 모양을 변경해 보세요.

◎ 예제파일 : 건강에 좋은 차.hwp   ◎ 완성파일 : 건강에 좋은 차(완성).hwp

> **건강에 좋은 차**
>
> 홍차(Black Tea)
>
> 홍차는 세계 차 소비량의 75%를 차지할 정도로 가장 많이 마시는 차이다. 홍차는 테아플라빈, 테아루비긴 등의 항산화제가 많으므로 콜레스테롤의 수치를 낮추는 역할을 한다. 하루에 세 잔 이상 마시면 뇌졸중의 위험이 21%나 낮아진다는 연구 결과가 있다.
>
> 녹차(Green Tea)
>
> 녹차에는 카테킨이라는 항상화제가 풍부하며, 카테킨은 암과 심장질환을 물리치는 효력을 가진다. 매일 녹차를 마시면 심혈관계 질환의 위험을 10%까지 낮출 수 있다는 연구 결과가 있다.

HINT
❶ 제목 : 가운데 정렬
❷ 홍차, 녹차 : 오른쪽 정렬, 테두리 선 종류(일점쇄선), 테두리 색(보라), 아래
❸ 내용 : 들여쓰기(10pt), 문단 아래(10pt)

4 다음과 같이 숫자를 입력하고 소수점 탭을 지징해 보세요.

◎ 예제파일 : 없음   ◎ 완성파일 : 소수점탭(완성).hwp

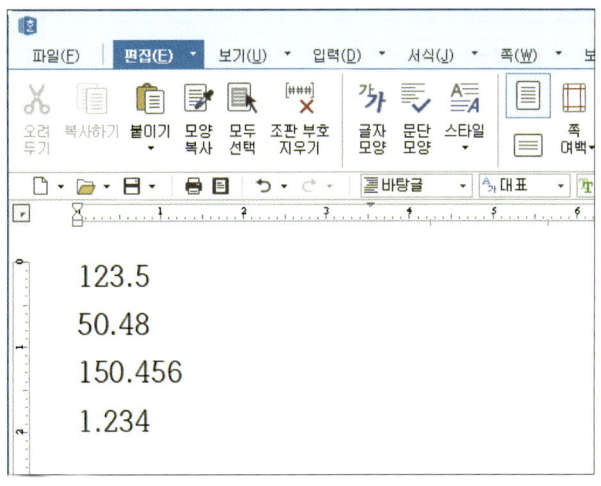
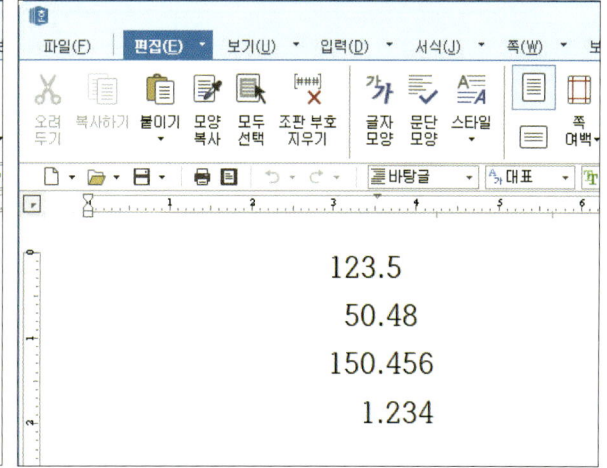

HINT
❶ 숫자 입력 후 블록으로 지정 → 마우스 오른쪽 단추 클릭 후 [문단 모양]
❷ [탭 설정] 탭에서 탭 종류(소수점), 탭 위치(100pt) 추가 후 숫자 앞에서 Tab 키를 누름

05 CHAPTER 표 만들기

● 예제파일 : 없음   ● 완성파일 : 운동일지(완성).hwp

✱ 이번 장에서는

- 표를 만들고 셀 합치기와 셀 나누기를 하는 방법을 알아봅니다.
- 표의 테두리와 배경을 지정하는 방법과 자동 채우기를 하는 방법을 알아봅니다.

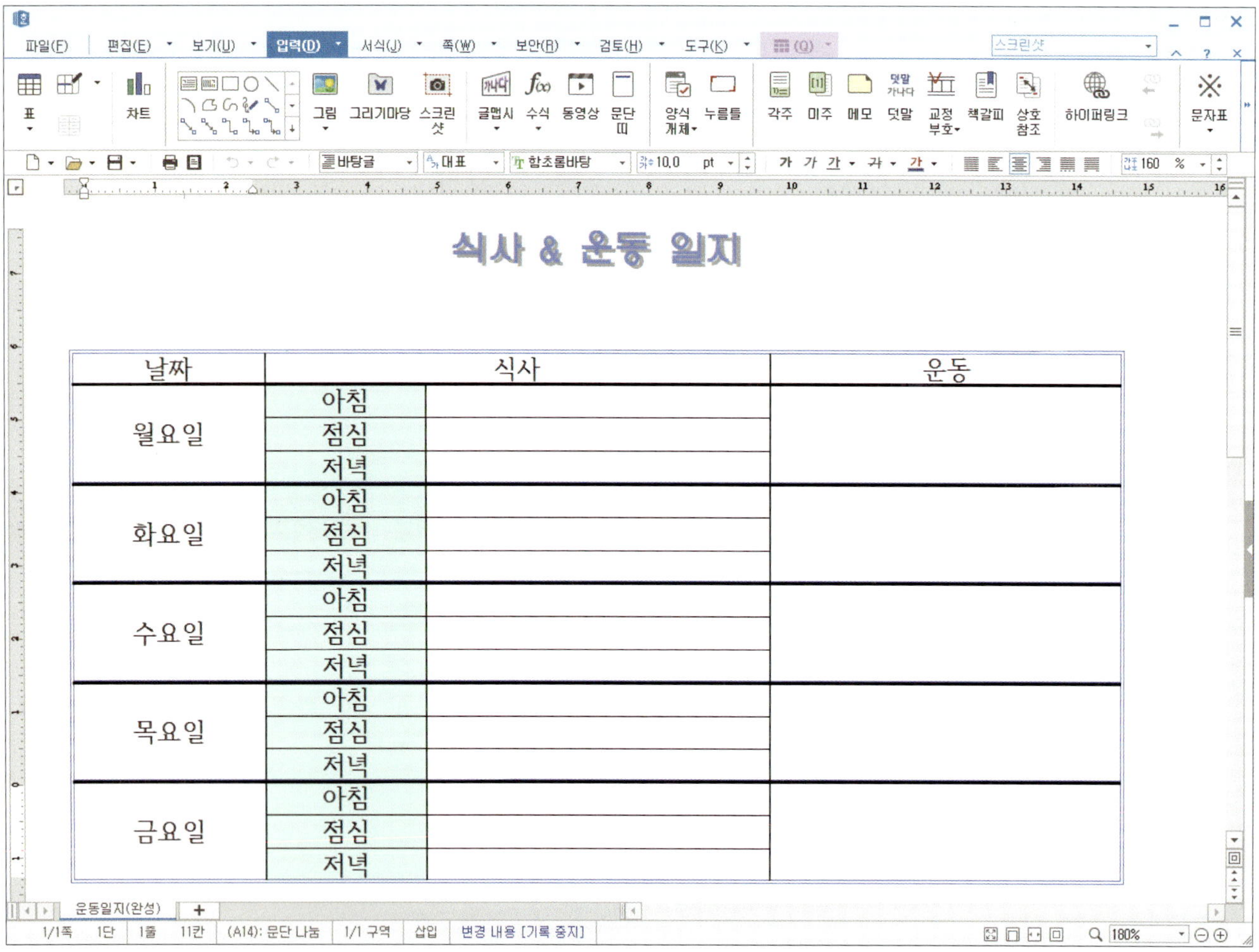

01 표 만들기

01 다음과 같이 문서에 내용을 입력하고 '운동일지.hwp'로 저장합니다.

식사 & 운동 일지 : 글꼴(양재튼튼체B), 글자 크기(14pt), 글자 색(바다색), 글자 속성(그림자), 가운데 정렬

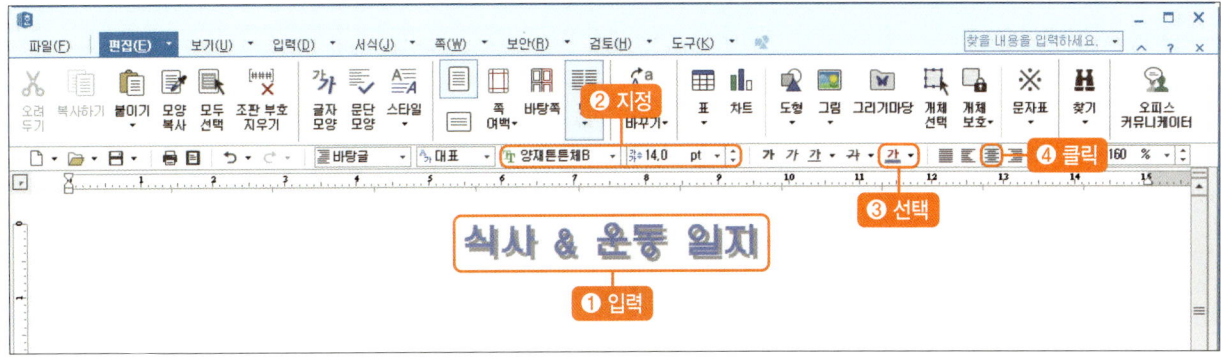

TIP
그림자는 [글자모양] 대화상자의 [기본] 탭에서 지정합니다.

02 Enter 키를 두 번 눌러 커서를 이동한 후 [입력] 탭-[표(⊞)]를 클릭합니다. (Ctrl+N, T)

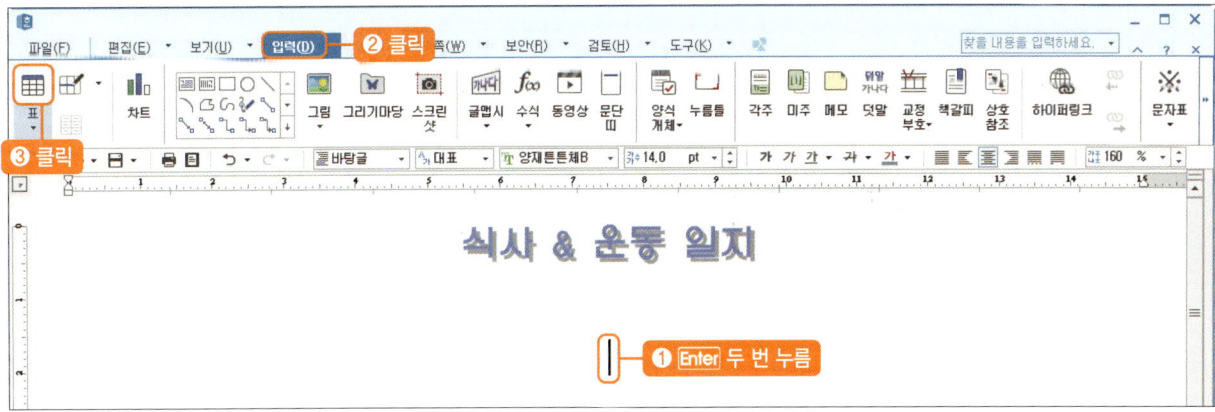

03 [표 만들기] 대화상자에서 줄 수(4), 칸 수(3), '글자처럼 취급'에 체크를 한 후 〈만들기〉 단추를 클릭합니다.

TIP
표를 글자처럼 취급으로 지정하면 표가 글자처럼 취급됩니다.

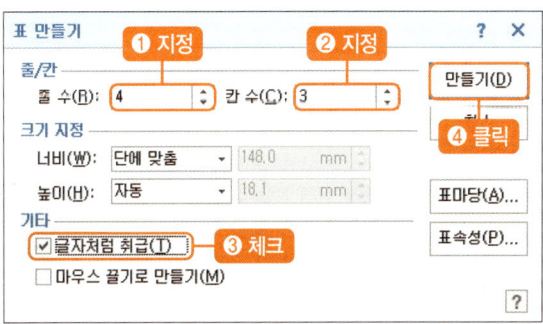

04 첫 번째 열과 두 번째 열의 경계선에 커서를 놓고 왼쪽으로 드래그하여 열 너비를 조절합니다.

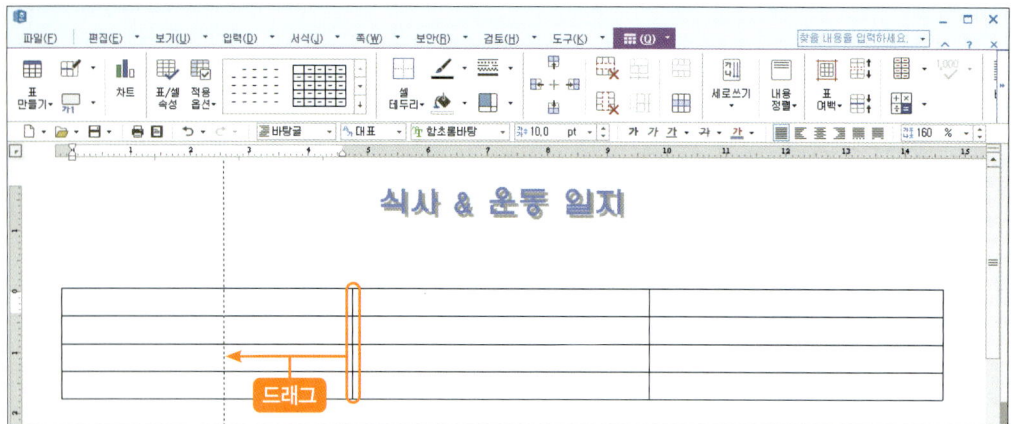

02 셀 합치기와 나누기

01 셀을 합치기 위해 두 번째 줄의 첫 번째 칸에 커서를 놓고 드래그하여 다음과 같이 블록을 지정합니다. [표] 탭-[셀 합치기(▦)]를 클릭합니다.

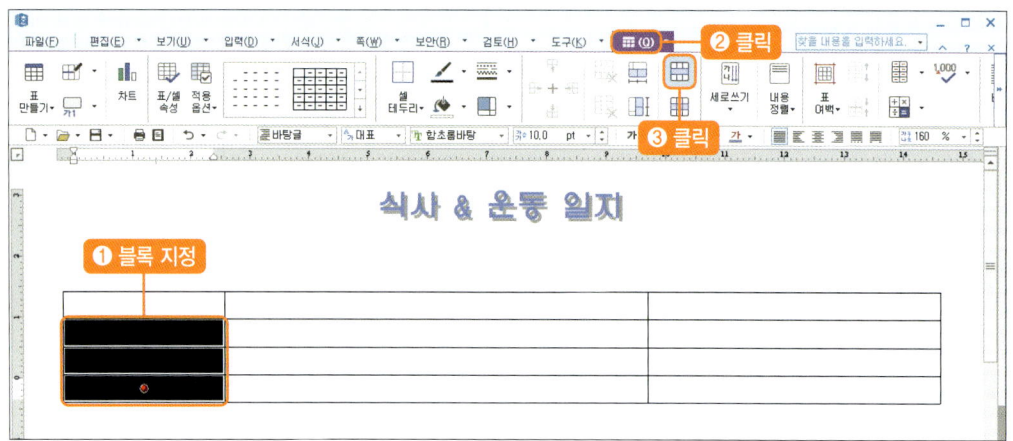

02 셀을 나누기 위해 두 번째 줄의 두 번째 칸에 커서를 놓고 드래그하여 다음과 같이 블록을 지정합니다. [표] 탭-[셀 나누기(▦)]를 클릭합니다.

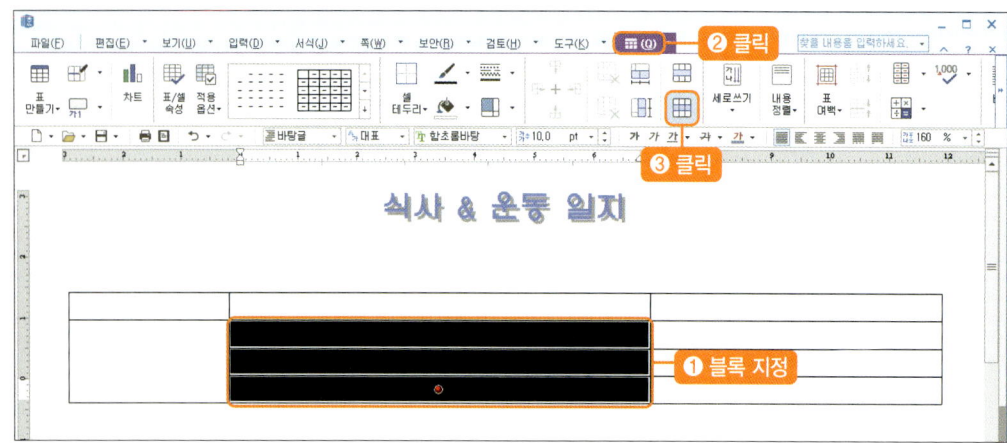

> **TIP**
>
> **단축키를 이용하여 셀 합치기/셀 나누기**
> - 셀 합치기 : 합칠 셀을 범위로 선택하고 단축키 M을 누릅니다.
> - 셀 나누기 : 나눌 셀을 F5 키로 선택하고 단축키 S를 누릅니다.

03 [셀 나누기] 대화상자가 표시되면 '줄 수'의 체크를 해제하고 '칸 수'를 2로 지정한 후 〈나누기〉 단추를 클릭합니다.

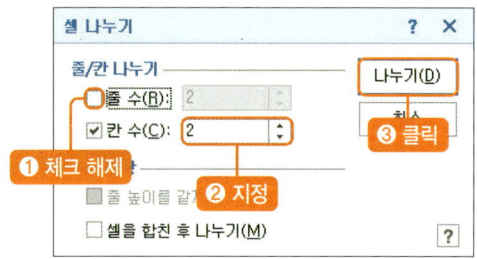

04 나눠진 셀의 경계선에 커서를 놓고 왼쪽으로 드래그하여 열 너비를 조절합니다.

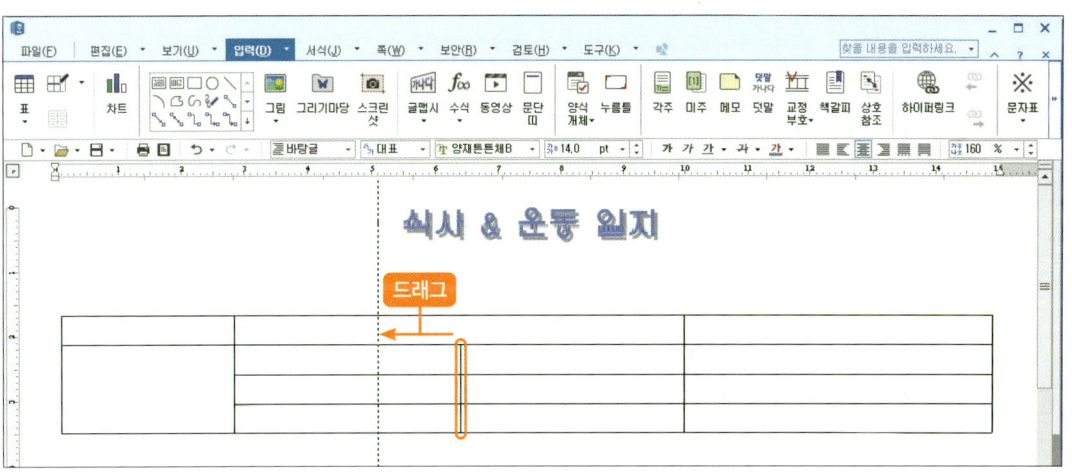

05 마지막 칸도 다음과 같이 셀을 합치고 표에 다음 내용을 입력합니다.

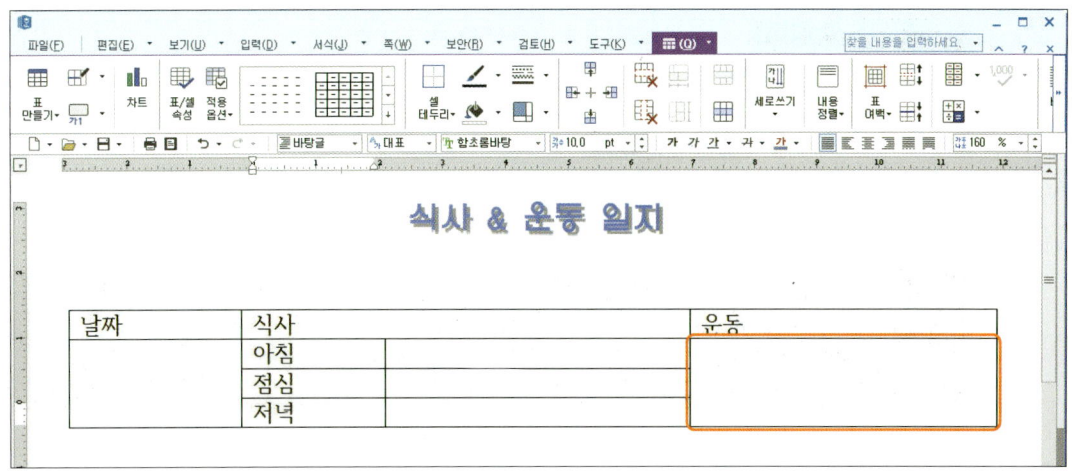

한글 NEO • **47**

06 표 안에서 F5 키를 세 번 누르면 표 전체가 블록으로 지정됩니다. [서식] 도구 상자-[가운데 정렬(≡)]을 클릭합니다.

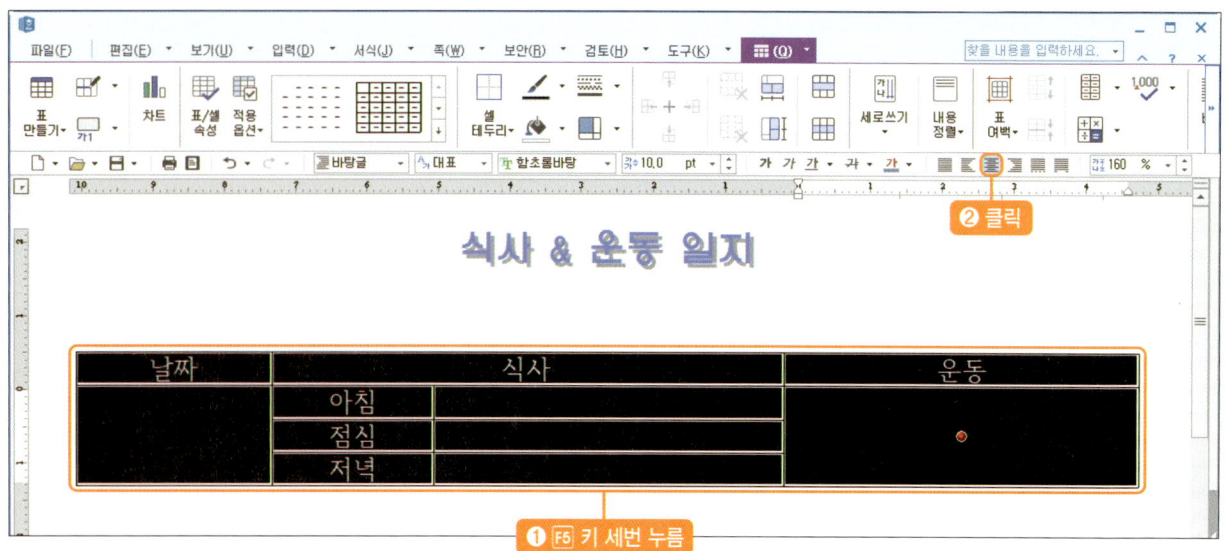

TIP

셀 선택하기

- 선택할 범위의 시작 셀에 마우스 포인터를 놓고 해당 범위를 드래그합니다.
- 셀 선택을 취소하려면 표의 바깥을 클릭하거나 Esc 키를 누릅니다.
- 한 셀 선택 : 선택할 셀을 클릭하고 F5 키를 한 번 누릅니다.

날짜	식사		운동
	아침		
	점심		
	저녁		

- 연속된 셀 선택 : F5 키를 두 번 누르고 방향키로 이동합니다.

날짜	식사		운동
	아침		
	점심		
	저녁		

- 떨어진 셀 선택 : Ctrl 키를 누른 채 원하는 셀을 각각 클릭하여 선택합니다.

날짜	식사		운동
	아침		
	점심		
	저녁		

- 표 전체 선택 : F5 키를 세 번 누릅니다.

날짜	식사		운동
	아침		
	점심		
	저녁		

03 셀/테두리 배경 지정하기

01 표 전체를 블록으로 지정하고 마우스 오른쪽 단추를 클릭한 후 [셀 테두리/배경]-[각 셀마다 적용(▣)]을 클릭합니다.

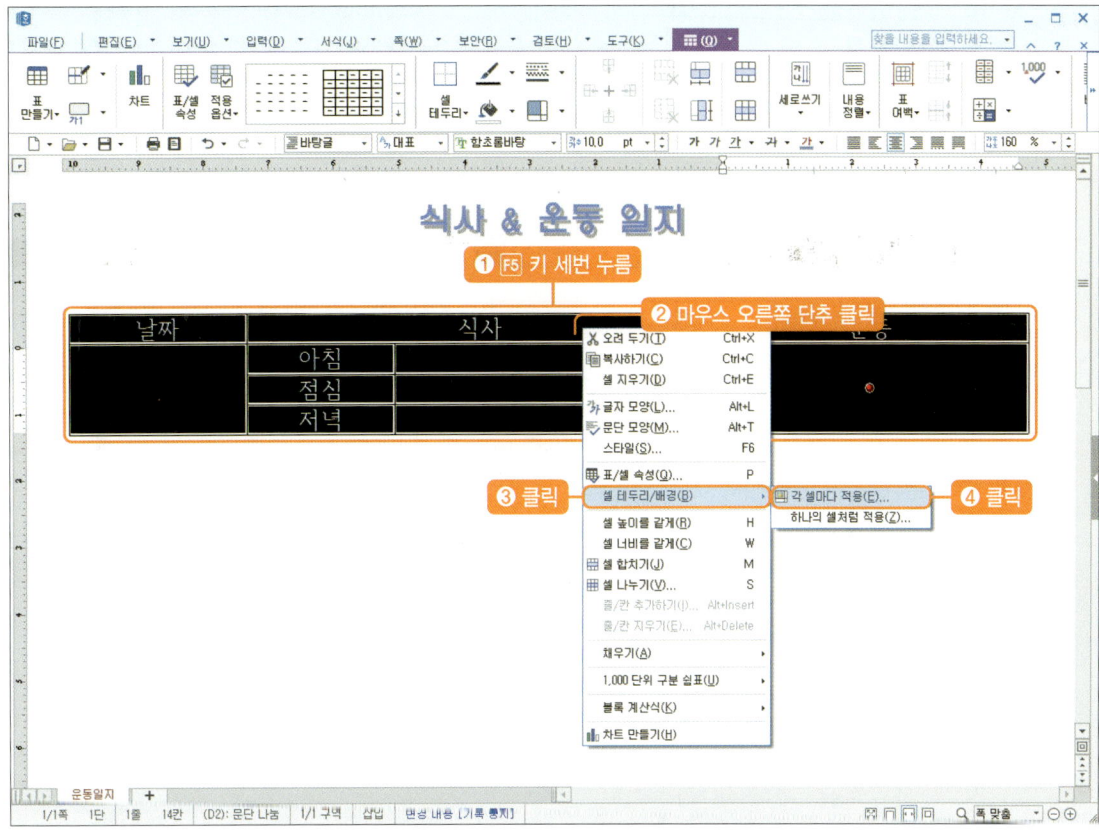

02 [셀 테두리/배경] 대화상자의 [테두리] 탭에서 테두리 '종류(이중실선)', '색(하늘색)', '바깥쪽(▣)'을 선택하고 〈설정〉 단추를 클릭합니다.

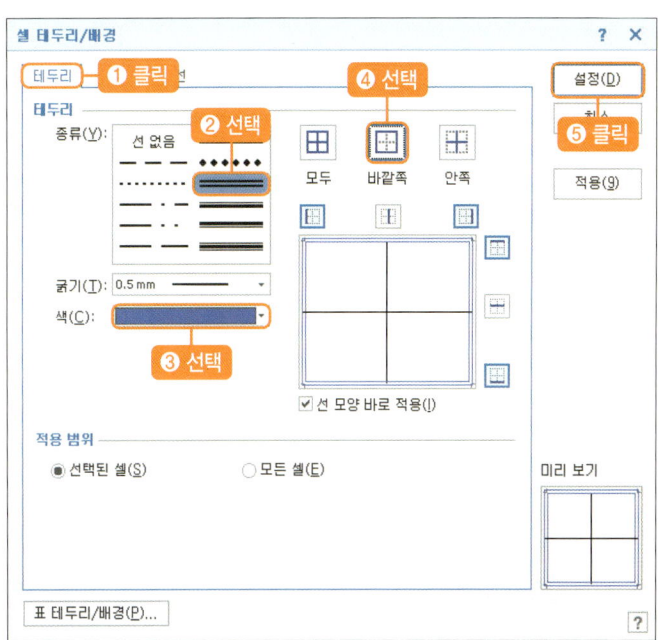

한글 NEO • **49**

03 이번에는 첫 줄을 블록으로 지정하고 마우스 오른쪽 단추를 누른 후 [셀 테두리/배경]-[각 셀마다 적용(▦)]을 클릭합니다.

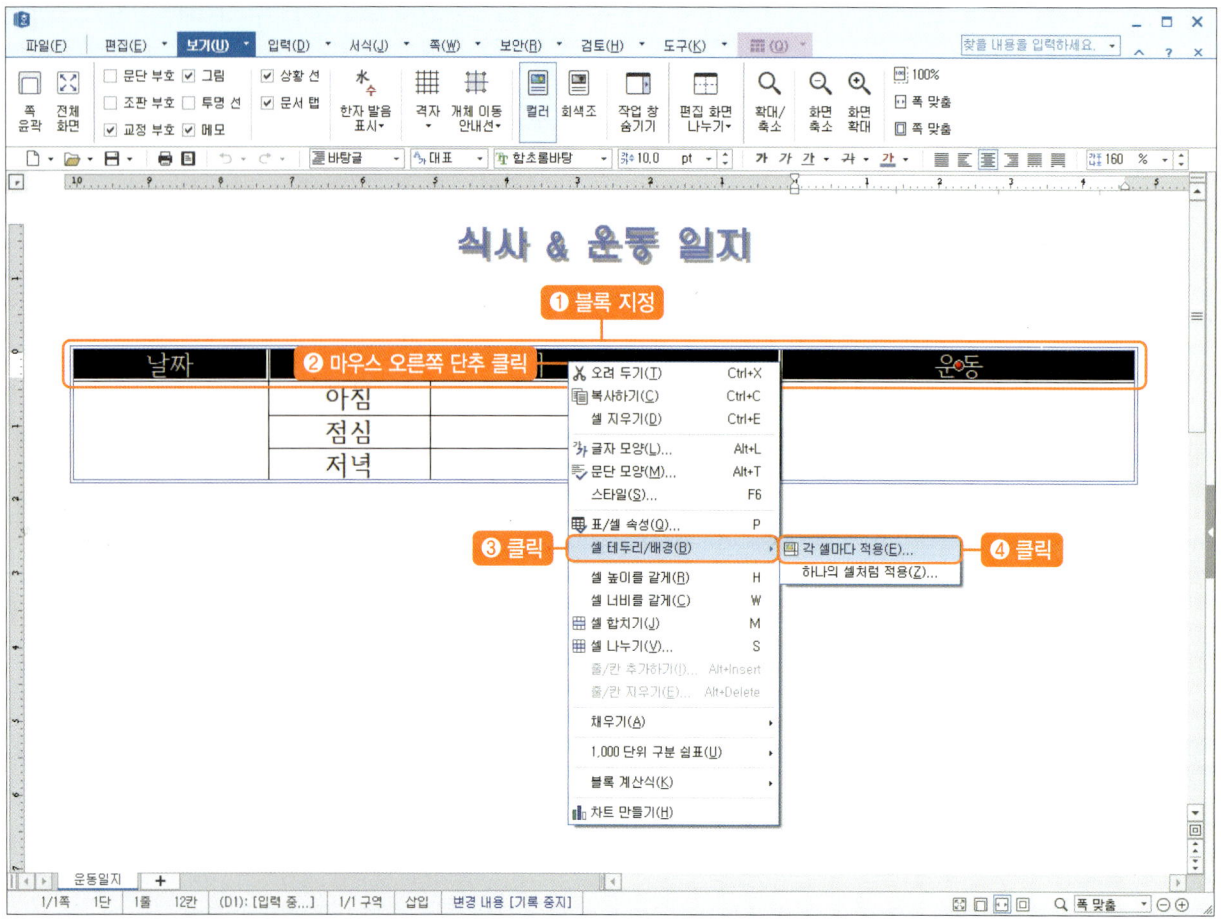

04 [셀 테두리/배경] 대화상자의 [테두리] 탭에서 '테두리 종류(실선)', '굵기(0.4mm)', '아래(▦)'를 선택하고 〈설정〉 단추를 클릭합니다.

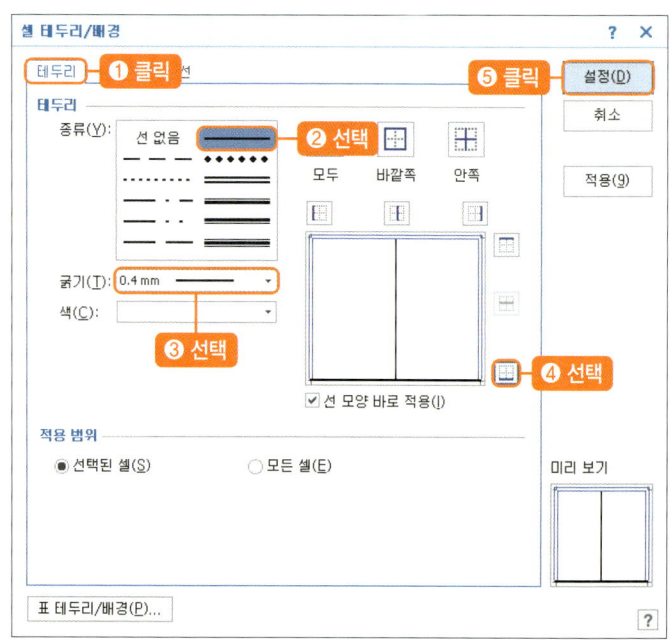

05 이번에는 셀 배경색을 지정하기 위해 다음과 같이 블록을 지정하고 마우스 오른쪽 단추를 누른 후 [셀 테두리/배경]-[각 셀마다 적용(▦)]을 클릭합니다.

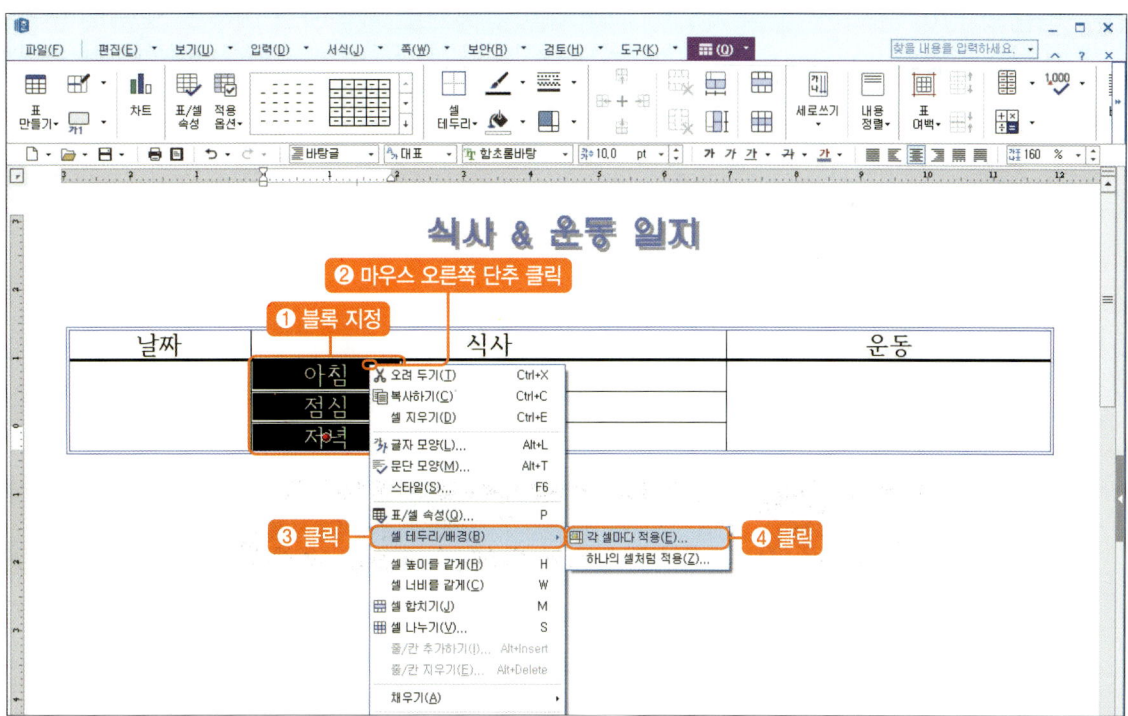

06 [셀 테두리/배경] 대화상자의 [배경] 탭에서 면 색(초록 90% 밝게)을 선택한 후 〈설정〉 단추를 클릭합니다.

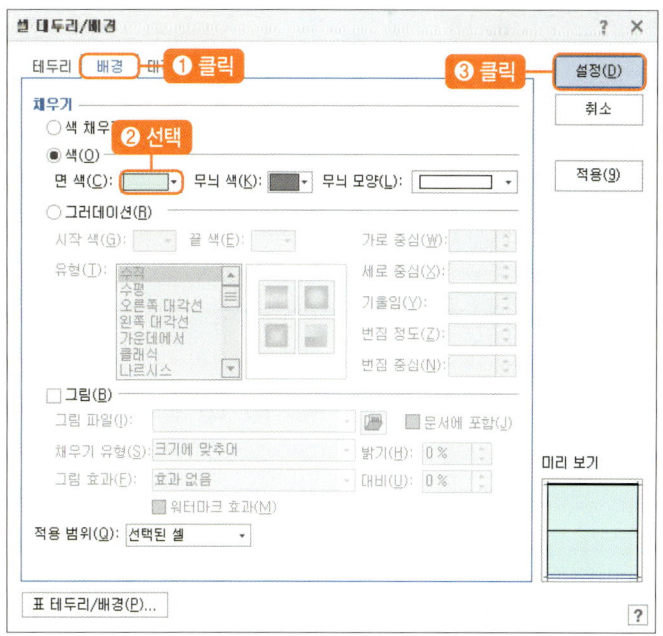

TIP

단축키를 이용하여 테두리/배경 지정하기

- **테두리** : 테두리를 지정할 셀을 범위로 선택하고 단축키 L 을 누릅니다.
- **배경** : 배경을 지정할 셀을 범위로 선택하고 단축키 C 를 누릅니다.

04 표 복사와 자동 채우기

01 다음과 같이 표의 첫 줄을 제외한 나머지를 블록으로 지정하고 마우스 오른쪽 단추를 클릭한 후 [복사하기(📋)]를 선택합니다. (**Ctrl**+**C**)

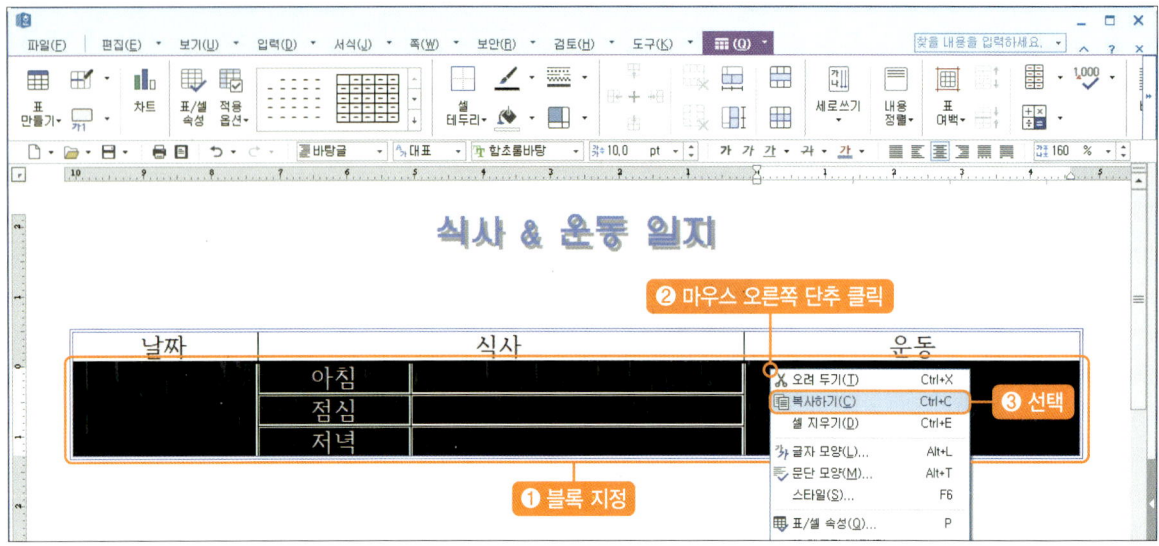

02 표의 마지막 셀에 커서를 놓고 마우스 오른쪽 단추를 클릭한 후 [붙이기(📋)]를 선택합니다. (**Ctrl**+**V**)

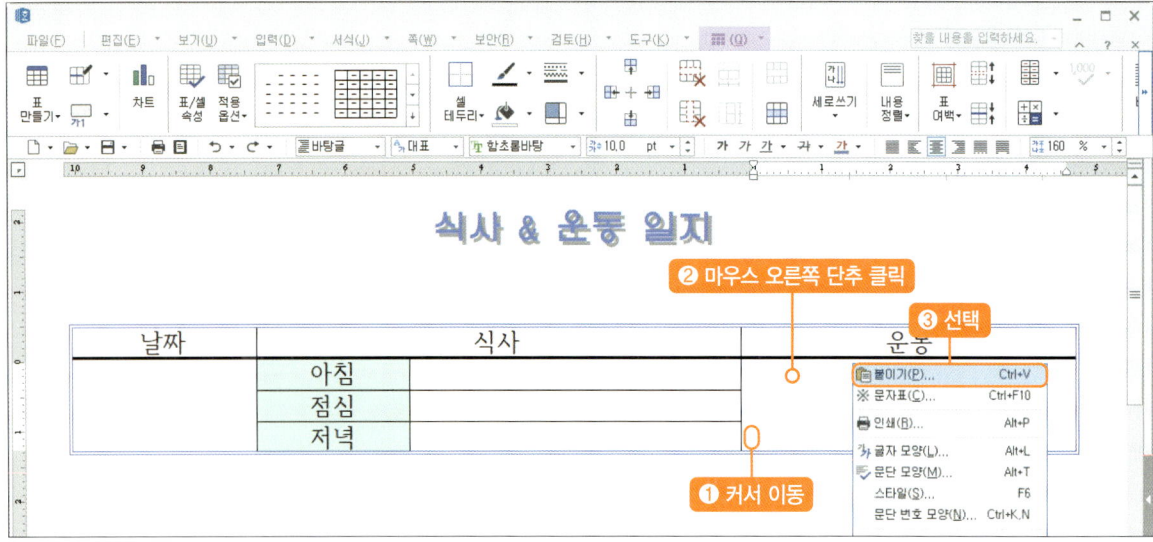

03 [셀 붙이기] 대화상자에서 '아래쪽(⊞)'을 선택하고 〈붙이기〉 단추를 클릭합니다.

52 • 표 만들기

04 같은 방법으로 붙이기를 세 번 더 실행하여 다음과 같이 표를 완성합니다.

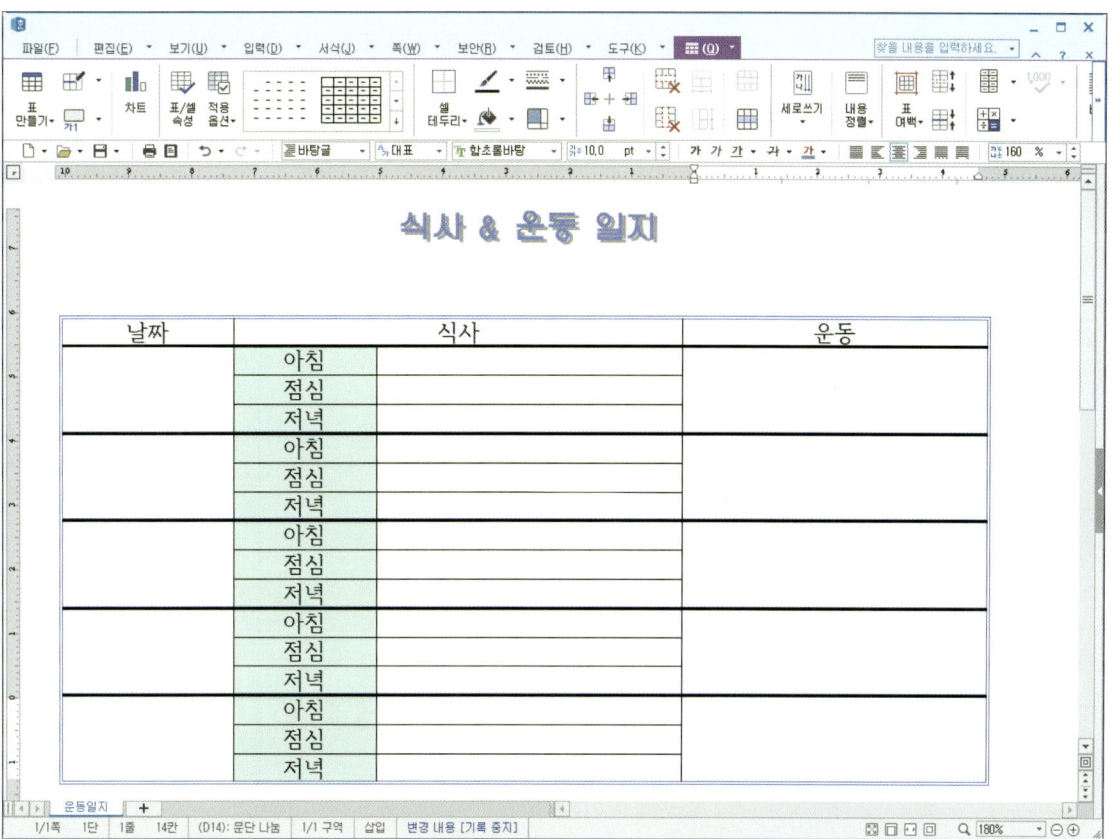

05 셀에 '월요일'과 '화요일'을 입력하고 다음과 같이 블록을 지정합니다.

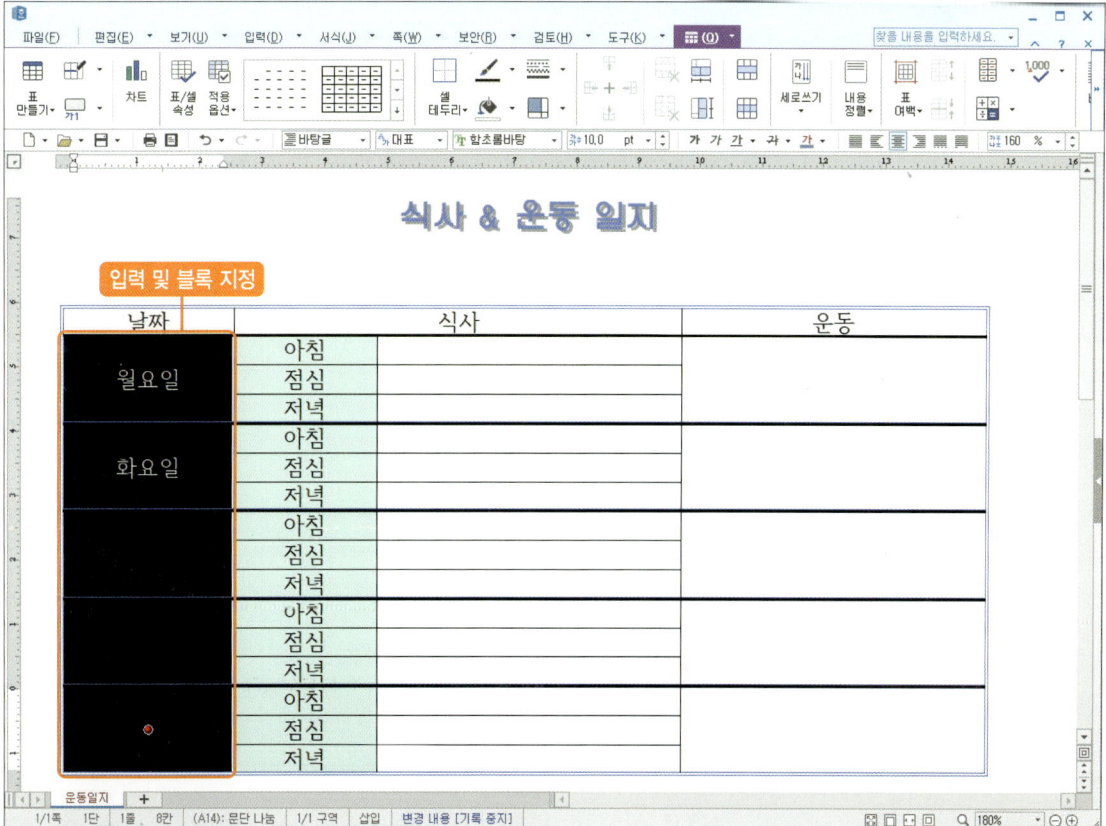

06 마우스 오른쪽 단추를 클릭한 후 [채우기]-[표 자동 채우기]를 클릭합니다.

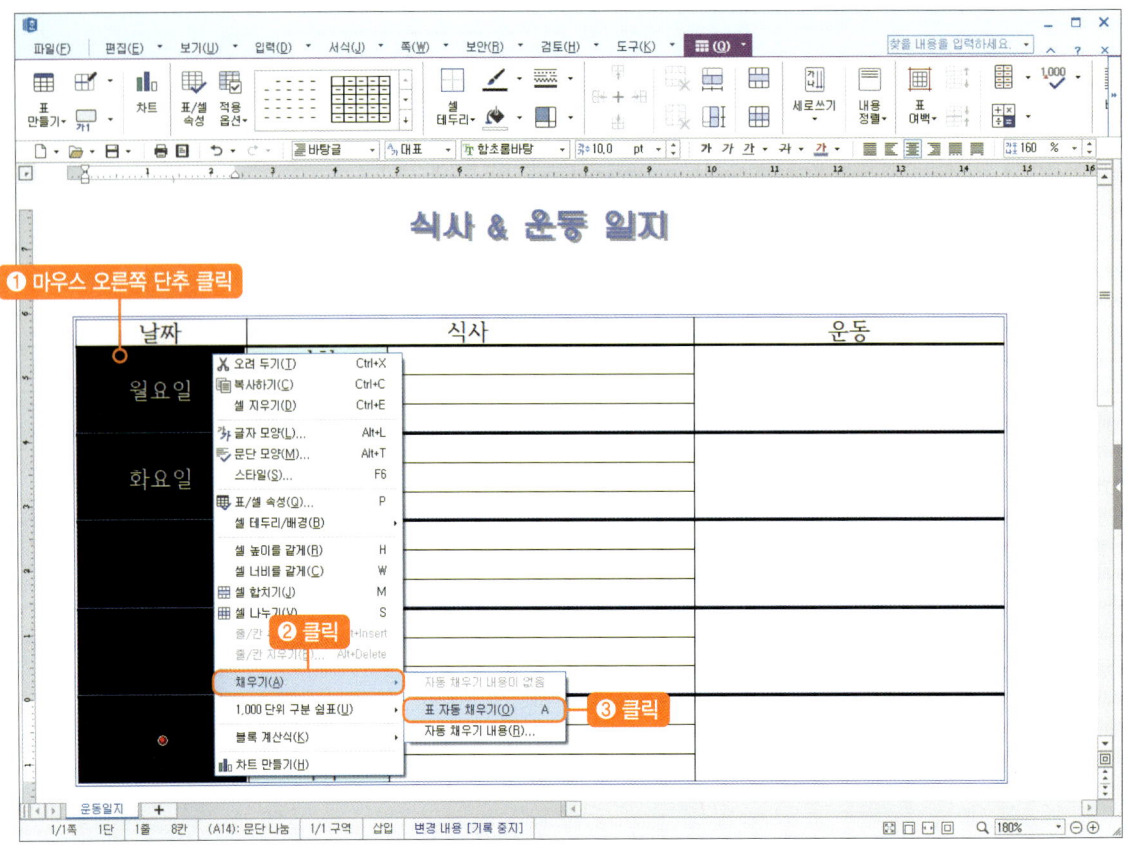

07 작업한 결과를 확인한 후 '운동일지(완성).hwp'로 저장합니다.

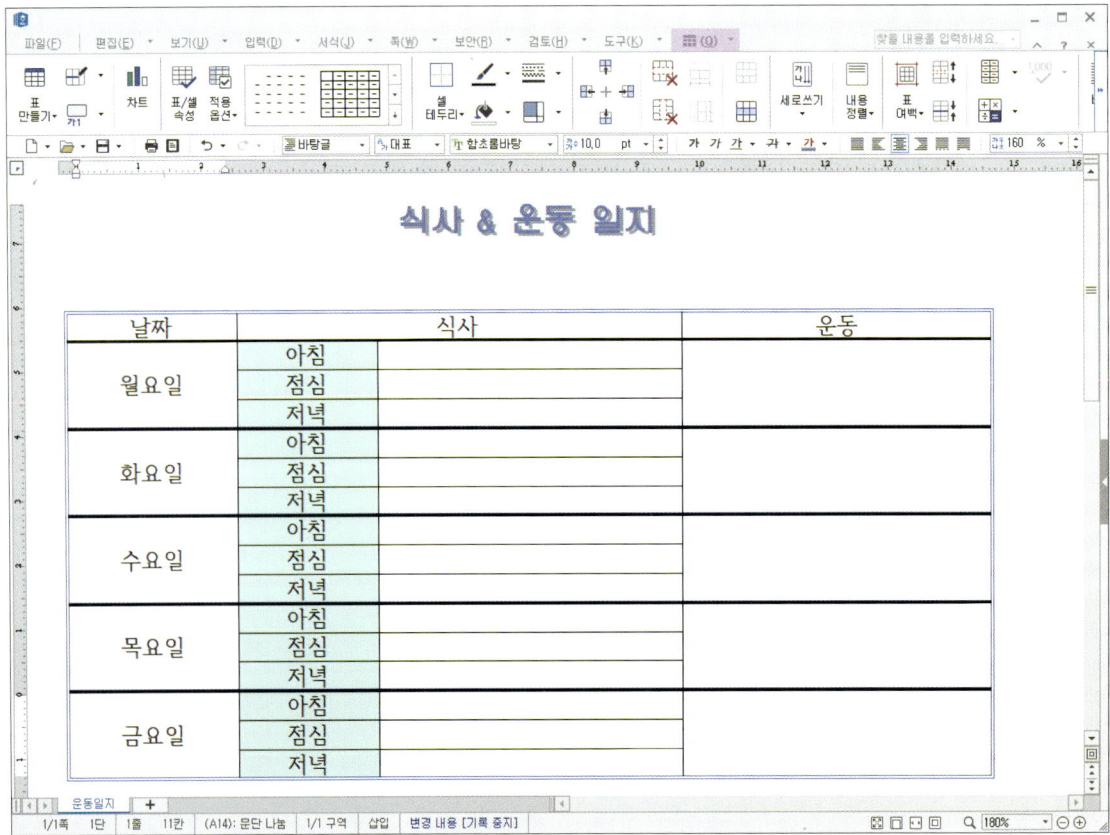

TIP

자동 채우기 단축키

자동 채우기할 셀을 범위로 지정하고 단축키 [A]를 누릅니다.

TIP

자동 채우기 내용

마우스 오른쪽 단추를 클릭한 후 [채우기]-[자동 채우기 내용]을 선택하면 자동으로 채울 수 있는 내용을 선택하여 채우거나 사용자 정의로 새로운 내용을 등록할 수 있습니다.

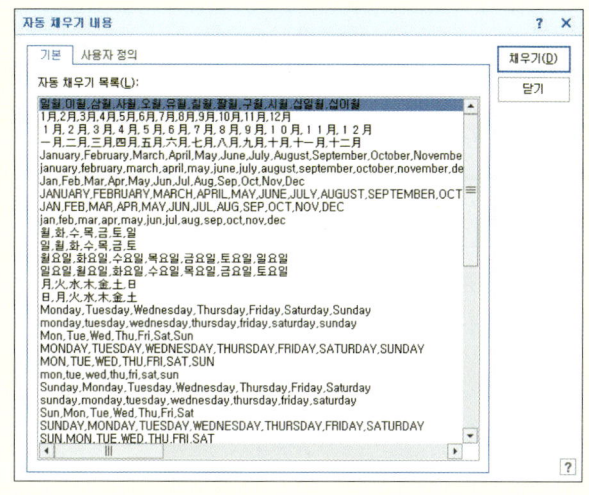
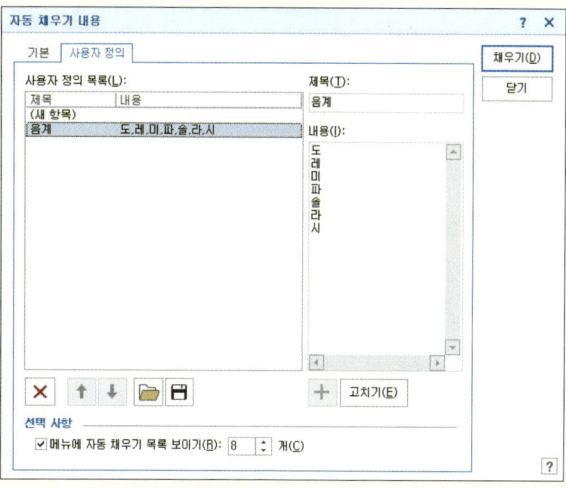

활용마당

1 표를 이용하여 다음 문서를 작성해 보세요.

◎ 예제파일 : 없음   ◎ 완성파일 : 직원 리스트(완성).hwp

직원 리스트

성명		소속	
생년월일		직급	
현주소		전화1	
연락자		전화2	
비고			

HINT
① 제목 : 글꼴(함초롬돋움), 글자 크기(16pt), 진하게, 글자 색(하늘색 30% 어둡게)
② 표 만들기 : 줄 수(5), 칸 수(4), 글자처럼 취급
③ 표 테두리 : 바깥쪽 테두리(이중실선), 셀 배경색(연한 노랑 10% 어둡게)
④ 표 내용 : 글꼴(함초롬돋움), 가운데 정렬

2 표를 이용하여 다음 문서를 작성해 보세요.

◎ 예제파일 : 없음   ◎ 완성파일 : 평가표(완성).hwp

활동상황 평가표

학년   반   지도교사 :

번호	성명	평가 영역			비고
		출석상황	준비상황	활동상황	
총계					✕

HINT
① 제목 : 글꼴(함초롬돋움), 글자 크기(16pt), 밑줄(얇고 굵고 얇은 삼중선), 글자 색(초록 10% 어둡게)
② 표 만들기 : 줄 수(9), 칸 수(6), 글자처럼 취급
③ 표 테두리 : 바깥쪽 테두리(얇고 굵은 이중선), 첫 줄 아래(점선), 마지막 셀(대각선), 셀 배경색(초록 80% 밝게)
④ 표 내용 : 글꼴(HY크리스탈M), 가운데 정렬

활용마당

3 표를 이용하여 다음 문서를 작성해 보세요.

● 예제파일 : 없음   ● 완성파일 : 식단안내(완성).hwp

식단안내		
☀ 아침	♨ 점심	☾ 저녁
토스트 우유 과일 샐러드	현미밥 된장국 불고기 김치 두부조림	흑미밥 콩나물국 오징어볶음 우거지무침 생선조림

HINT ❶ 표 만들기 : 줄 수(3), 칸 수(3), 글자처럼 취급
❷ 표 테두리 : 안쪽 세로(이중실선), 셀 배경색(그러데이션, 시작 색-하양, 끝 색-노랑 10% 어둡게, 수직)
❸ 표 내용 : 글꼴(HY크리스탈M), 글자 색(초록, 보라), 가운데 정렬

4 표를 이용하여 다음 문서를 작성해 보세요.

● 예제파일 : 없음   ● 완성파일 : 교육보고서(완성).hwp

교육보고서			
교육기간	20 년 월 일 ~ 20 년 월 일		
소 속		대 상 자	
교육내용			
소감 및 건의사항			
평가			

HINT ❶ 제목 : 글꼴(맑은 고딕), 글자 크기(18pt), 진하게
❷ 표 만들기 : 줄 수(5), 칸 수(4), 글자처럼 취급
❸ 표 테두리 : 바깥쪽 테두리(이중실선, 보라 20% 밝게), 안쪽(점선), 마지막 셀(대각선), 셀 배경색(보라 80% 밝게)
❹ 표 내용 : 글꼴(맑은 고딕), 가운데 정렬

06 CHAPTER 차트 만들기

◉ **예제파일** : 자격증　　◉ **완성파일** : 자격증(완성).hwp

✳ 이번 장에서는

- 표에서 자동 채우기를 하고 계산하는 방법을 알아봅니다.
- 표의 내용을 이용해서 차트를 만들고 보기 좋게 편집하는 방법을 알아봅니다.

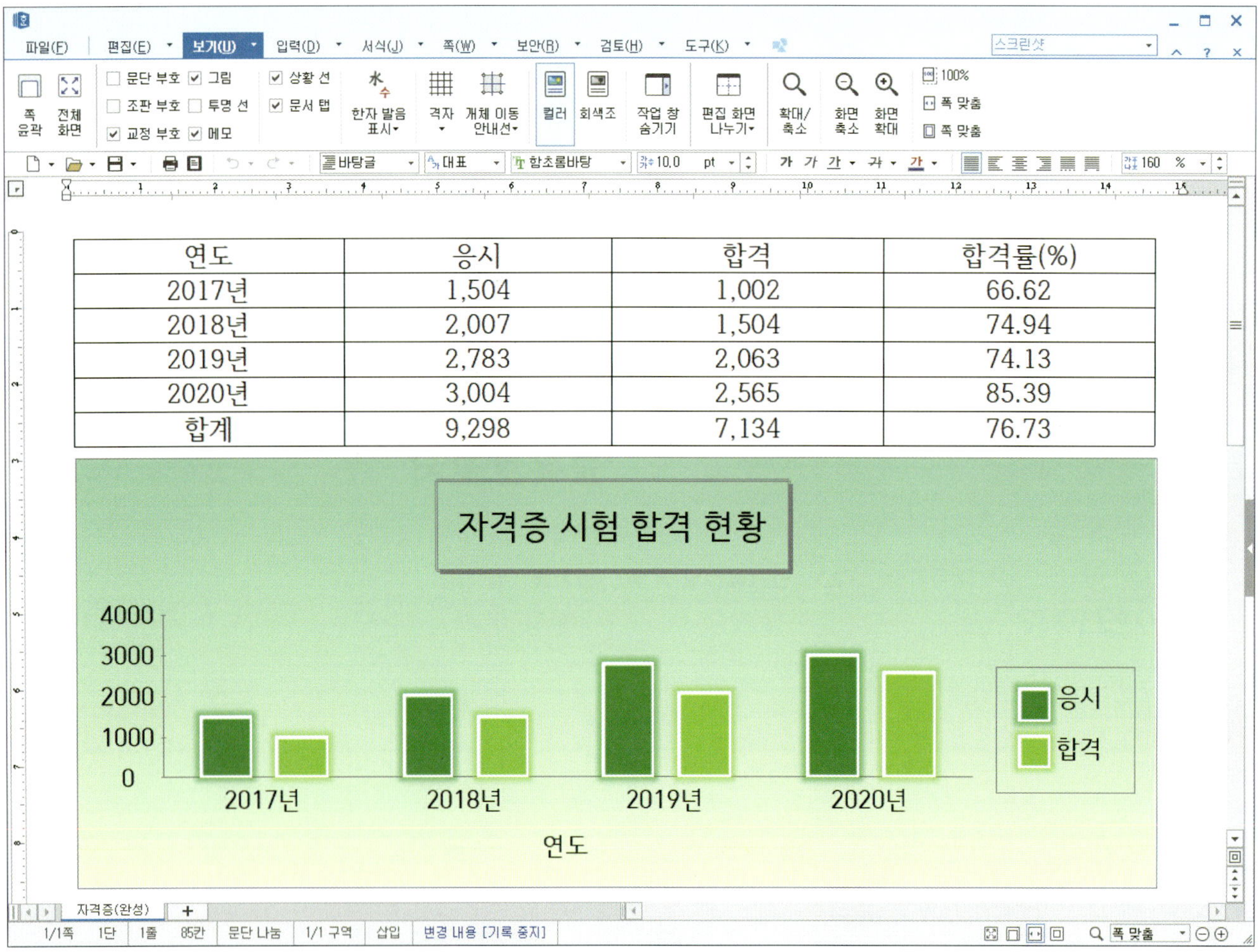

01 표에서 계산하기

01 다음과 같이 표를 작성합니다.

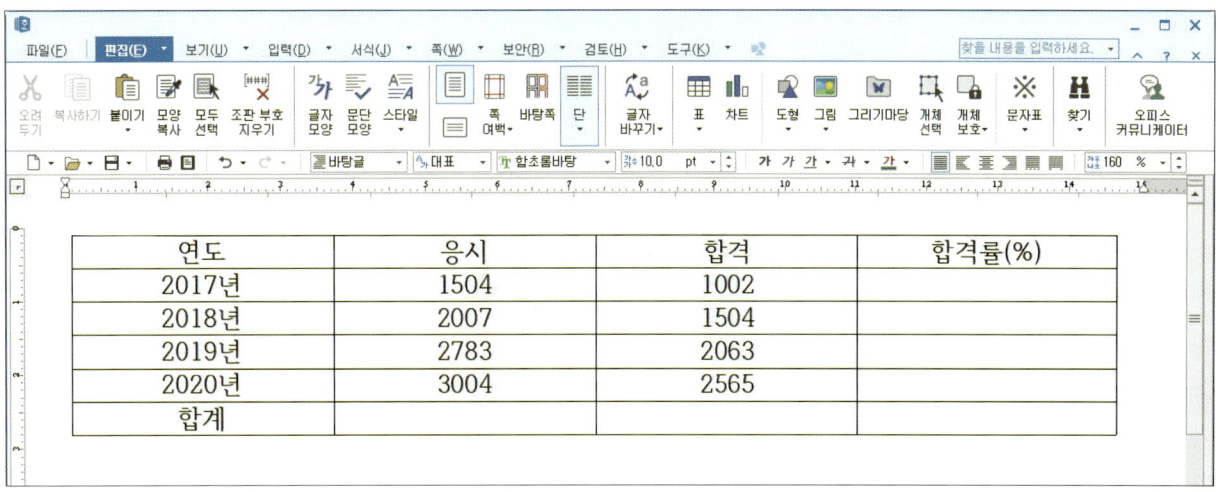

02 천 단위 구분 기호를 넣을 숫자가 입력된 셀을 블록으로 지정하고 마우스 오른쪽 단추를 클릭한 후 [1,000 단위 구분 쉼표]-[자릿점 넣기]를 클릭합니다.

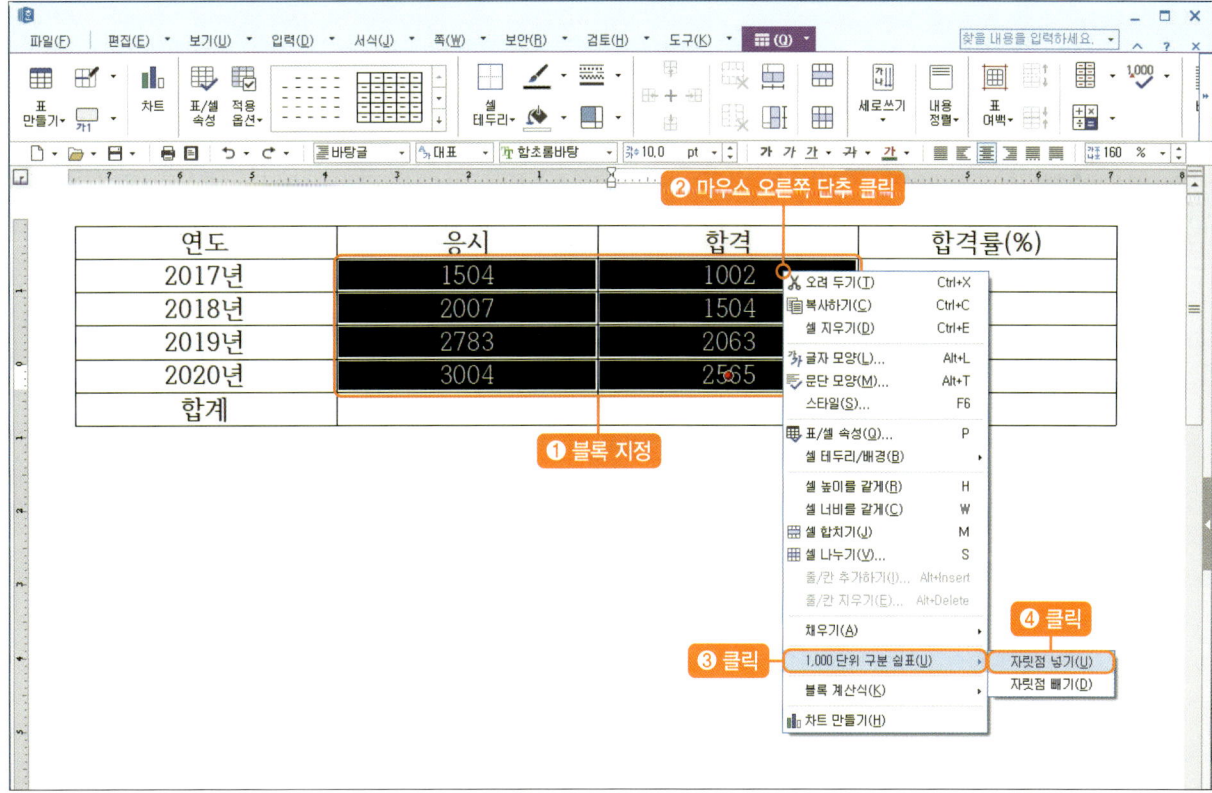

TIP

다시 천 단위 구분 기호를 삭제하려면 [1,000 단위 구분 쉼표]-[자릿점 빼기]를 클릭합니다.

03 합계를 계산할 셀과 결과가 표시될 셀을 드래그하여 블록으로 지정합니다. 마우스 오른쪽 단추를 클릭한 후 [블록 계산식]-[블록 합계(🔢)]를 클릭합니다.

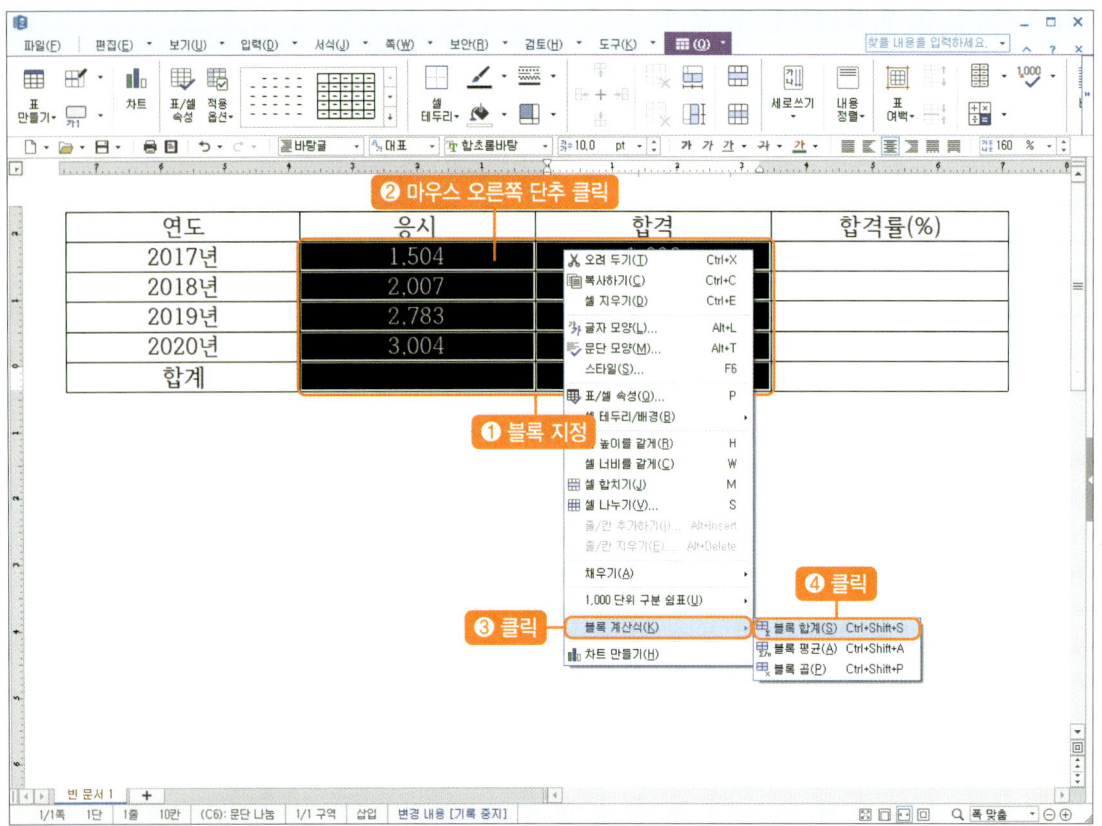

04 합격률을 계산할 셀을 클릭하고 마우스 오른쪽 단추를 클릭한 후 [계산식(🔢)]을 클릭합니다.

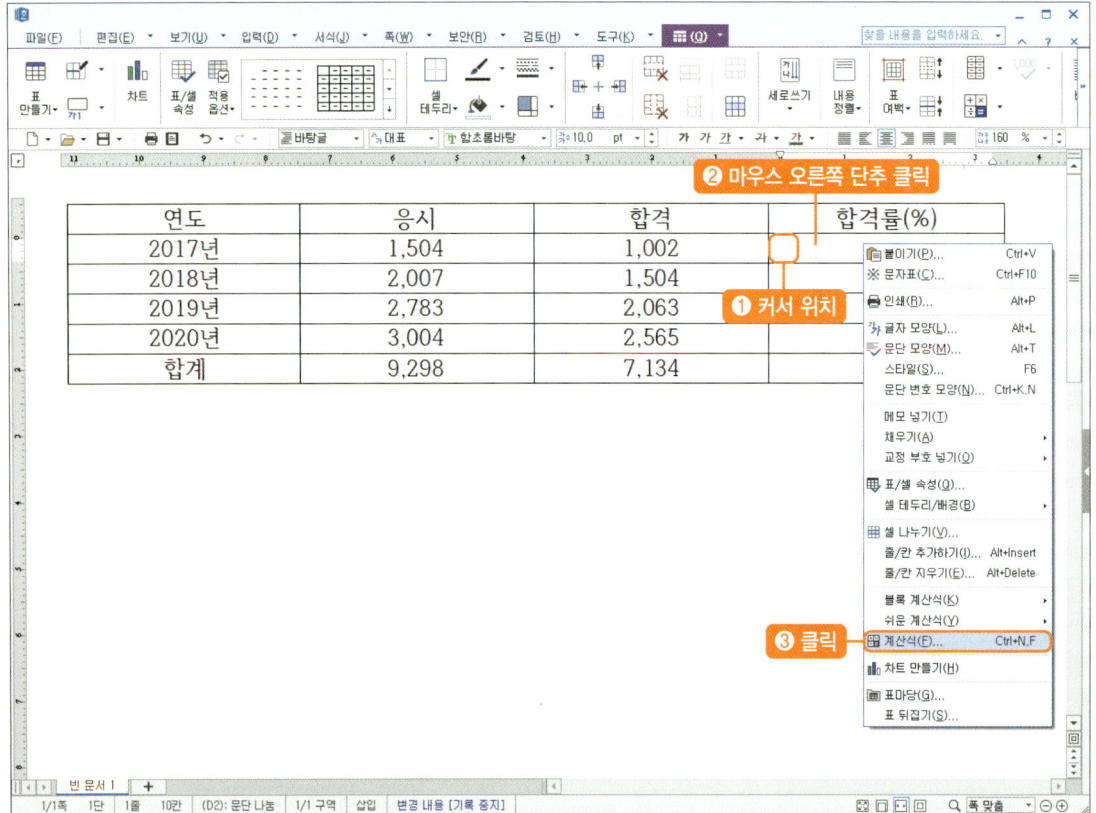

05 [계산식] 대화상자에서 계산식에 '=C?/B?*100'을 입력하고 형식은 '소수점 이하 두 자리'로 지정한 후 〈확인〉 단추를 클릭합니다.

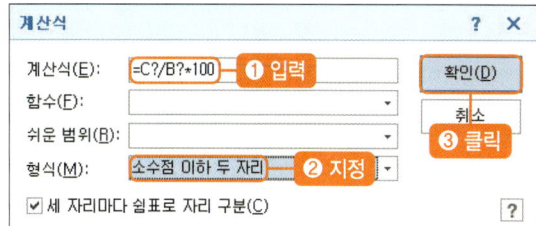

TIP

물음표(?)를 이용하면 표의 행에 상관없이 계산할 수 있으므로 수식을 복사하여 사용할 수 있습니다.

06 다음과 같이 블록을 지정한 후 [자동 채우기]의 단축키인 A를 누르면 수식이 복사되어 합격률이 계산됩니다.

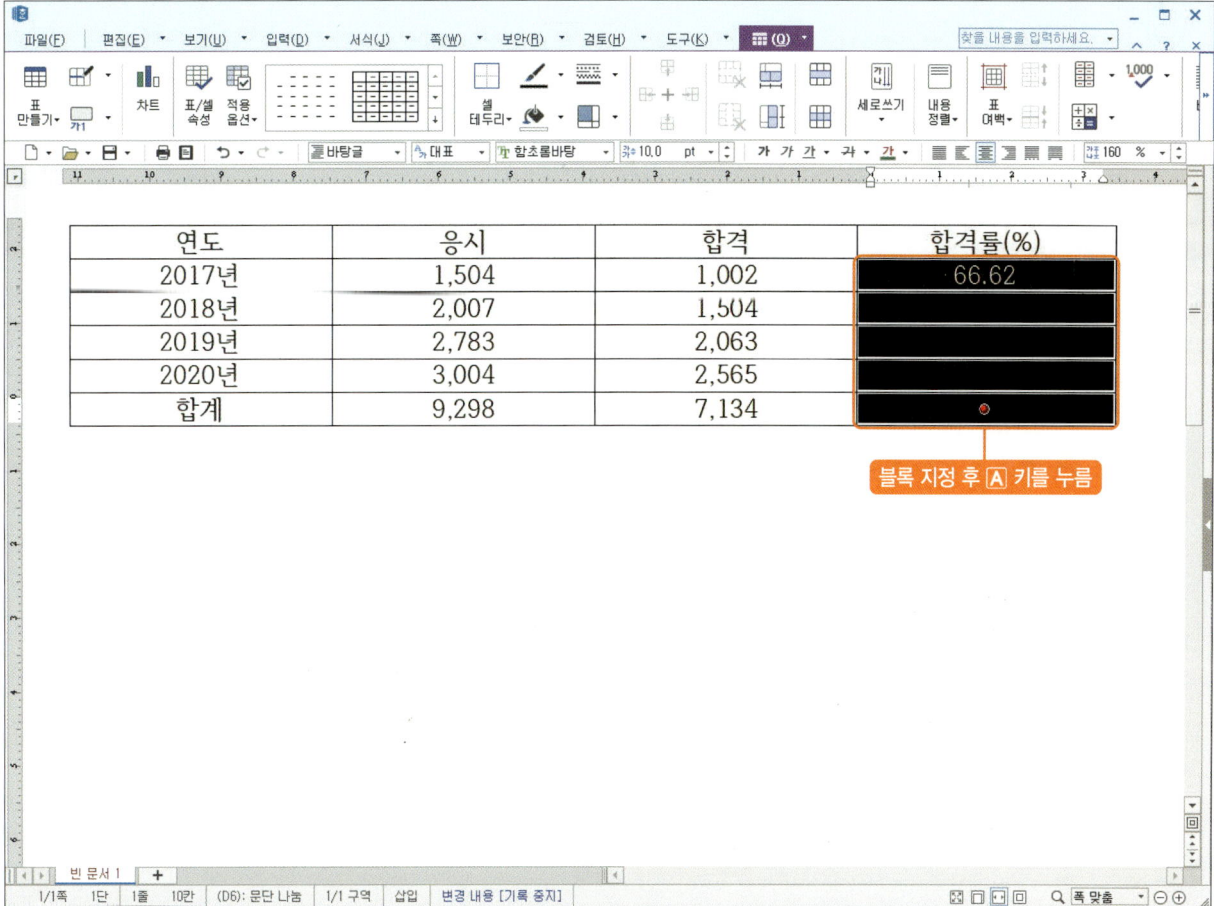

07 작업한 결과를 확인한 후 '자격증.hwp'로 저장합니다.

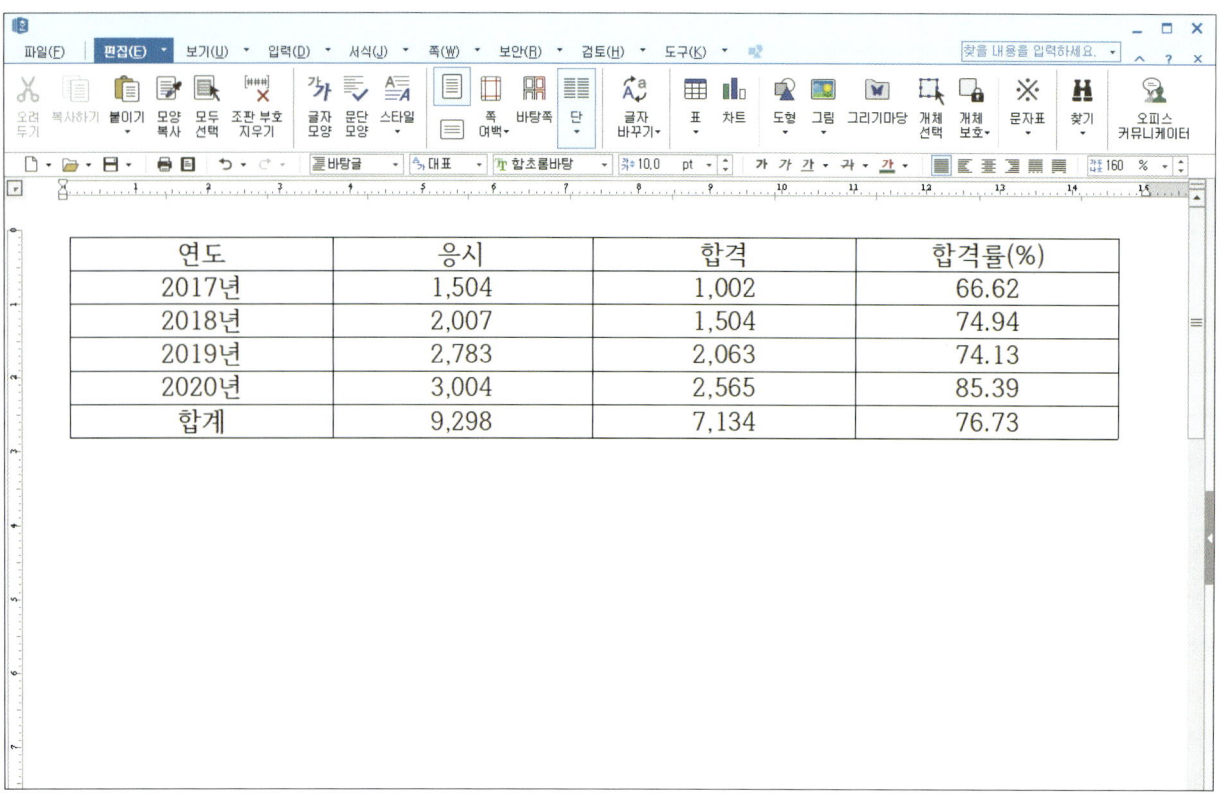

02 차트 만들기

01 차트에 표시할 데이터를 블록으로 지정하고 [입력] 탭-[차트( )]를 클릭합니다.

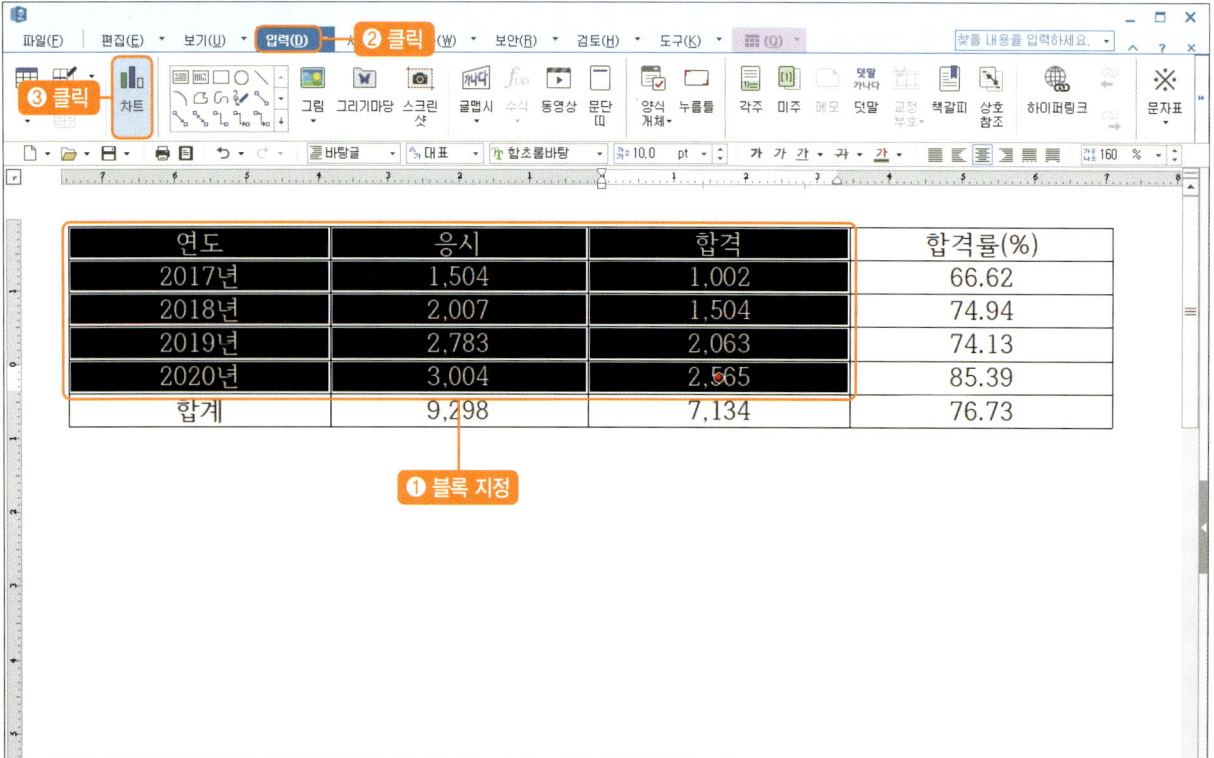

62 • 차트 만들기

02 차트를 클릭하고 차트 크기 조절점을 오른쪽으로 드래그하여 크기를 조절합니다.

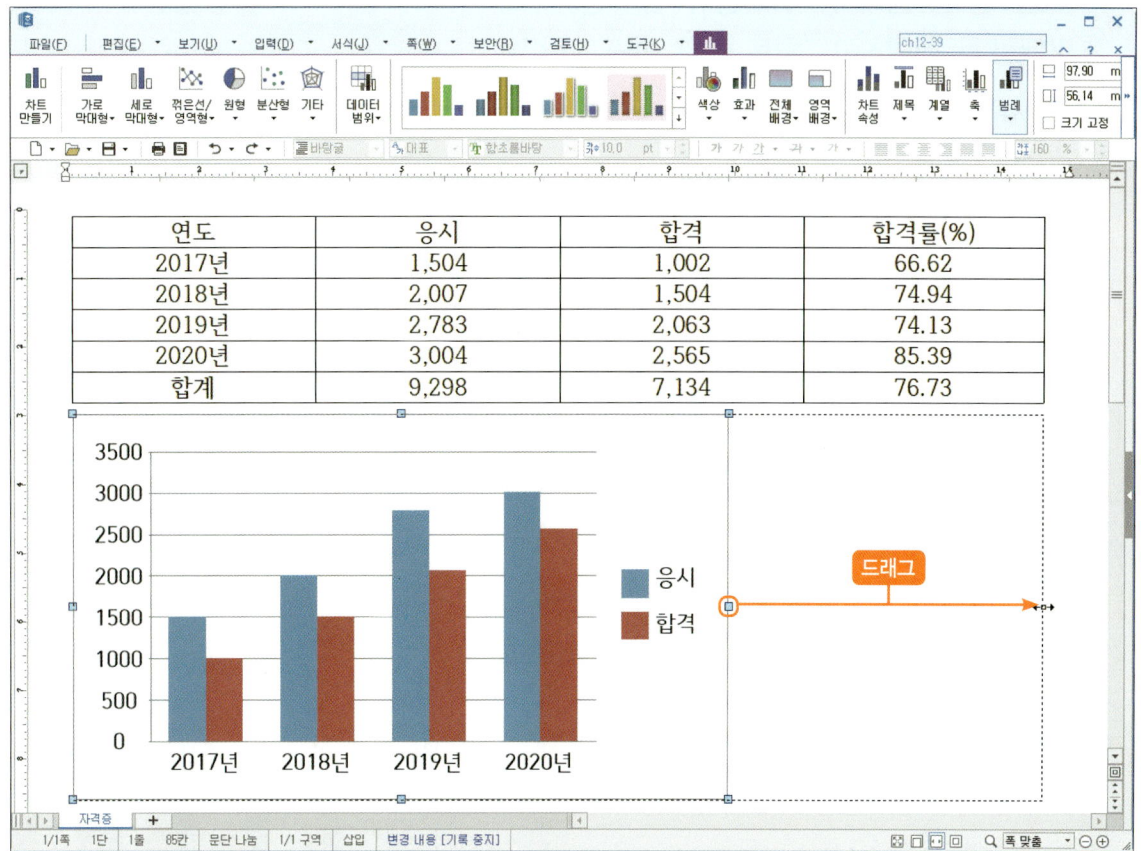

TIP

차트가 표 위로 올라가서 만들어진 경우에는 차트를 드래그하여 표 아래로 이동합니다.

03 차트를 더블클릭하고 마우스 오른쪽 단추를 클릭 한 후 [차트 마법사]를 클릭합니다.

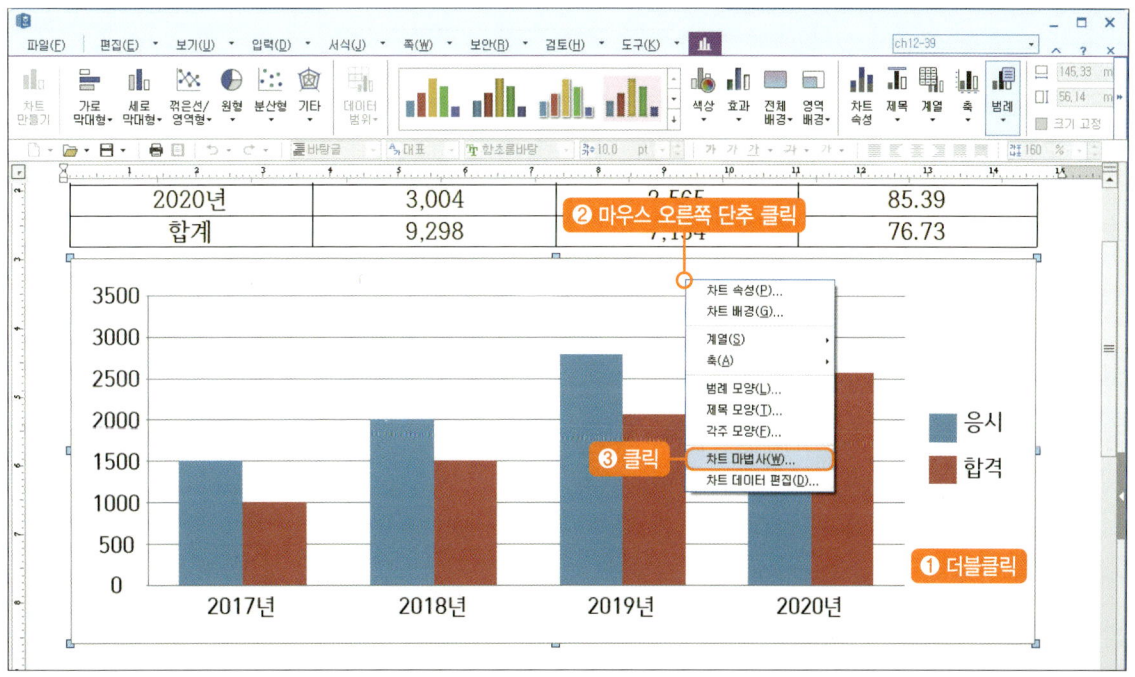

04 [차트 마법사 – 3단계 중 1단계] 대화상자의 [표준 종류] 탭에서 '차트 종류 선택'은 '세로 막대형'을 선택하고, '차트 모양 선택'에서 첫 번째 세로 막대형을 선택합니다. 이어서, 〈다음〉 단추를 클릭합니다.

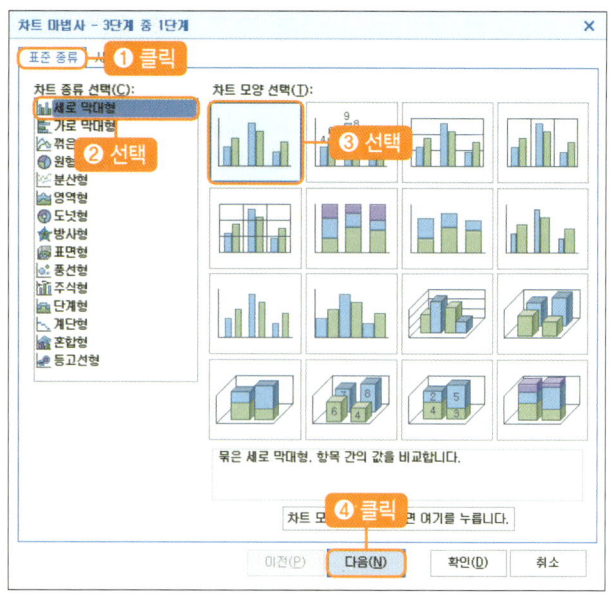

05 [차트 마법사 – 3단계 중 2단계] 대화상자의 [방향 설정] 탭에서 '방향'을 '열'로 선택하고 〈다음〉 단추를 클릭합니다.

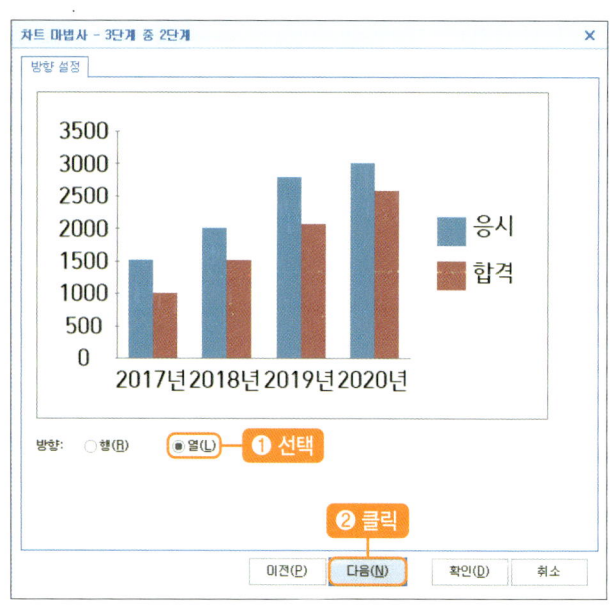

06 [차트 마법사 – 마지막 단계] 대화상자의 [제목] 탭에서 [차트 제목]에 '자격증 시험 합격 현황'을 입력하고 [X(항목) 축]에 '연도'를 입력한 후 〈확인〉 단추를 클릭합니다.

03 차트 편집하기

01 [차트] 탭-[차트 스타일]-[자세히(▼)]를 클릭하고 '초록색/붉은색 혼합, 흰색 테두리, 그림자 모양'을 선택합니다.

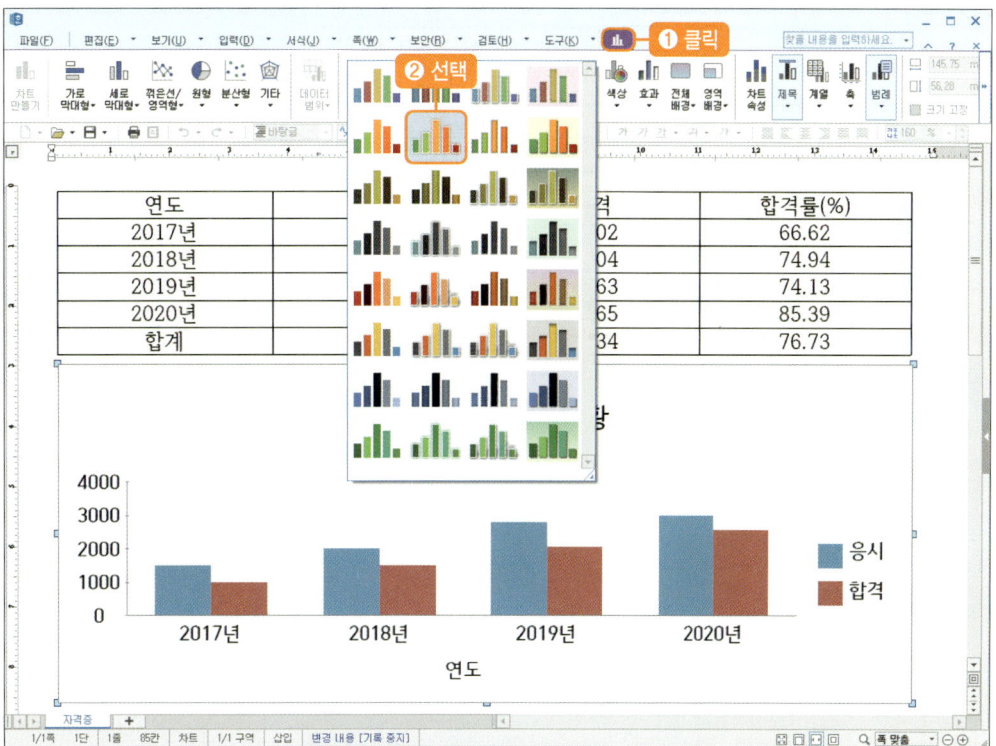

02 [차트] 탭-[전체 배경(▨)]의 '배경 – 연두색/노란색 그러데이션'을 선택합니다.

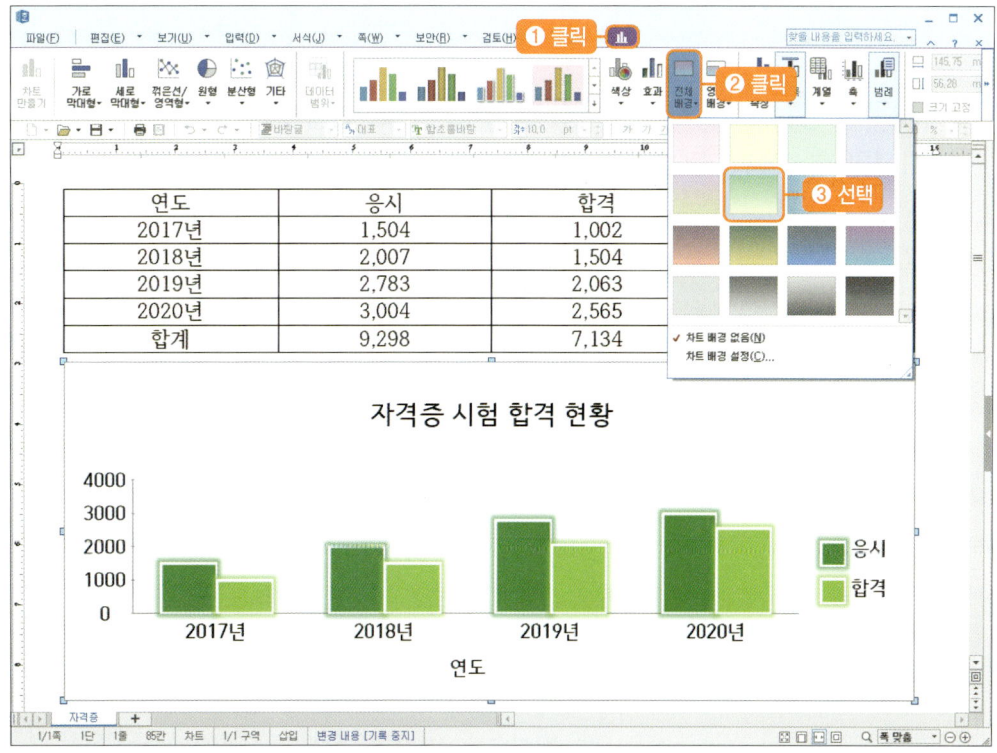

한글 NEO • **65**

03 차트 제목을 클릭하고 마우스 오른쪽 단추를 클릭한 후 [제목 모양]을 클릭합니다.

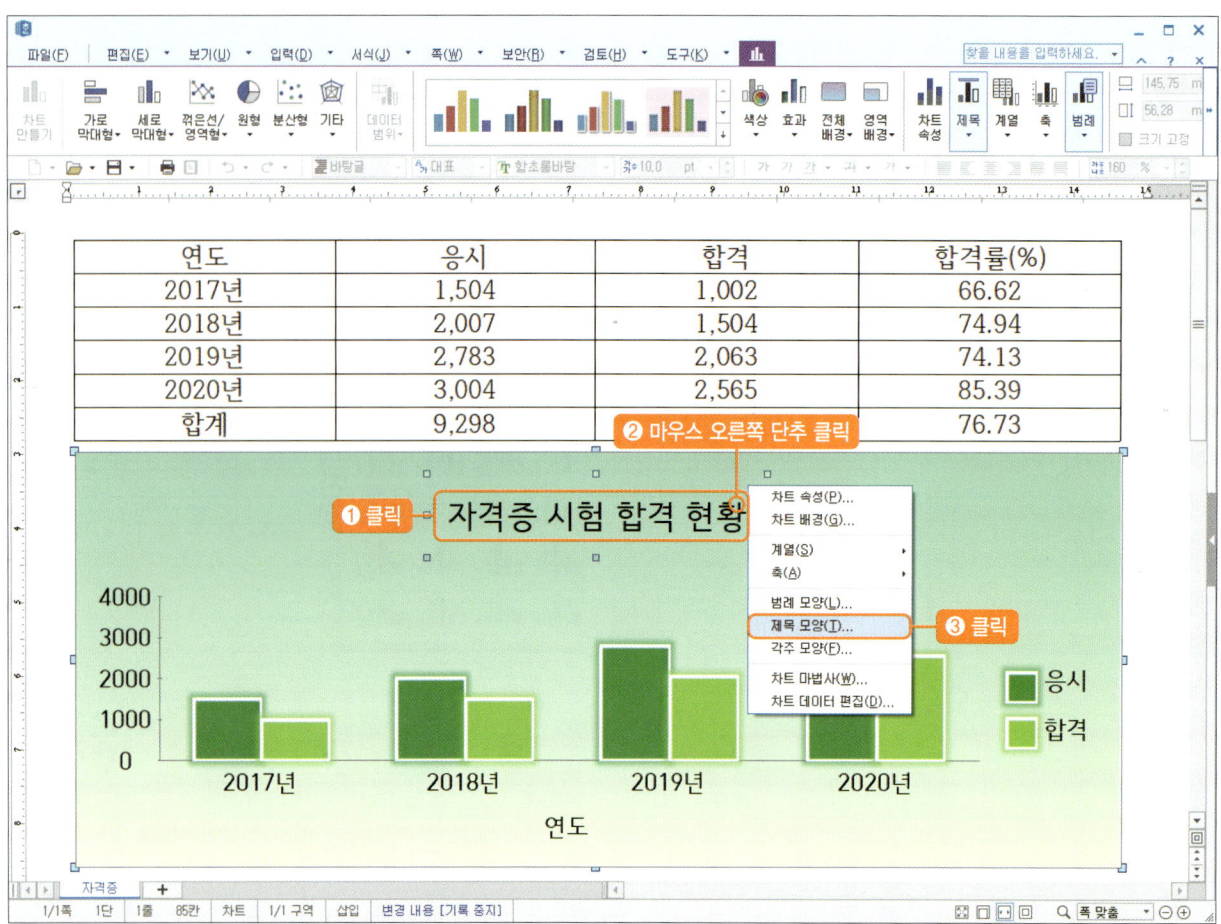

TIP

차트 제목을 더블 클릭하면 [제목 모양] 대화상자가 바로 나타납니다.

04 [제목 모양] 대화상자의 [배경] 탭에서 '선 모양 종류(두 줄로)', '그림자'에 체크하고 '위치(3pt)'를 지정한 후 〈설정〉 단추를 클릭합니다.

05 범례 모양을 지정하기 위해 차트 범례를 더블 클릭합니다.

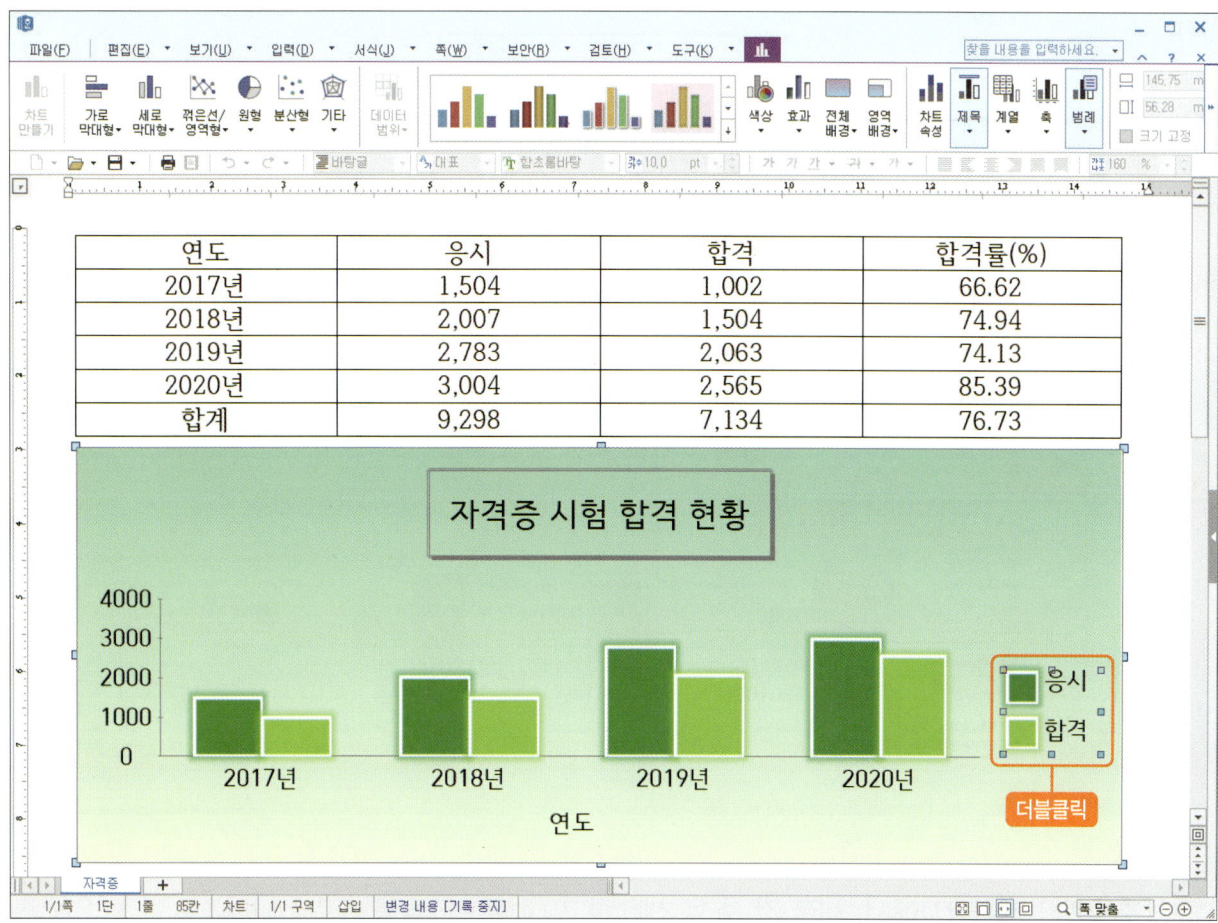

06 [범례 모양] 대화상자의 [배경] 탭에서 '선 모양 종류(한 줄로)'를 선택한 후 〈설정〉 단추를 클릭합니다.

07 Y축 값을 선택하고 마우스 오른쪽 단추를 클릭한 후 [축]-[축]을 클릭합니다.

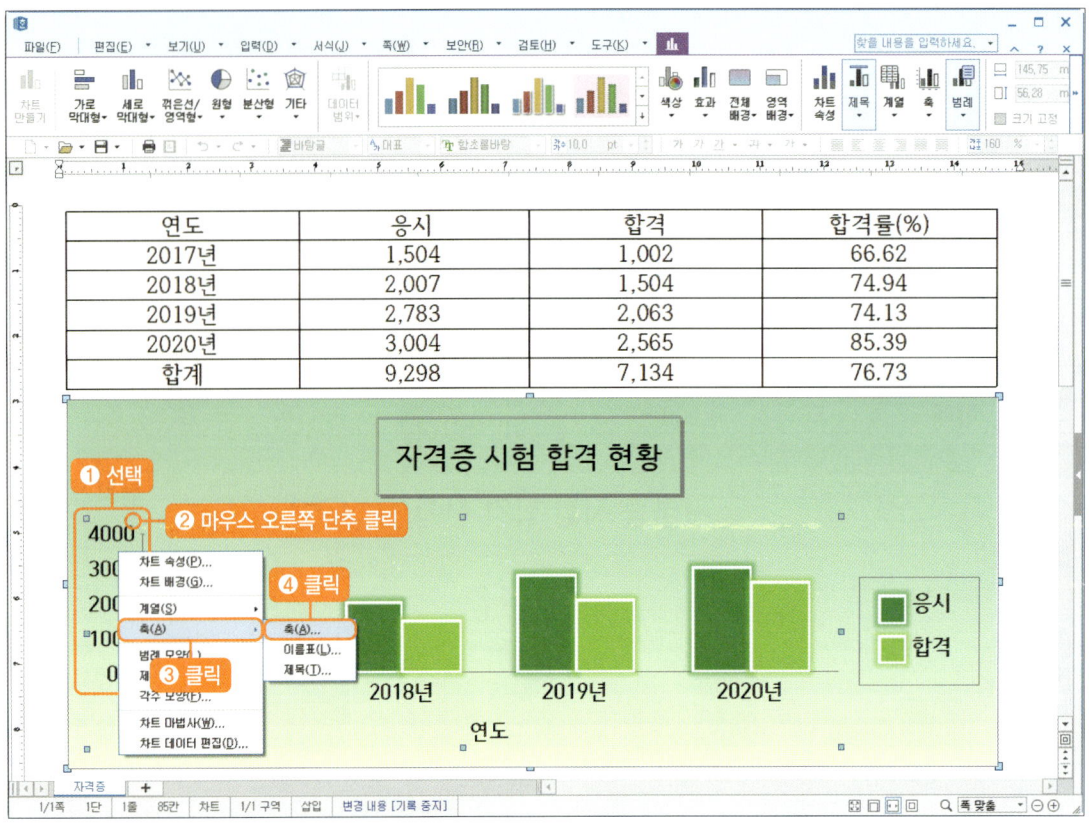

08 [축 선택] 대화상자에서 '세로 값 축'을 선택하고 〈선택〉 단추를 클릭합니다.

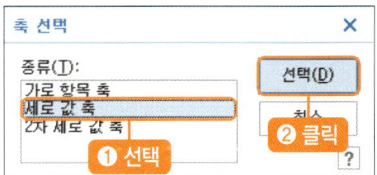

09 [축 모양] 대화상자의 [비례] 탭에서 '자동으로 꾸밈'의 체크를 해제하고 '최댓값(4000)', '큰 눈금선(4)'을 지정한 후 〈설정〉 단추를 클릭합니다.

10 작업한 결과를 확인한 후 '자격증(완성).hwp'로 저장합니다.

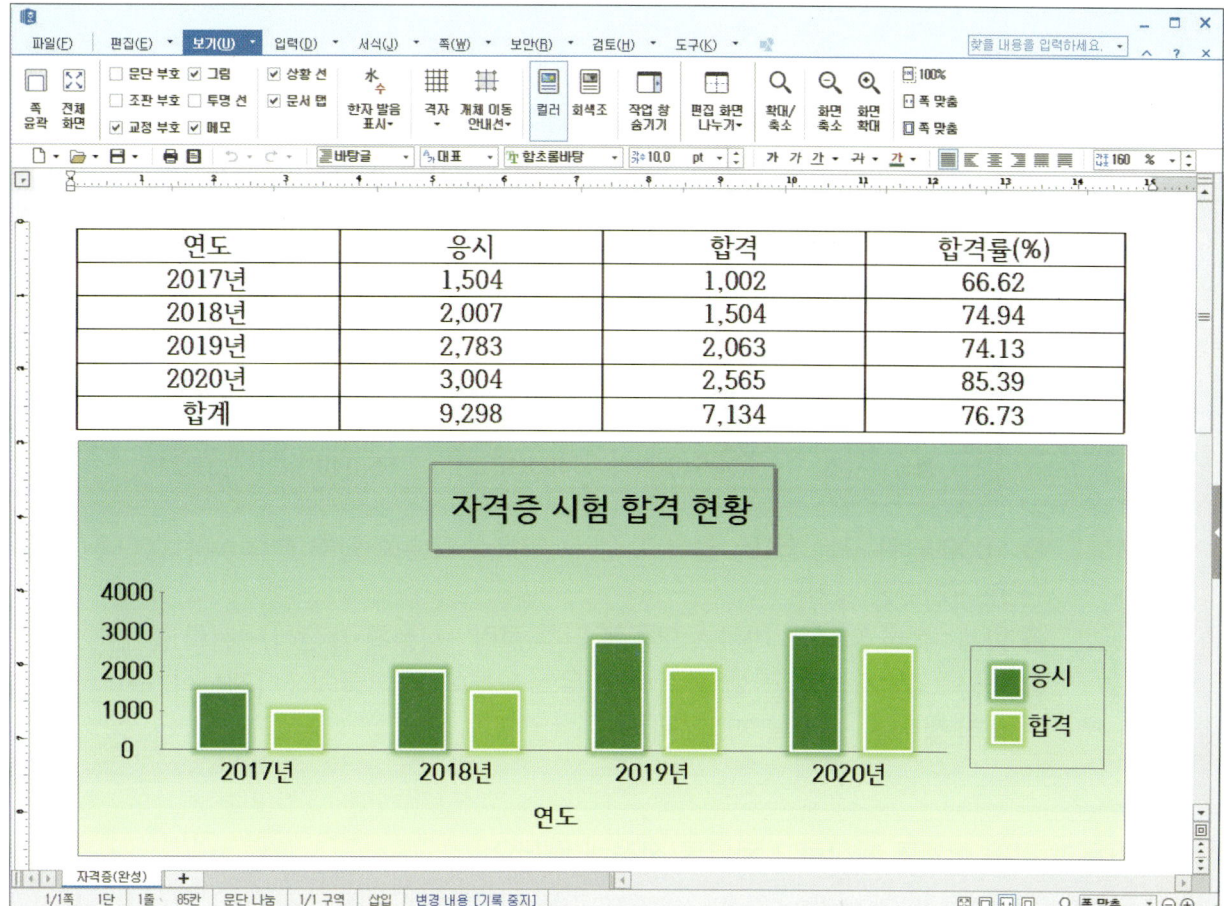

TIP

최솟값 0, 최댓값 4000, 큰 눈금선 4로 지정하면 0에서 4000까지 표시되며 4개의 눈금으로 나누어 1000 간격으로 표시됩니다.

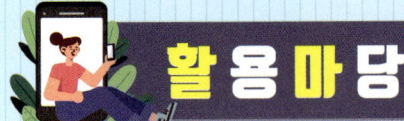

활용마당

1 다음과 같이 1,000 단위 구분 쉼표를 넣고 합계와 평균을 계산해 보세요.

예제파일 : 표계산 **완성파일** : 표계산(완성).hwp

구분	강남지점	경기지점	충남지점	강원지점	제주지점
2018년	4,560	45,054	57,605	35,634	32,415
2019년	4,302	46,556	54,100	37,385	32,679
2020년	4,768	48,826	53,416	38,626	36,695
합계	13,630	140,436	165,121	111,645	101,789
평균	4,543	46,812	55,040	37,215	33,930

HINT ❶ 1,000 단위 구분 쉼표 : 블록 지정 → 마우스 오른쪽 단추 클릭 → [1,000 단위 구분 쉼표]–[자릿점 넣기]
❷ 합계 : 블록 지정 → 마우스 오른쪽 단추 클릭 → [블록 계산식]–[블록 합계]
❸ 평균 : 강남지점 평균 셀 클릭 → 마우스 오른쪽 단추 클릭 → [계산식] → =AVG(?2:?4), 형식(정수형) → 블록 지정 → Ⓐ

2 다음과 같이 합계를 계산하고 차트를 작성해 보세요.

예제파일 : 전시공연 **완성파일** : 전시공연(완성).hwp

구분	전시	공연
2017년	13,881	80,683
2018년	13,631	63,251
2019년	13,235	65,220
2020년	13,248	81,090
합계	53,995	290,244

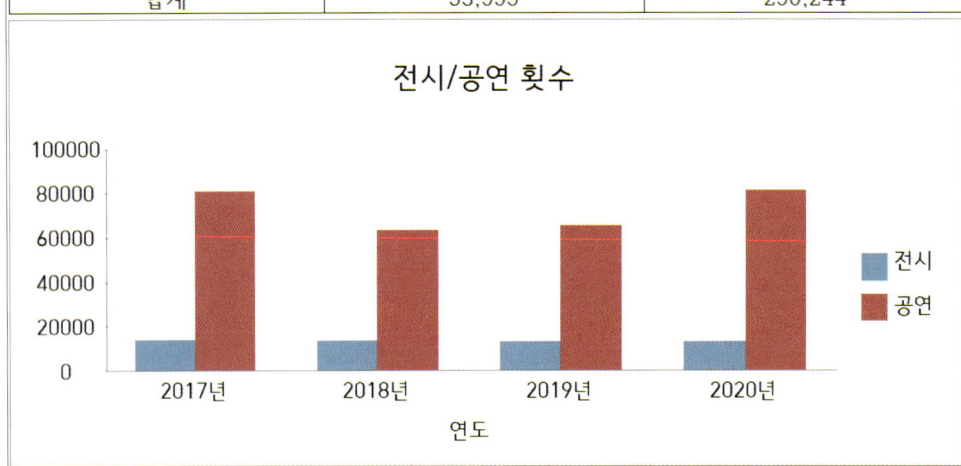

HINT ❶ 차트 종류 : 세로 막대형
❷ 방향 설정 : 열
❸ 차트 제목 : 전시/공연 횟수
❹ X(항목) 축 제목 : 연도

활용마당

3 다음과 같이 차트를 작성해 보세요.

◎ **예제파일** : 평균기온   ◎ **완성파일** : 평균기온(완성).hwp

	1월	2월	3월	4월	5월
서울	-4.0	-1.6	8.1	13.0	18.2
제주	4.9	5.5	11.4	15.9	19.1
대관령	-8.5	-6.5	2.3	8.1	12.5
울릉도	0.4	0.7	6.9	11.9	15.6

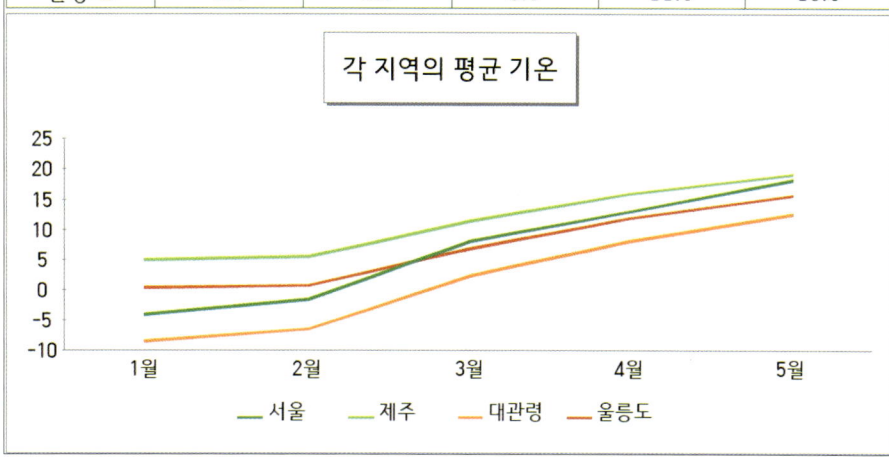

HINT ❶ **차트 종류** : 꺾은선형
　　　❷ **방향 설정** : 열
　　　❸ **차트 제목** : 각 지역의 평균 기온, 선 모양(한줄로), 그림자(3pt)
　　　❹ **범례** : 아래
　　　❺ **차트 스타일** : 초록색/붉은색 혼합, 기본 모양

4 다음과 같이 차트를 작성해 보세요.

◎ **예제파일** : 장난감   ◎ **완성파일** : 장난감(완성).hwp

월	장난감
1월	1000
2월	890
3월	1550

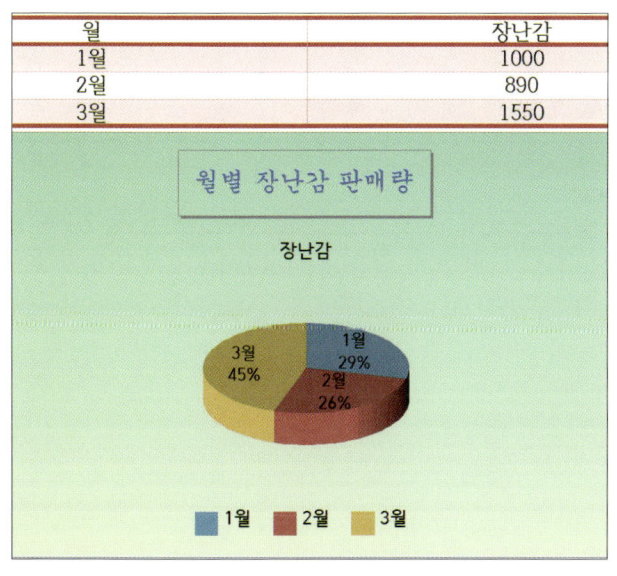

HINT

❶ **차트 종류** : 3차원 설정 원형
❷ **방향 설정** : 열
❸ **차트 제목** : 월별 장난감 판매량, 글꼴(궁서), 글자색(하늘색), 선 모양(한줄로), 그림자(3pt)
❹ **범례** : 아래
❺ **데이터 레이블** : 계열 이름, 백분율
❻ **전체 배경** : 배경 – 연두색, 노란색 그러데이션

CHAPTER 07 글맵시와 글상자가 있는 문서 만들기

● **예제파일** : 없음   ● **완성파일** : 미세먼지(완성).hwp

✱ **이번 장에서는**

- 문서에 글맵시를 넣고 글상자를 작성하는 방법을 알아봅니다.
- 글상자를 여러 개 복사하고 문서에 예쁜 클립아트를 넣는 방법을 알아봅니다.

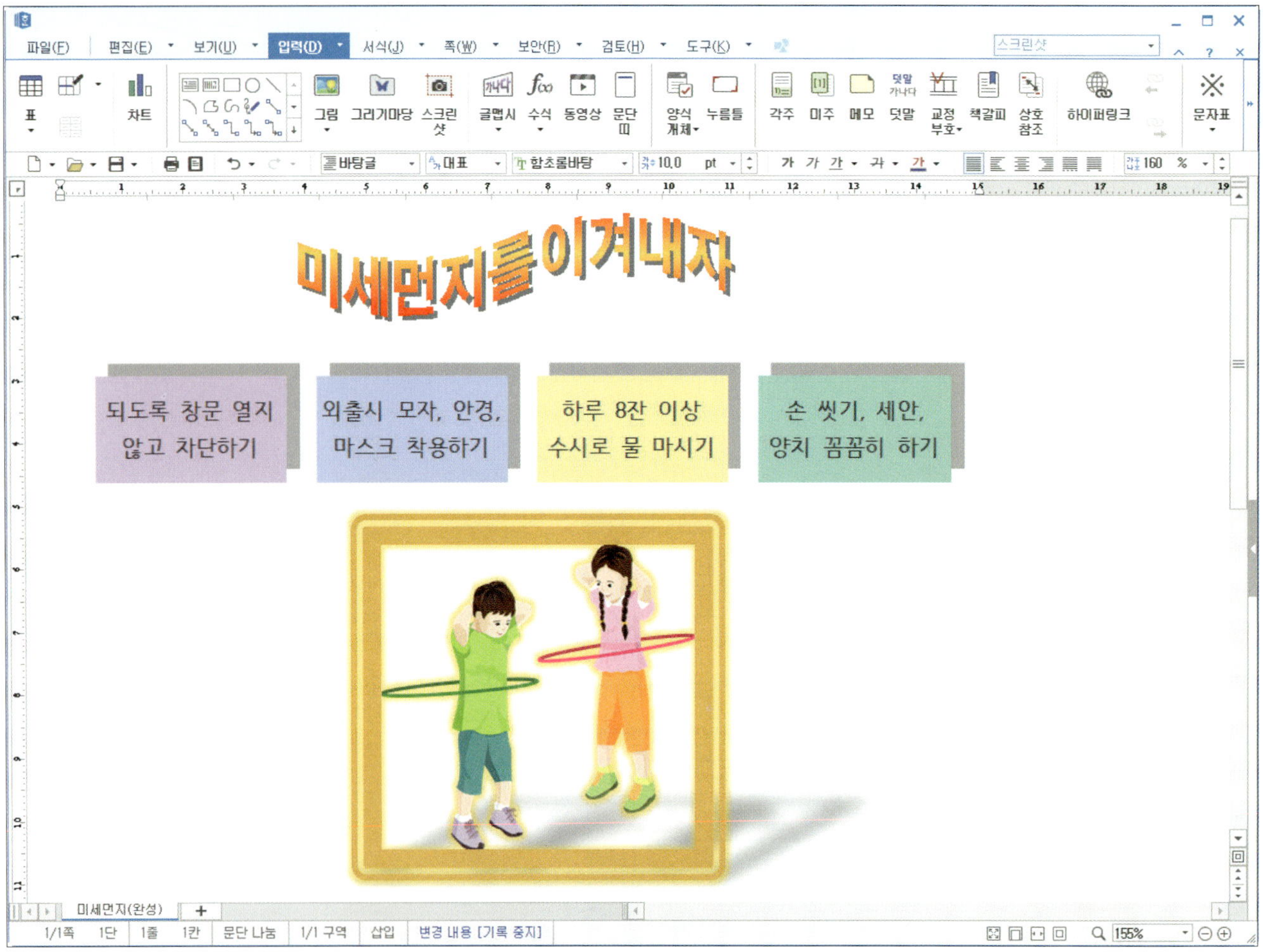

01 글맵시 넣기

01 [입력] 탭-[글맵시()]에서 [채우기-없음, 직사각형 모양]을 선택합니다.

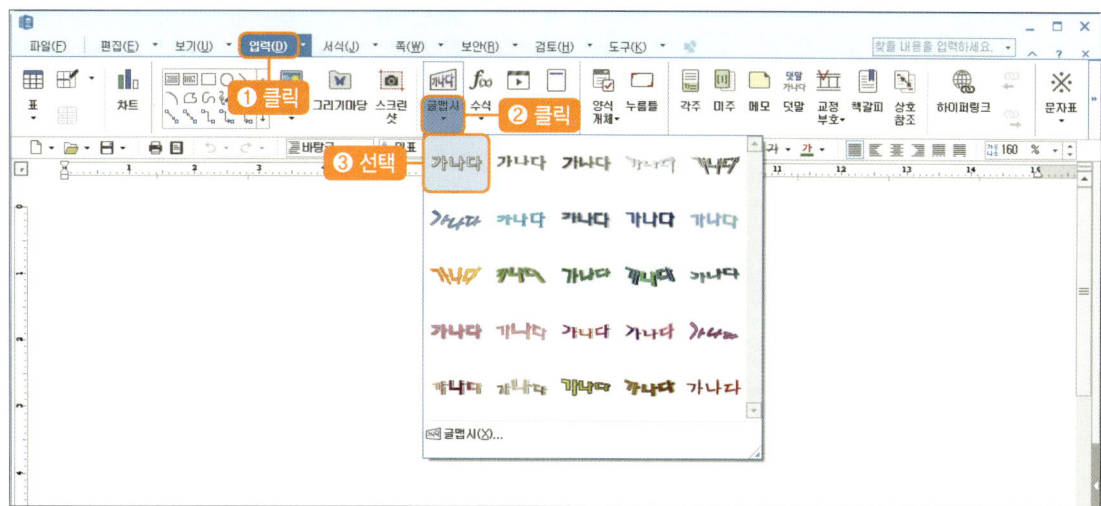

TIP
글맵시란 글자를 구부리거나 회전하고 테두리 선, 면 채우기, 그림자 등의 효과를 주어 꾸미는 기능입니다.

02 [글맵시 만들기] 대화상자의 [내용]에 '미세먼지를 이겨내자'를 입력하고 [글맵시 모양]은 '물결1'로 선택한 후 〈설정〉 단추를 클릭합니다.

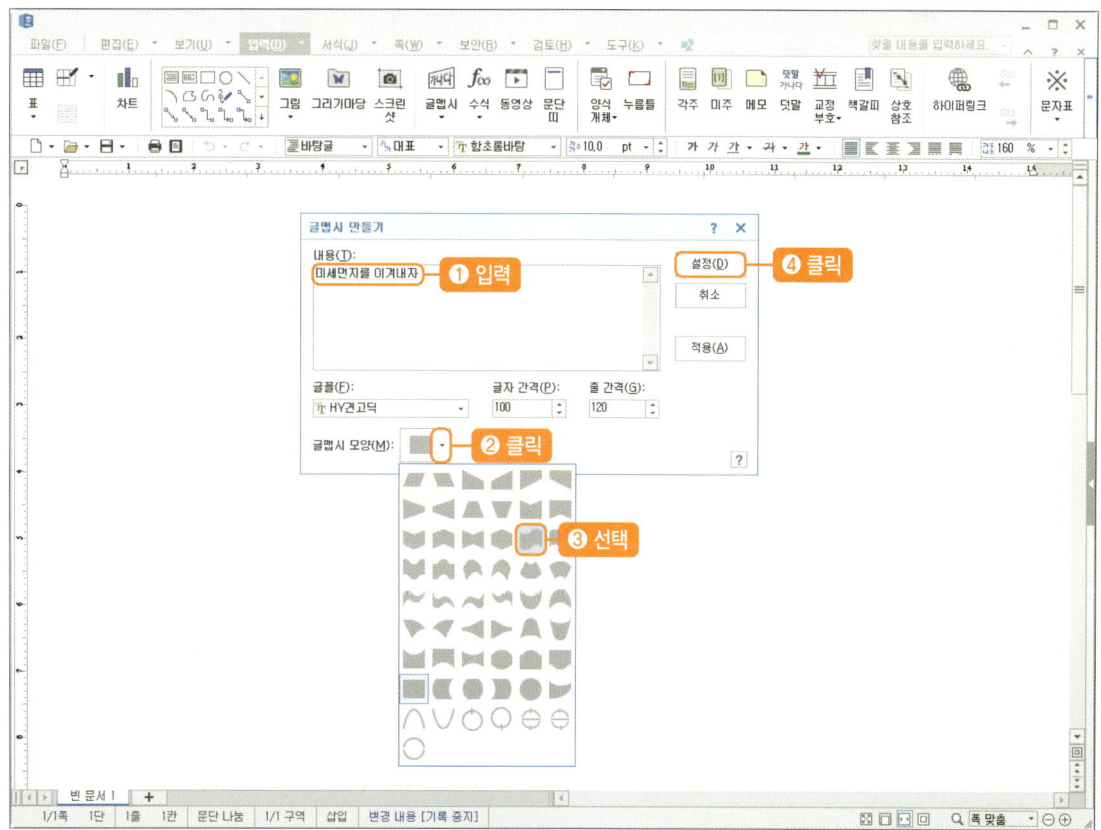

03 삽입된 글맵시 개체를 드래그하여 위치를 지정한 후 더블클릭합니다.

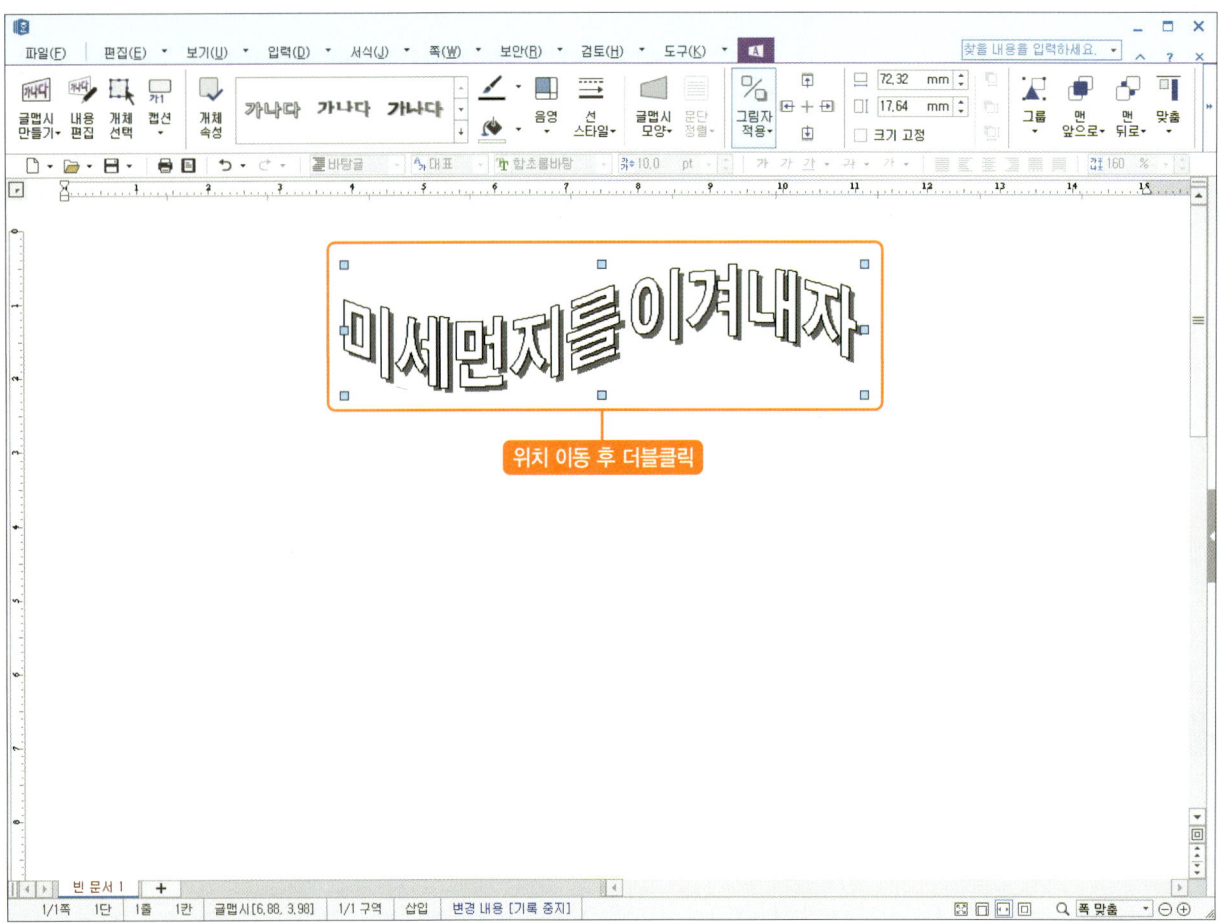

04 [개체 속성] 대화상자가 표시되면 [선] 탭에서 '선 종류(선 없음)'를 선택합니다.

05 [채우기] 탭에서 [그러데이션]을 클릭하고 [유형]을 '열광'으로 선택한 후 〈설정〉 단추를 클릭합니다.

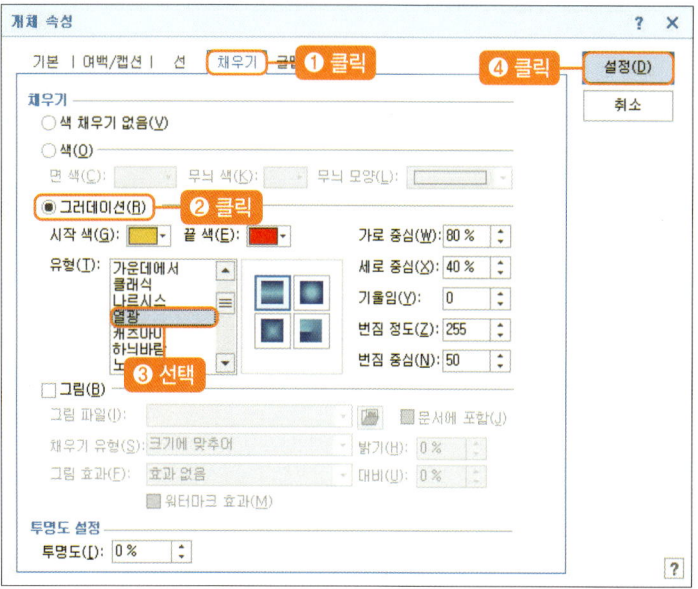

02 글상자 만들기

01 [입력] 탭-[가로 글상자(▤)]를 선택하고 마우스로 드래그하여 글상자를 만들어 줍니다.

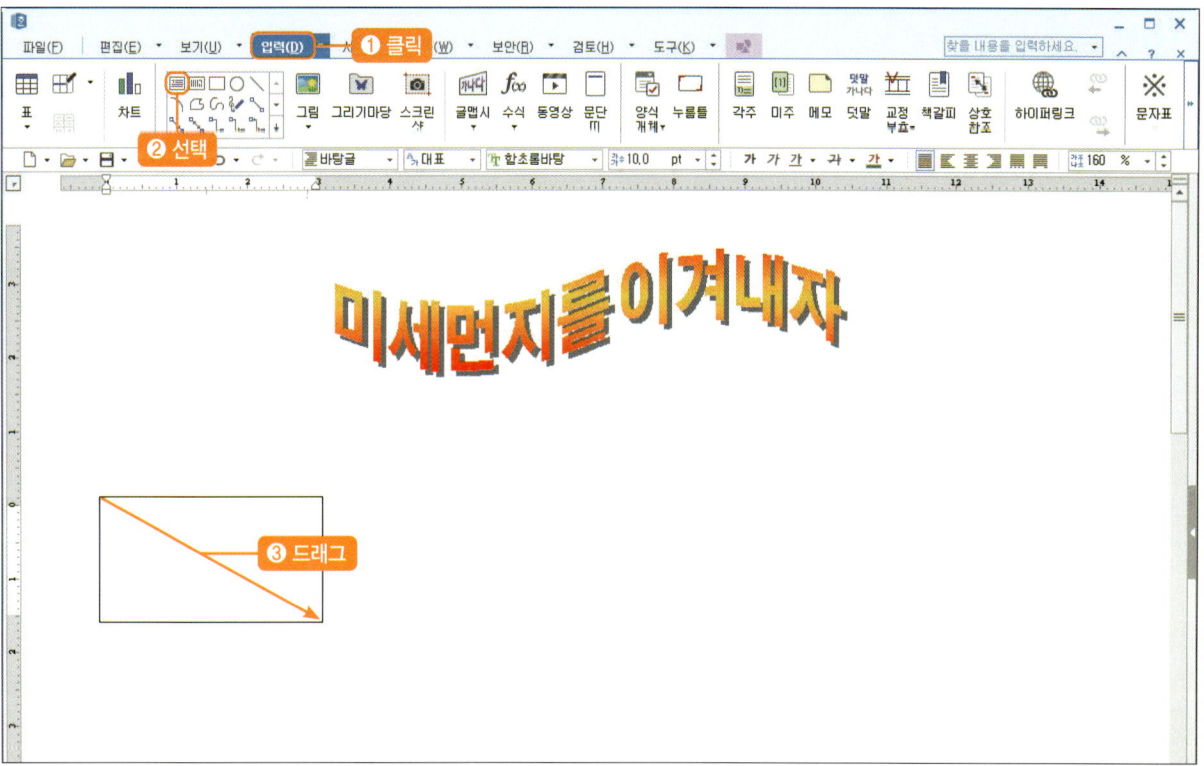

TIP
글상자는 글을 입력하는 도형으로 제목을 넣거나 본문에 글을 넣을 때 사용합니다.

02 글상자에 다음과 같이 내용을 입력하고 '글꼴(함초롬돋움), 글자 색(검정 30% 밝게), 가운데 정렬'을 선택합니다.

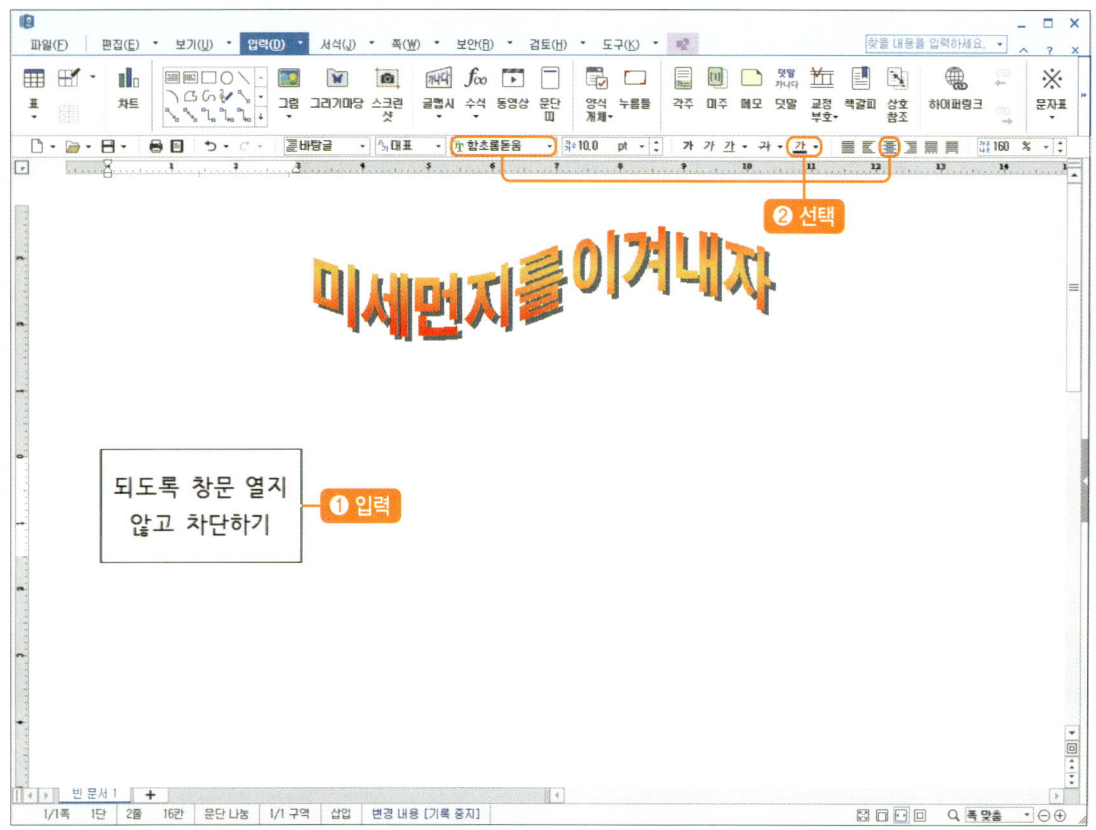

03 [도형] 탭-[채우기( )]-[기본] 팔레트를 클릭하여 '색상(보라 60% 밝게)'을 선택합니다.

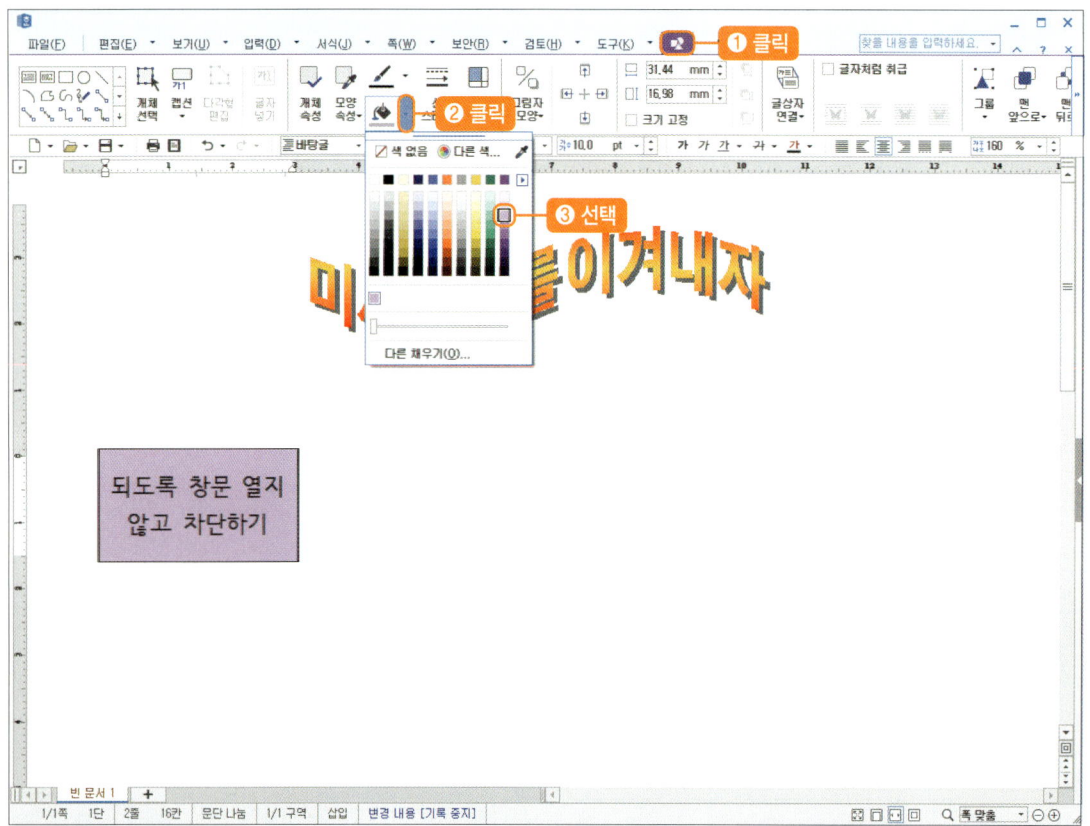

04 [도형] 탭-[선 스타일(￣)]의 [선 종류]를 '선 없음'으로 선택합니다.

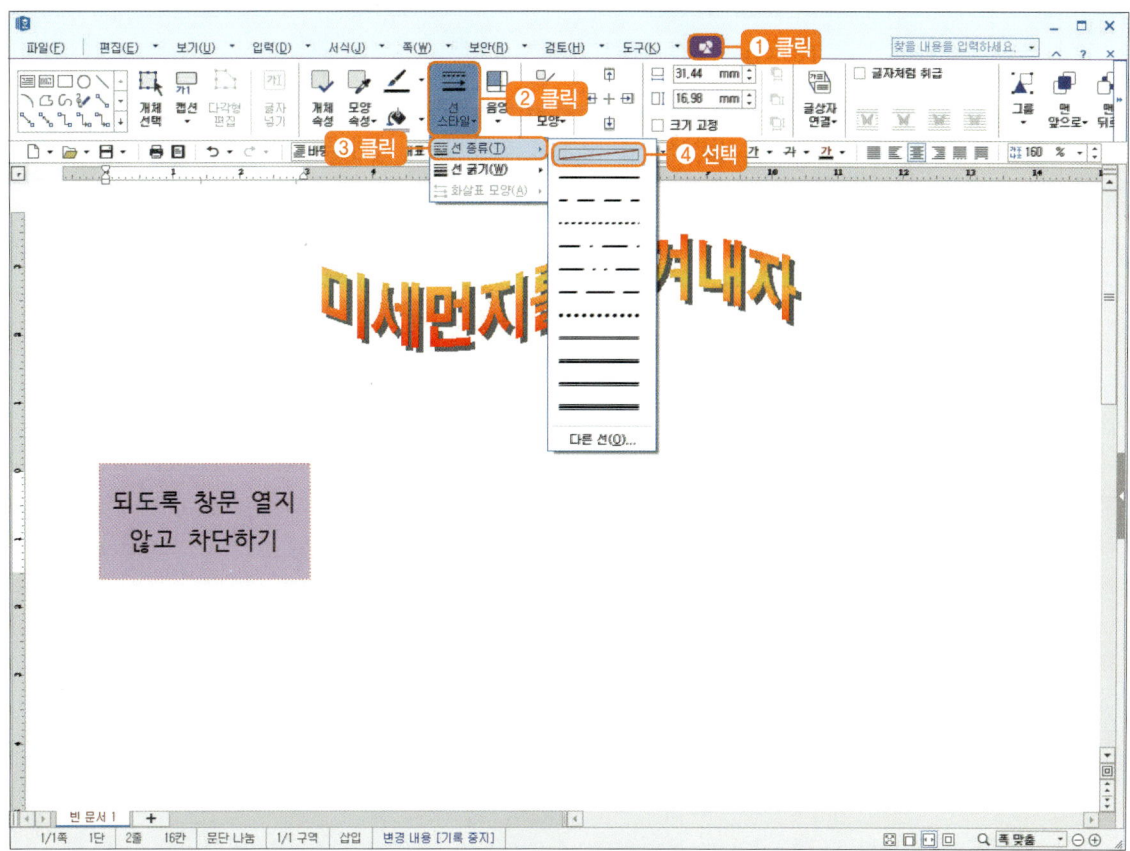

05 [도형] 탭-[그림자 모양(￣)]을 '오른쪽 위'로 선택합니다.

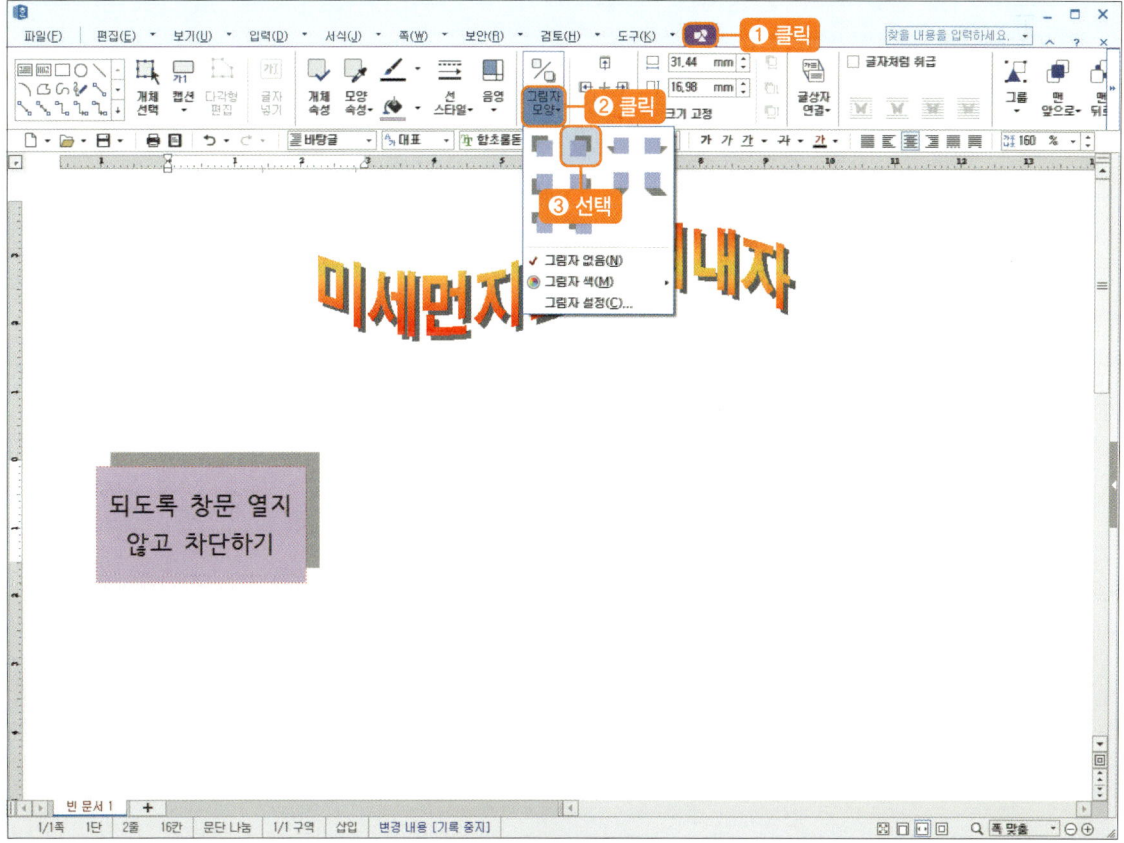

06 **Ctrl**+**Shift**를 누른 채 드래그하여 글상자를 복사합니다. 같은 방법으로 두 번 반복합니다.

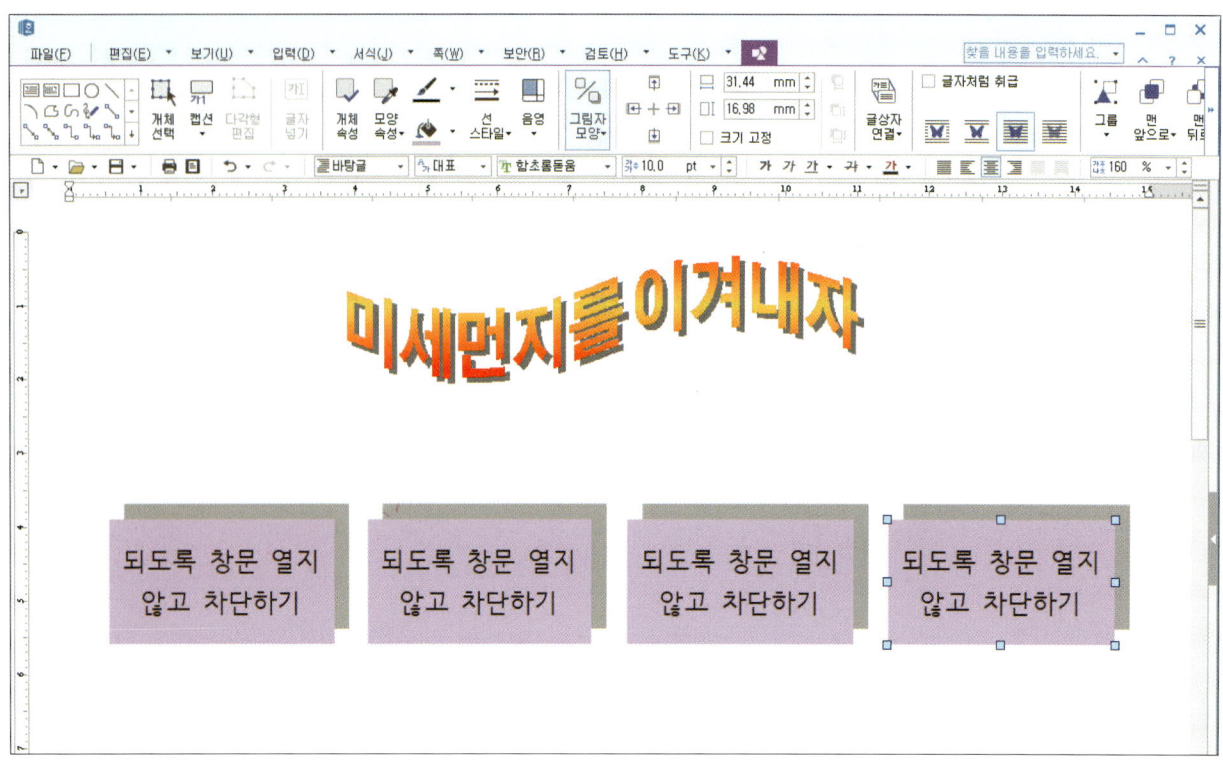

TIP
Ctrl+**Shift**를 누른 채로 드래그하면 수평이나 수직으로 복사할 수 있습니다.

07 **Shift** 키를 누른 채로 글상자를 클릭하여 모두 선택한 다음 [도형] 탭-[맞춤(□)]-[가로 간격을 동일하게(□)]를 클릭합니다.

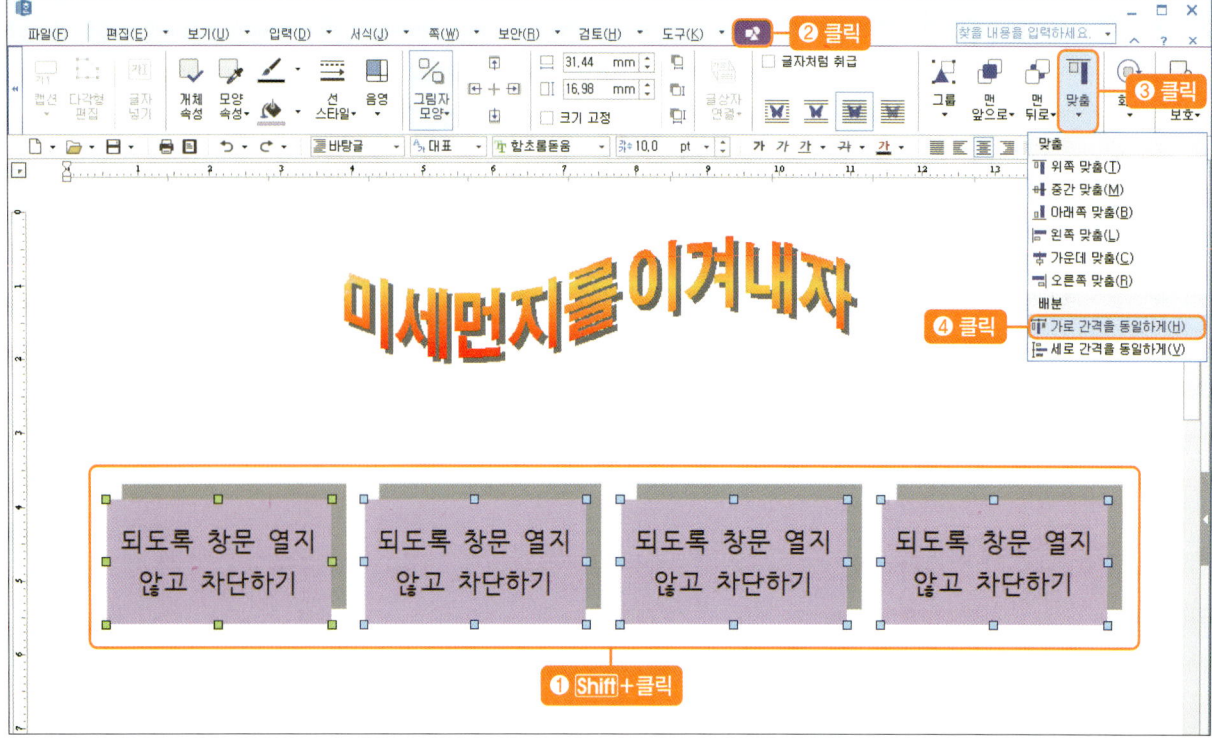

08 다음과 같이 글상자의 내용을 변경하고 글상자의 채우기 색을 각각 다르게 지정합니다.

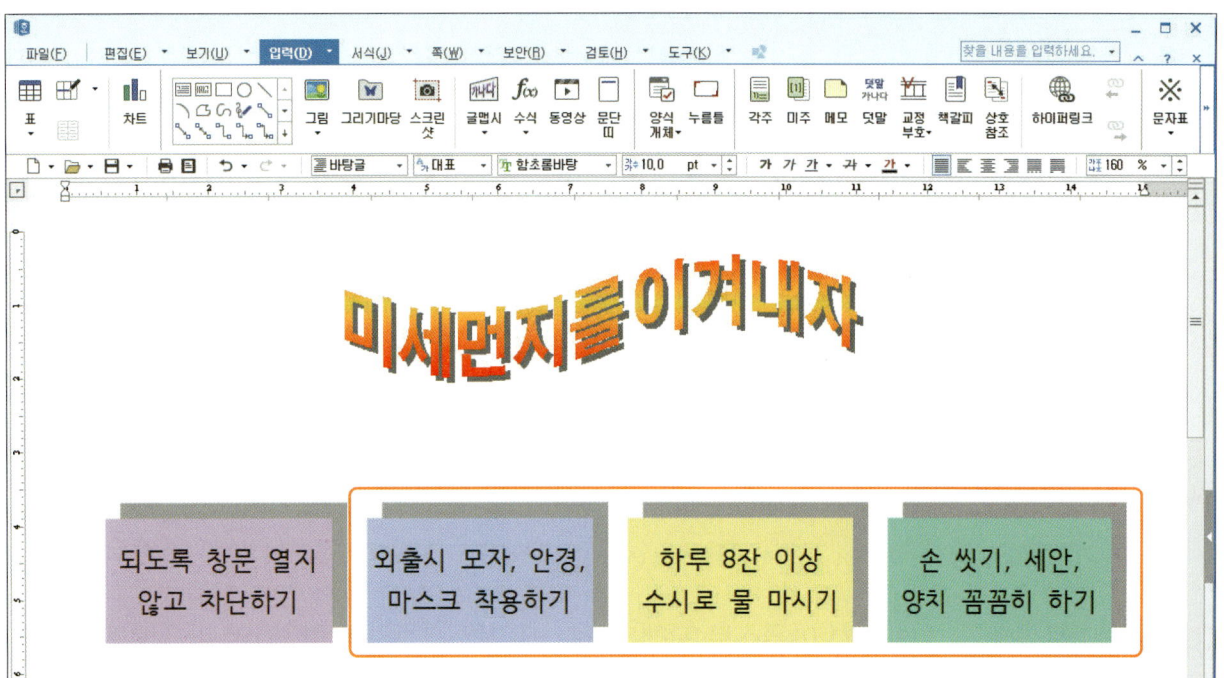

03 클립아트 넣기

01 [입력] 탭-[그리기마당( )]을 클릭합니다.

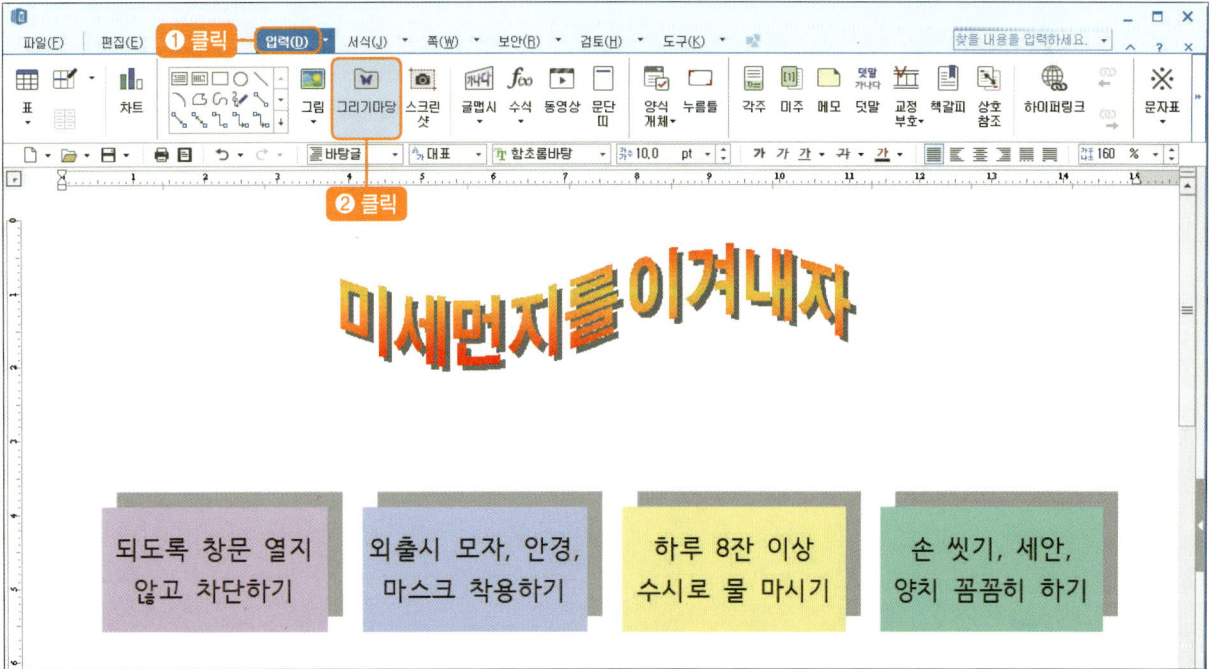

TIP
훈글에서는 다양한 그리기 조각과 클립아트 그림을 제공하므로 쉽고 빠르게 예쁜 그림을 선택하여 문서에 넣을 수 있습니다.

02 [그리기마당] 대화상자의 [공유 클립아트] 탭에서 [선택할 꾸러미]를 '학교'로 선택하고 [개체 목록]에서 '학교01'을 클릭한 후 〈넣기〉 단추를 클릭합니다.

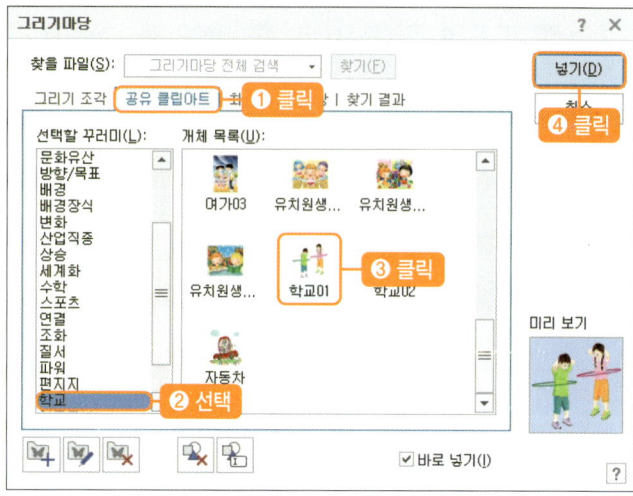

03 클립아트를 넣을 위치에서 마우스로 드래그하여 크기를 지정하면 클립아트가 삽입됩니다.

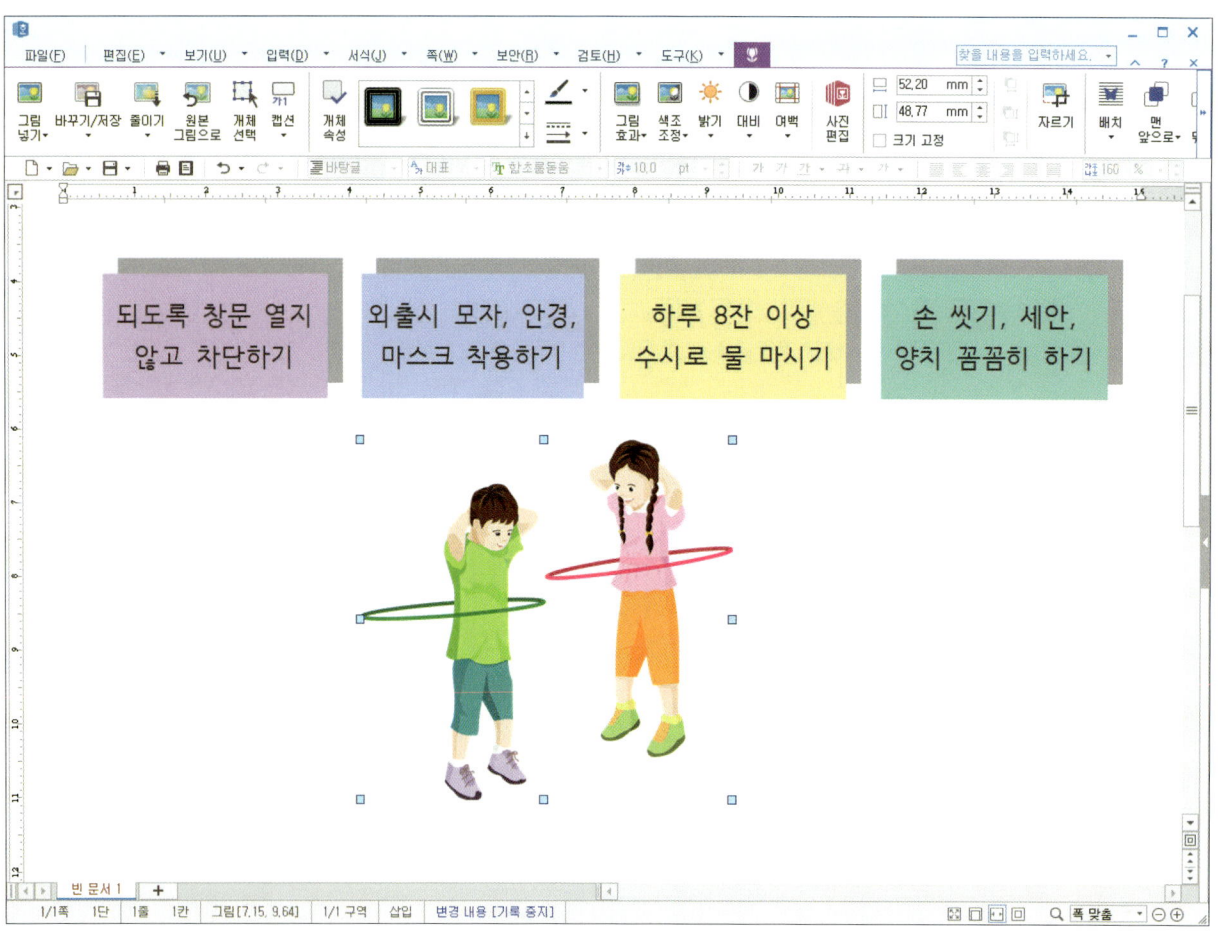

04 [그림] 탭-[스타일]의 자세히(▼)를 누르고 '노란색 이중 그림자'를 클릭합니다.

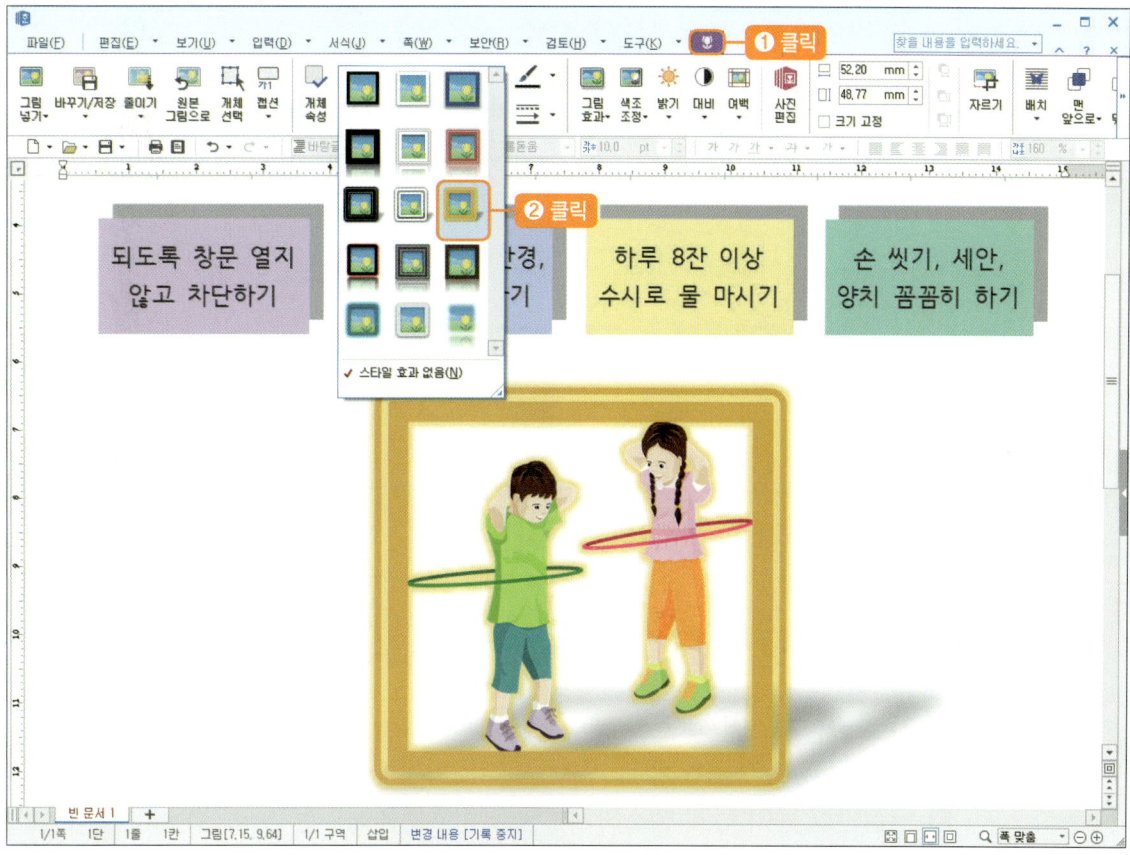

05 작업한 결과를 확인한 후 '미세먼지(완성).hwp'로 저장합니다.

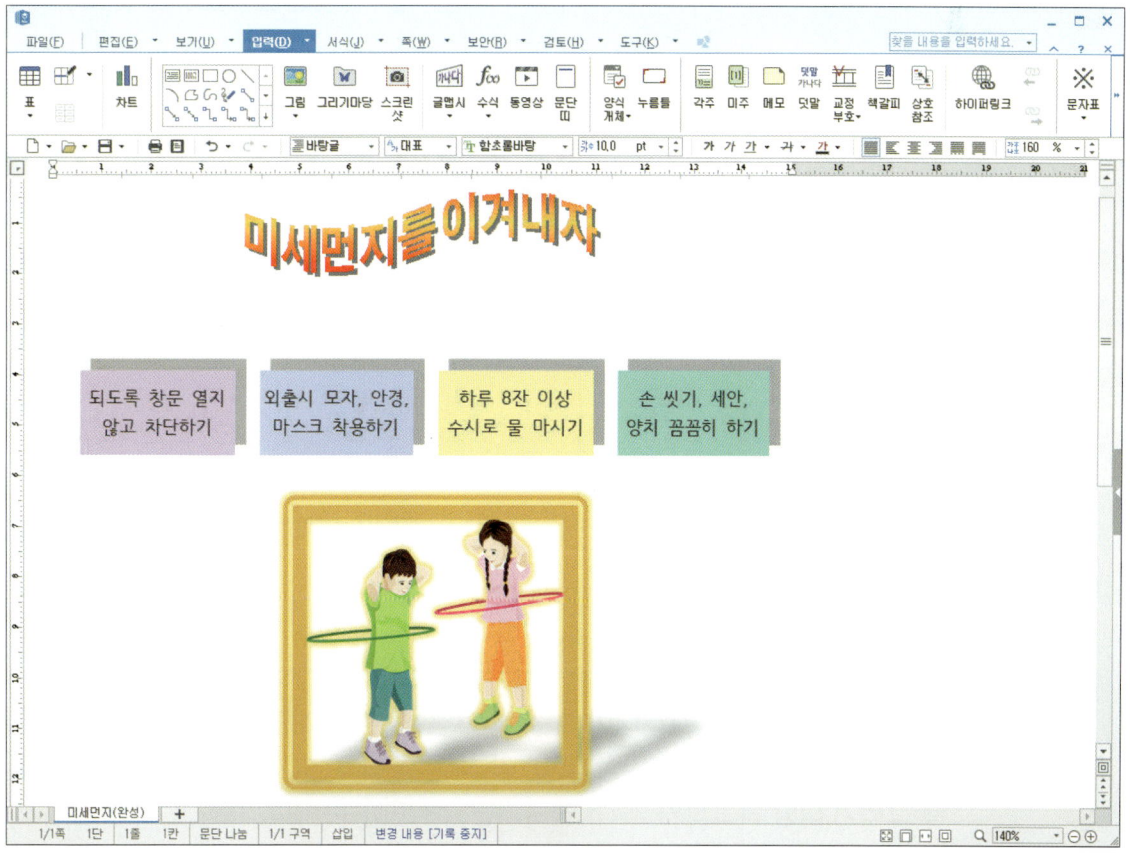

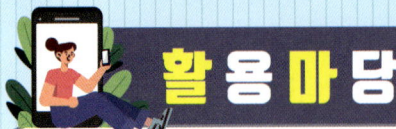

활용마당

1 가로 글상자와 그리기 마당을 이용하여 문서를 작성해 보세요.

◉ 예제파일 : 없음   ◉ 완성파일 : 청소 쿠폰(완성).hwp

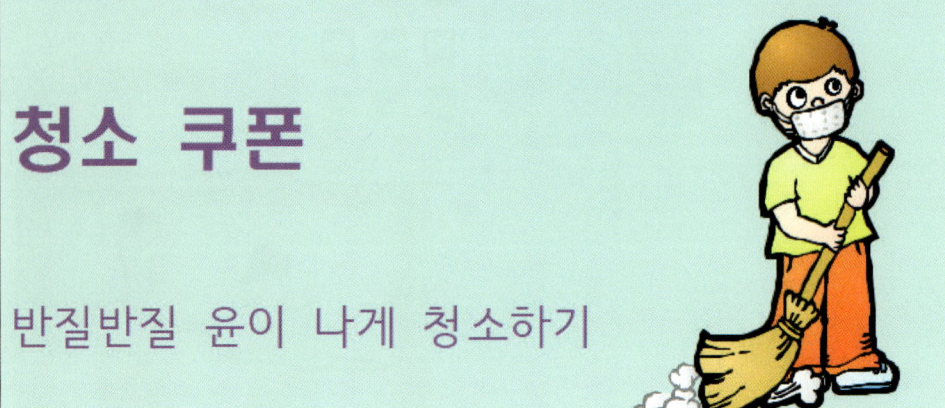

HINT ❶ 가로 글상자 : 면 색(초록 80% 밝게)
❷ 청소 쿠폰 : 글꼴(HY헤드라인M), 글자 크기(15pt), 글자 색(보라)
❸ 반질반질 윤이 나게 청소하기 : 글꼴(함초롬돋움), 글자 크기(10pt), 글자 색(보라)
❹ 그리기 마당 : [그리기 조각] 탭–[유치원(일반2)]–[청소하기]

2 글맵시, 가로 글상자, 그리기 마당을 이용하여 문서를 작성해 보세요.

◉ 예제파일 : 없음   ◉ 완성파일 : 크리스마스(완성).hwp

HINT ❶ 글맵시 : 진초록색 그러데이션, 회색 그림자, 위로 계단식 모양
❷ 가로 글상자 : 선 종류(일점쇄선), 면 색(주황 80% 밝게), 그림자 모양(오른쪽 위)
❸ 그리기 마당 : [그리기 조각] 탭–[기념일(성탄)]–[산타4], [트리1]

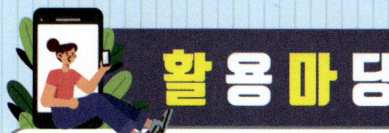

활용마당

3 글맵시, 가로 글상자, 그리기 마당을 이용하여 문서를 작성해 보세요.

● 예제파일 : 없음   ● 완성파일 : 전통음식(완성).hwp

HINT ① 글맵시 : 채우기-밤색 그러데이션, 연황토색 그림자, 아래로 넓은 원통 모양
② 가로 글상자 : 선 종류(점선), 면 색(초록 80% 밝게)
③ 그리기 마당 : [그리기 조각] 탭-[전통(음식)]

4 글맵시, 가로 글상자, 그리기 마당을 이용하여 문서를 작성해 보세요.

● 예제파일 : 없음   ● 완성파일 : 우리가족(완성).hwp

HINT ① 글맵시 : 면 색(보라), 무늬색(흰색), 무늬모양(눈금무늬), 글맵시 모양(원형)
② 세로 글상자 : 선 종류(선 없음), 면 색(색 채우기 없음), 글꼴(한컴 백제M), 글자 크기 (26pt), 글자 색(하늘색 30% 어둡게)
③ 그리기 마당 : [공유 클립아트] 탭-[명절/기념일]-[가족03]

08 CHAPTER 문서에 그림 넣기

◉ **예제파일** : 없음   ◉ **완성파일** : 평화누리길(완성).hwp

✱ 이번 장에서는

- 스크린 샷을 이용하여 화면을 캡처하는 방법을 알아봅니다.
- 타원에 그림을 넣거나 글자를 넣는 방법을 알아봅니다.

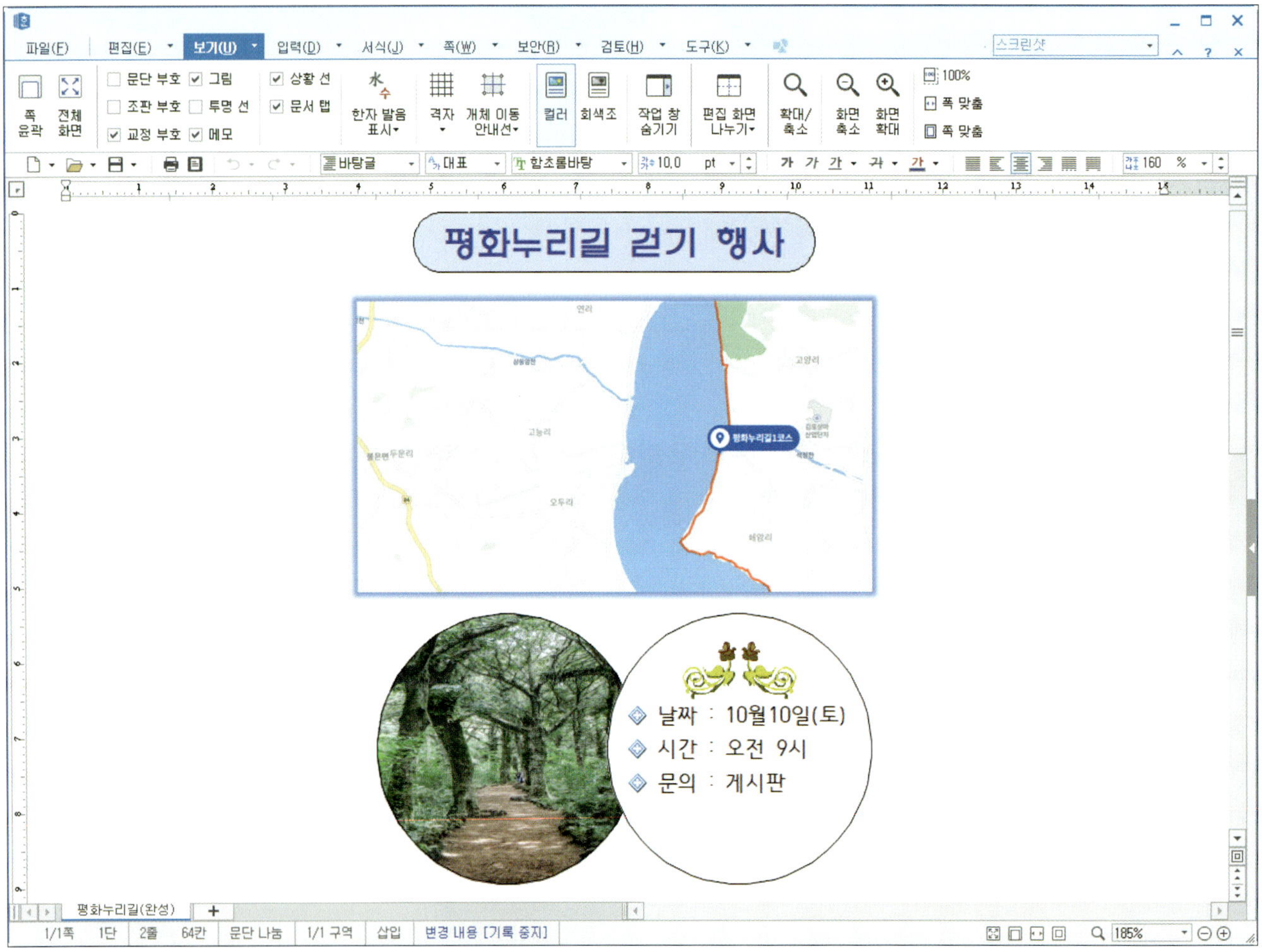

 제목 작성하기

01 [입력] 탭-[가로 글상자(▭)]를 클릭하고 드래그하여 글상자를 작성하고 다음과 같이 내용을 입력합니다.

글꼴(양재튼튼체B), 글자 크기(13pt), 글자 색(남색 20% 밝게), 가운데 정렬

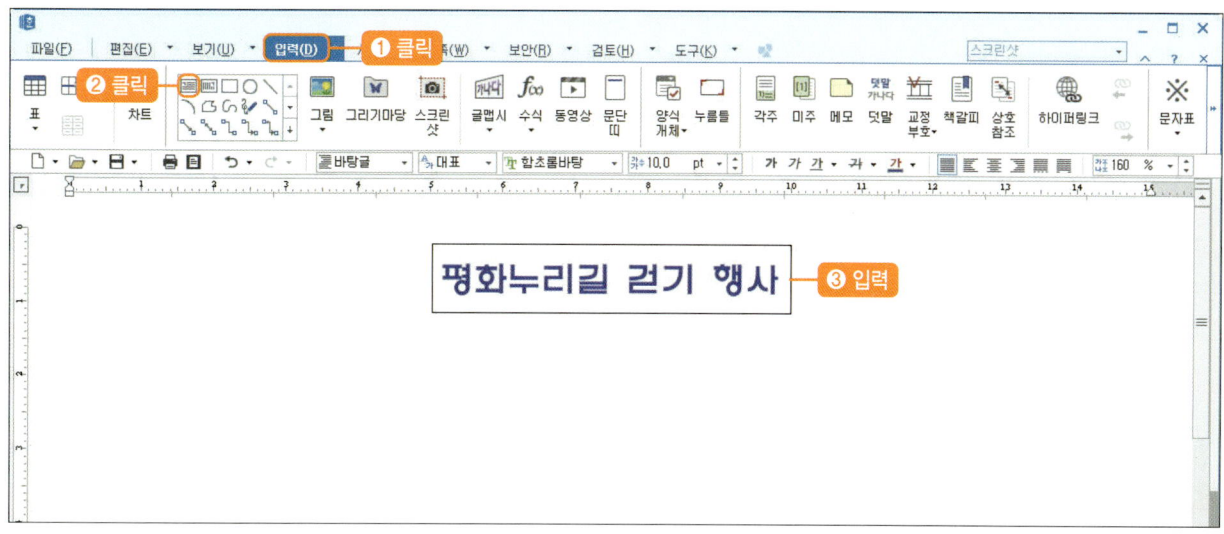

02 글상자의 테두리를 더블 클릭하고 [개체 속성] 대화상자에서 [기본] 탭-'너비(55), 높이(8), 글자처럼 취급'을 체크 합니다.

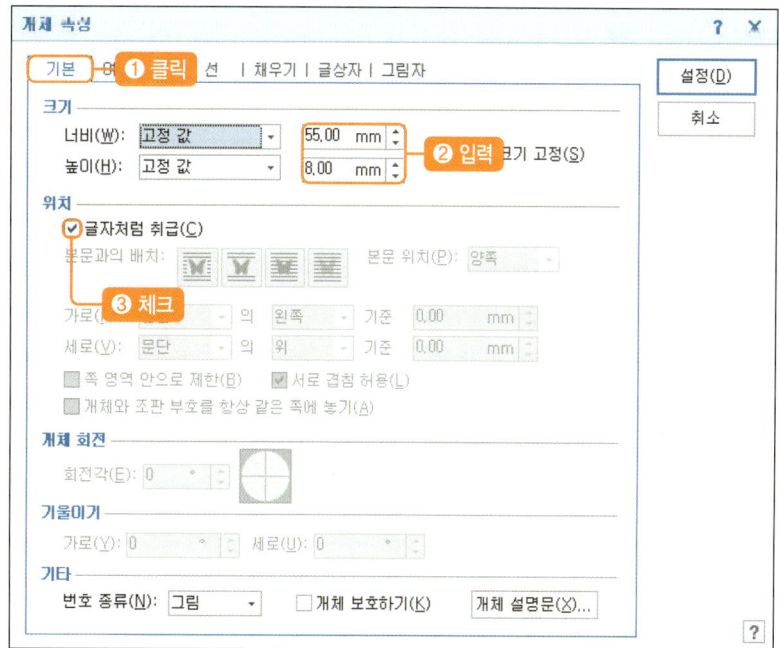

02 이어서, [선] 탭-'사각형 모서리 곡률(반원)'을 선택합니다.

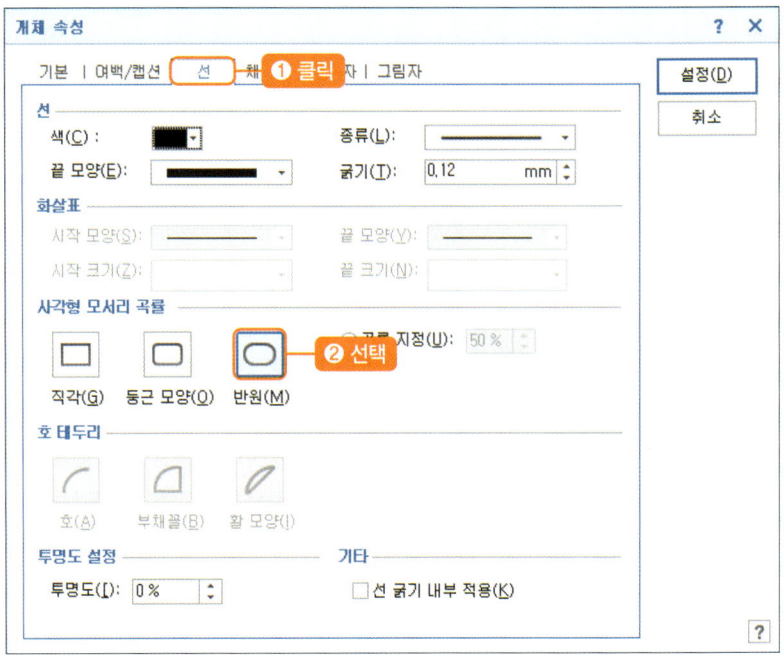

02 [채우기] 탭-'면 색(하늘색 80% 밝게)'을 선택하고 〈설정〉 단추를 클릭합니다.

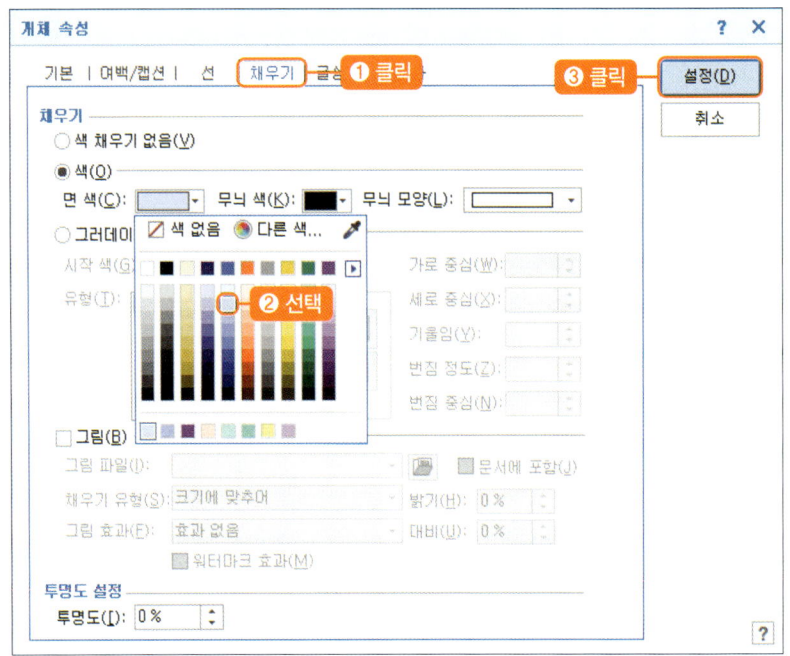

02 글상자의 뒤에 커서를 놓고 [서식] 도구 상자-[가운데 정렬(≡)] 아이콘을 클릭한 후 Enter 키를 한 번 누릅니다.

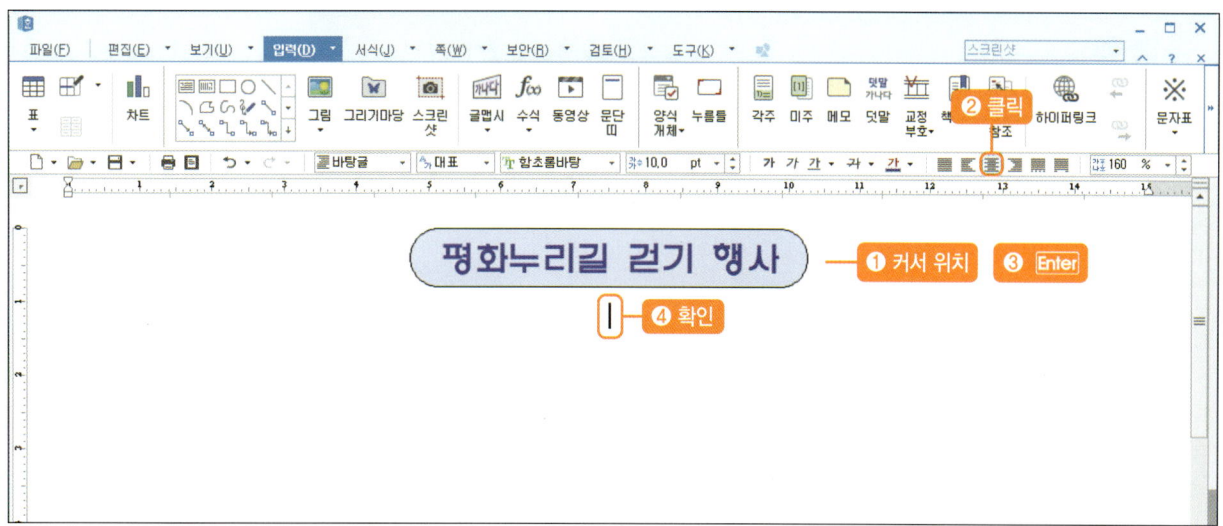

02 스크린 샷 사용하기

01 네이버의 검색창에 '평화누리길'을 입력하고 Enter 키 또는 검색( ) 단추를 클릭합니다.

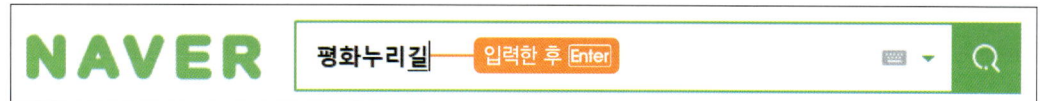

02 검색 결과 중 '평화누리길1코스'를 클릭합니다.

03 네이버 지도가 열리면 '정보창(◁)'을 클릭하여 지도만 나오게 합니다.

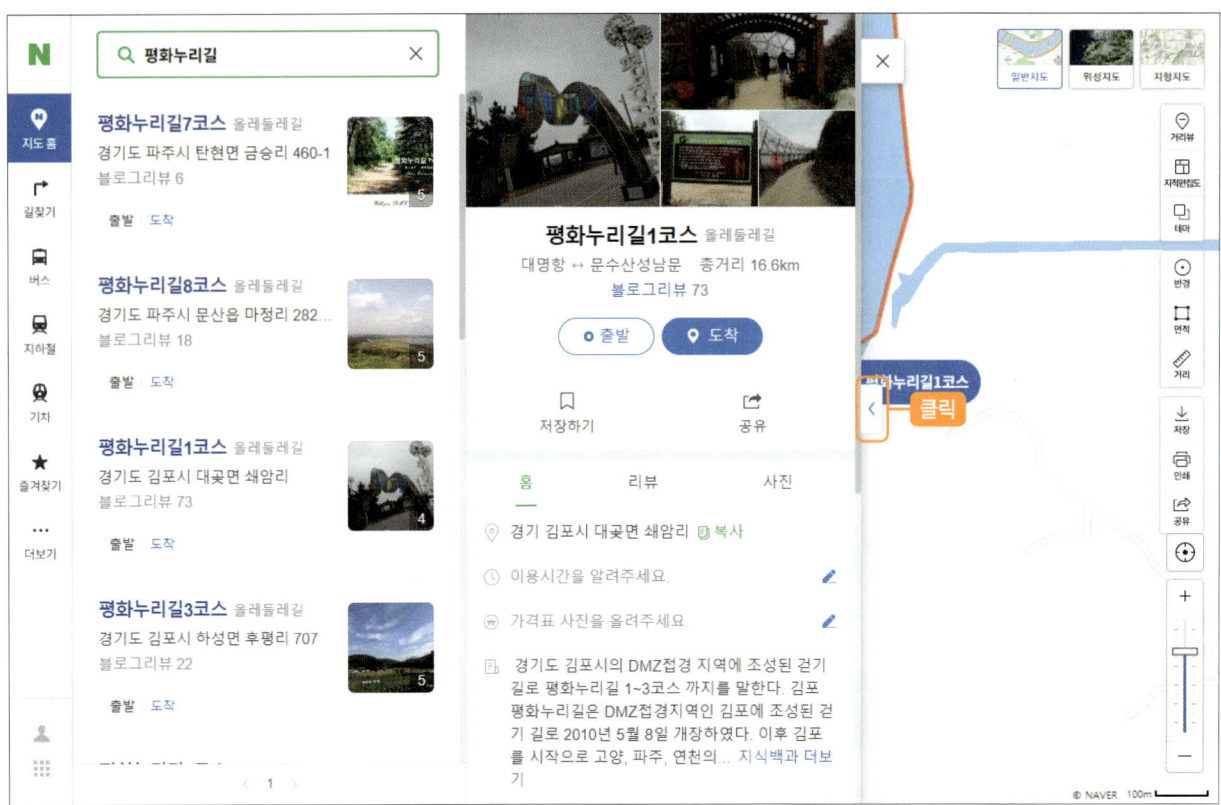

04 평화누리길1코스의 지도가 표시되면 '지도 축소(▭)' 아이콘을 클릭하여 지도 배율을 조정합니다.

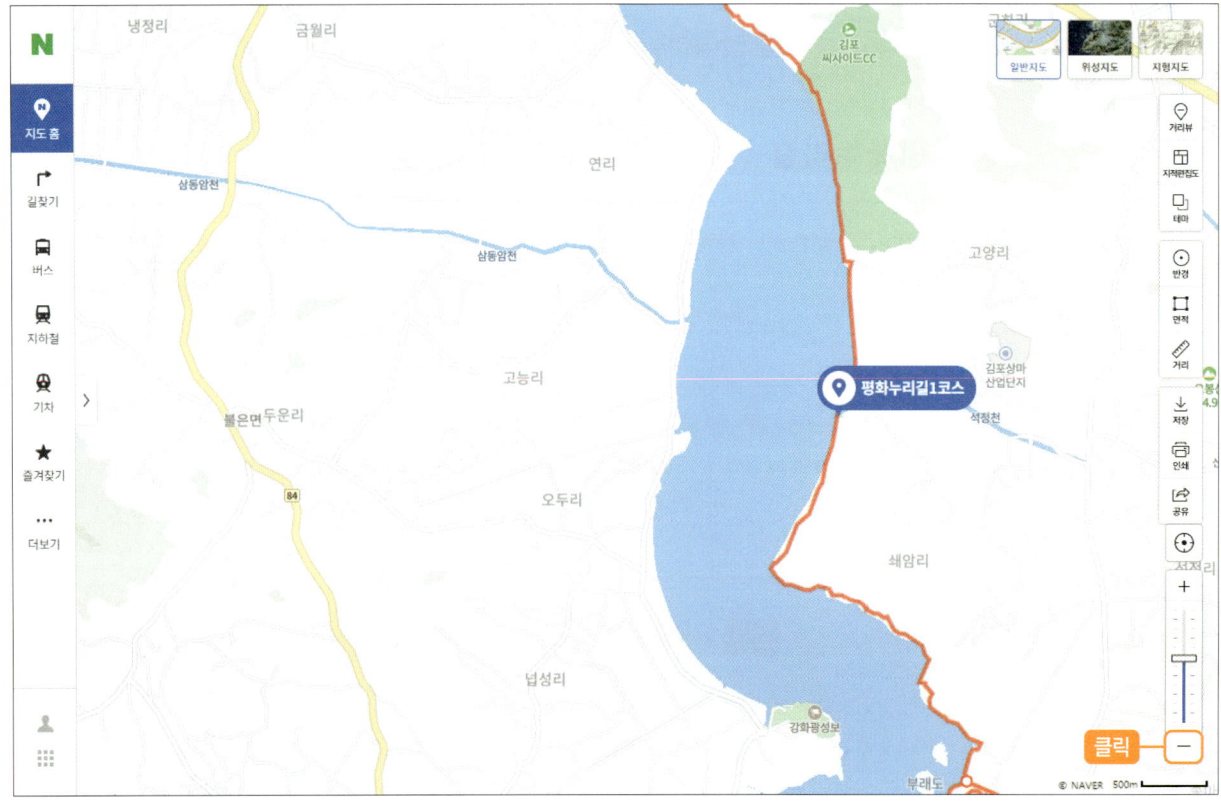

05 한글 NEO에서 [입력] 탭-[스크린 샷(📷)]을 클릭합니다.

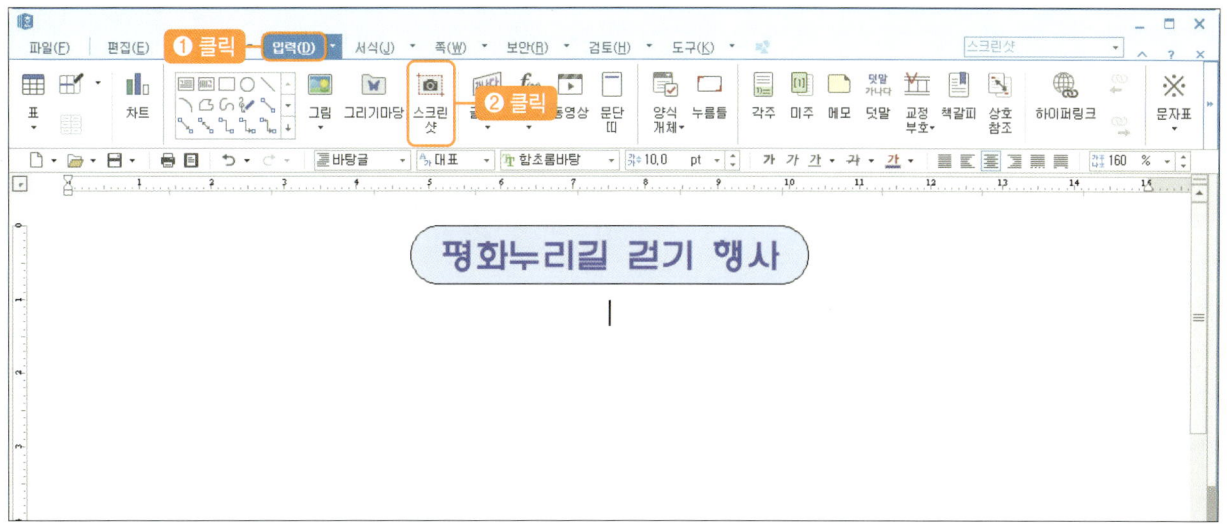

TIP

스크린 샷이란 화면을 캡처한 그림을 다음 문서에 그림을 삽입하는 기능입니다.

06 [스크린 샷] 대화상자에서 '문서에 포함'과 '글자처럼 취급'을 체크하고 〈화면캡처〉 단추를 클릭합니다.

07 화면 캡처 모드로 바뀌면 평화누리길1코스 지도를 문서에 삽입할 크기 만큼 드래그하여 지정합니다.

08 문서에 삽입된 지도를 선택하고 조절점(□)을 마우스로 드래그하여 크기를 조절합니다.

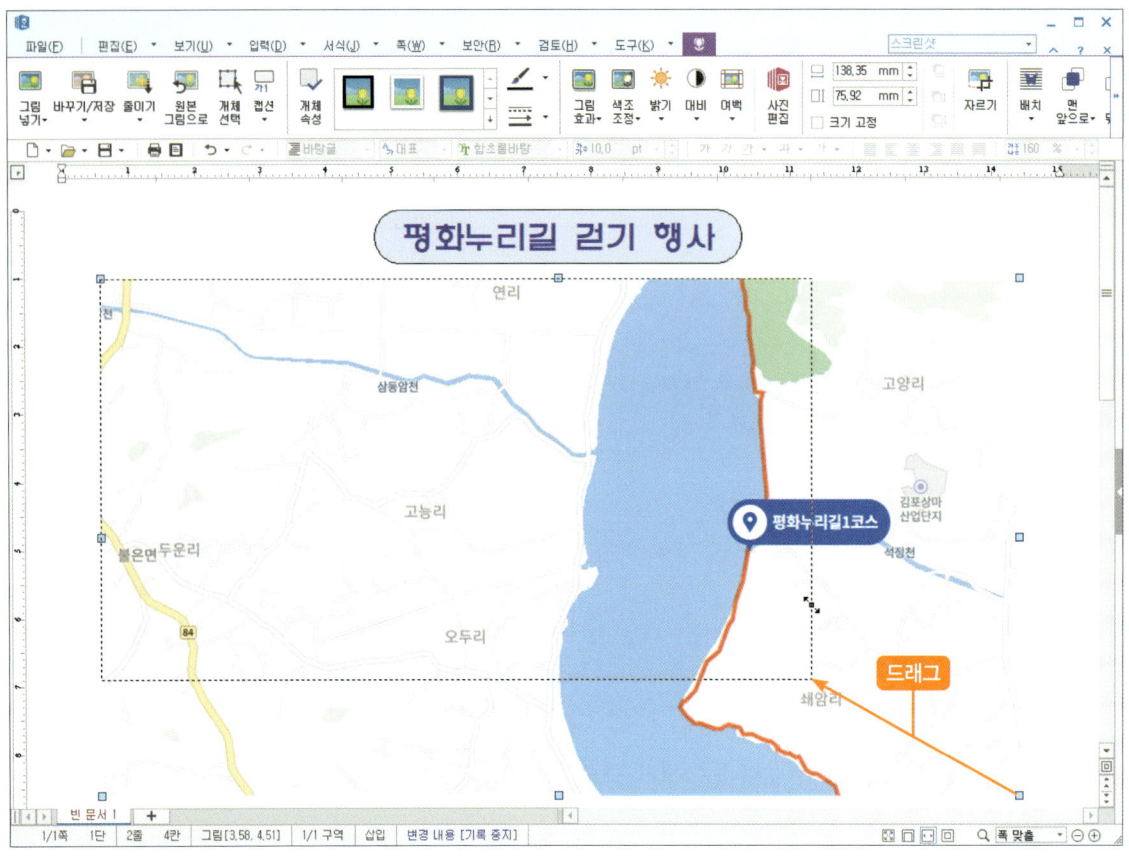

09 [그림] 탭-[그림 효과(□)]-[네온(□)]을 '강조 색 1, 5 pt'로 선택합니다.

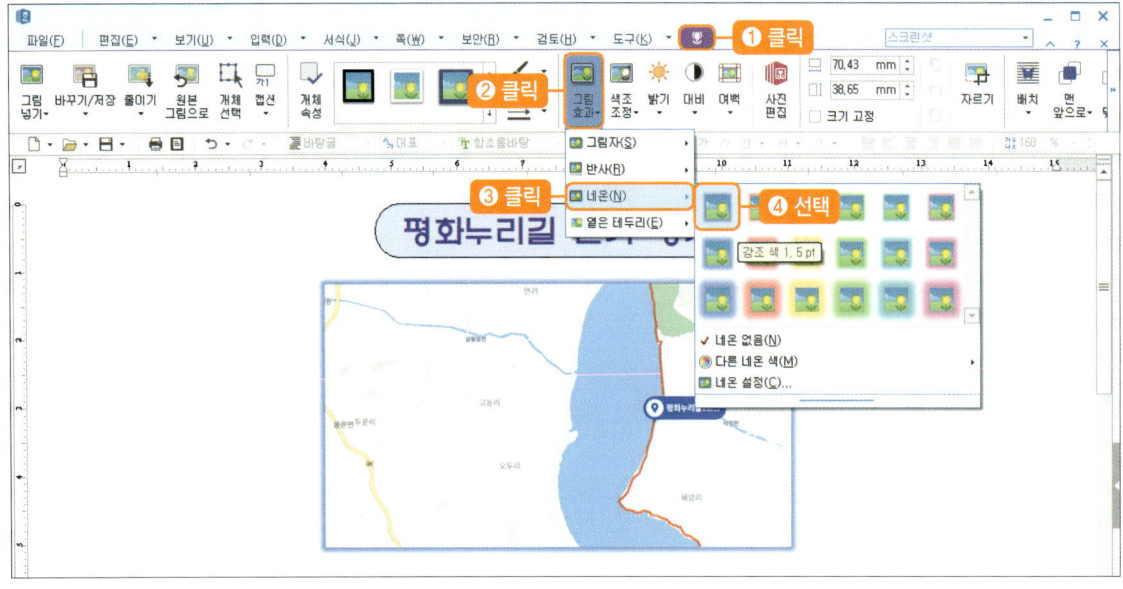

TIP

윈도우의 캡처 기능 이용하기
- 전체 화면 캡처 : [Print Screen] 키 → [편집] 탭-[붙이기]
- 활성창만 캡처 : [Alt] + [Print Screen] 키 → [편집] 탭-[붙이기]

03 타원에 그림 넣기

01 [입력] 탭-[타원(○)]을 선택하고 Shift 키를 누른 채로 드래그합니다.

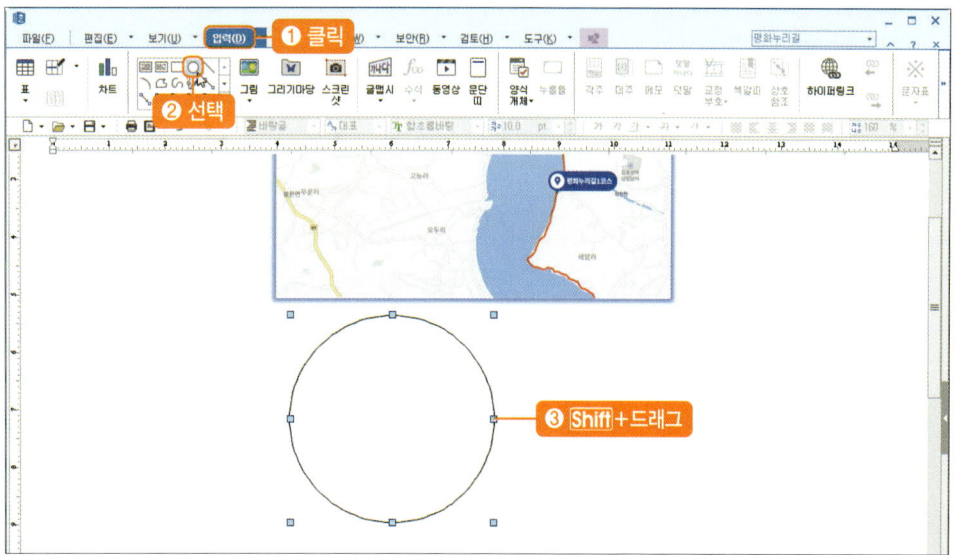

> **TIP**
> Shift 키를 누른 채로 드래그하면 가로와 세로가 같은 정원을 그릴 수 있습니다.

02 Ctrl 키와 Shift 키를 누른 채로 드래그하여 타원을 복사합니다.

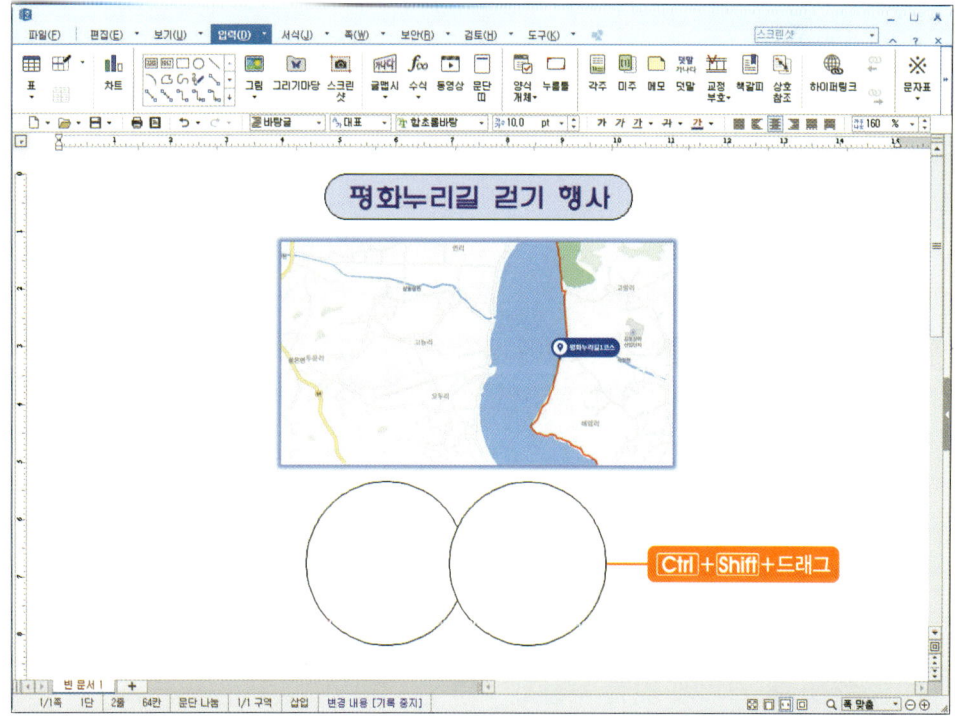

> **TIP**
> Ctrl 키와 Shift 키를 누른 채로 드래그하면 도형을 수평이나 수직으로 복사할 수 있습니다.

03 왼쪽 타원을 더블클릭하고 [개체 속성] 대화상자의 [채우기] 탭에서 '그림'을 체크하고 그림 선택(📁)을 클릭합니다.

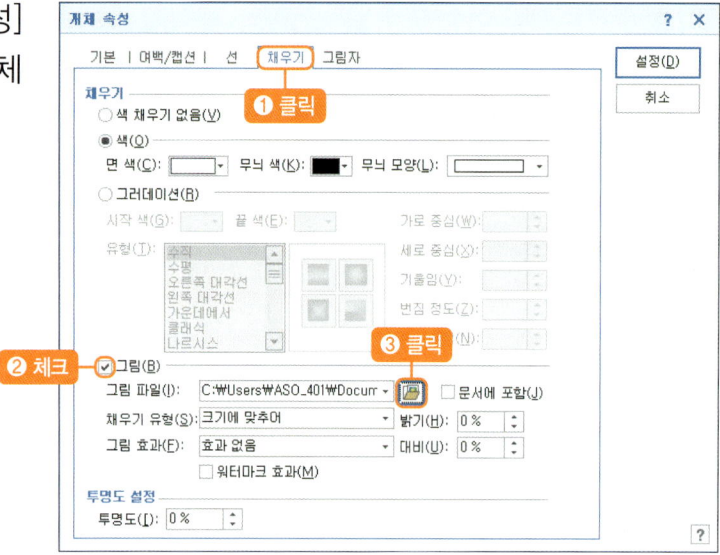

04 [그림 넣기] 대화상자에서 '길.jpg'를 선택하고 '문서에 포함'에 체크되었는지 확인한 후 〈넣기〉 단추를 클릭합니다.

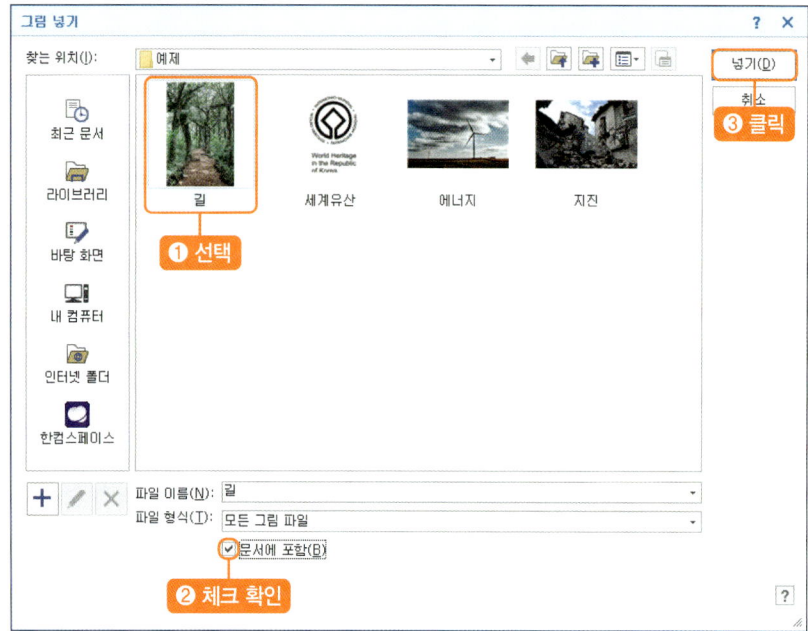

05 다시 [개체 속성] 대화상자의 [채우기] 탭에서 '채우기 유형'을 '크기에 맞추어'로 지정한 후 〈설정〉 단추를 클릭합니다.

TIP

채우기 유형에서는 배경을 그림으로 채울 때 크기에 맞춰 채울지, 바둑판 식으로 채울지, 가운데에 넣을지 등의 유형을 선택할 수 있습니다.

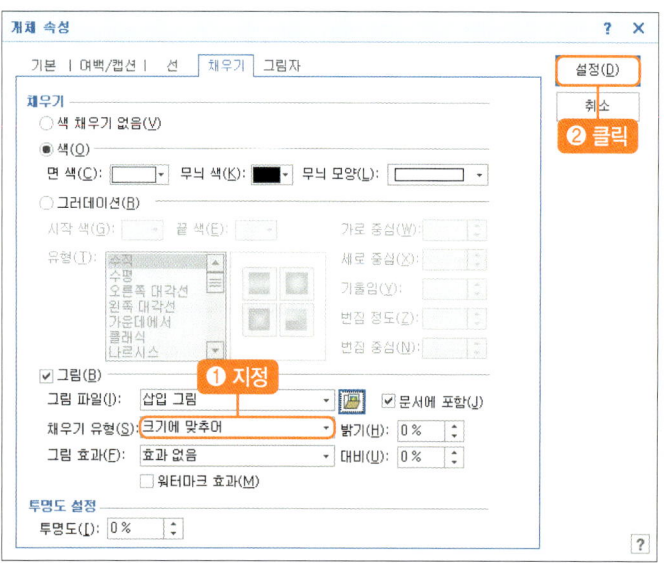

04 타원을 글상자로 만들기

01 오른쪽 타원에서 마우스 오른쪽 단추를 클릭하고 [도형 안에 글자 넣기(가)]를 클릭합니다.

TIP
타원 모양의 글상자가 없으므로 타원에 글자를 넣으려면 반드시 [도형 안에 글자 넣기(가)] 메뉴를 이용합니다.

02 다음과 같이 내용을 입력하고 글자 모양과 문단 모양을 지정합니다.

글자 모양 : 글꼴(함초롬돋움), 글자 크기(8pt)
문단 모양 : 왼쪽 여백(5pt)

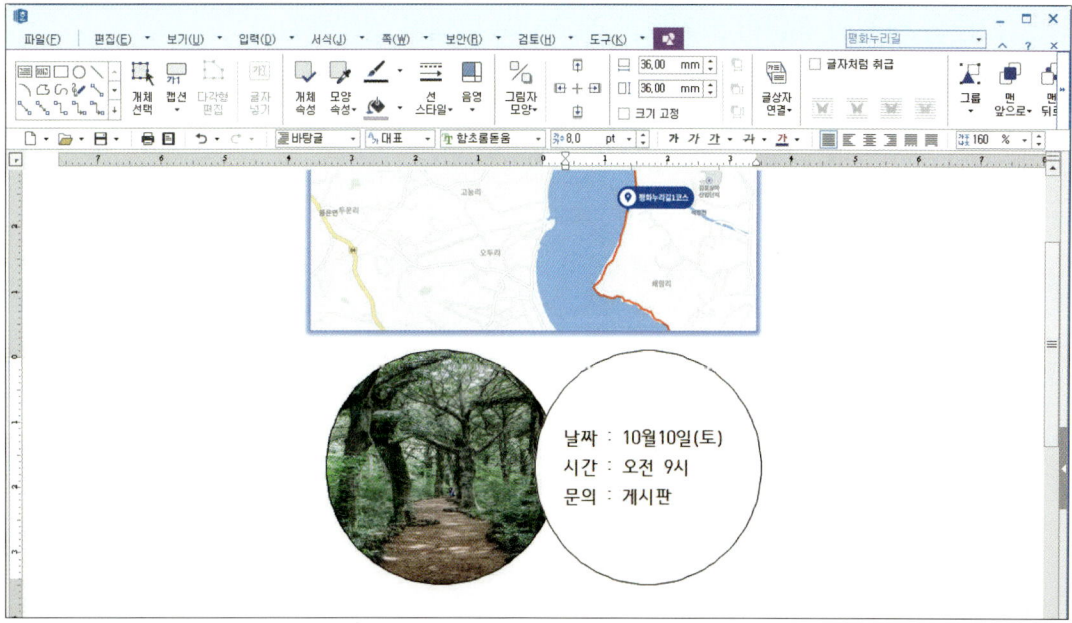

03 입력한 내용을 블록으로 지정하고 [서식] 탭-[그림 글머리표(≡)]에서 글머리표를 선택합니다.

04 [입력] 탭-[그리기마당(🦋)]을 클릭하고 [그리기마당] 대화상자의 [그리기 조각] 탭-[배경(무늬)]에서 '무늬10'을 선택하고 〈넣기〉 단추를 클릭합니다.

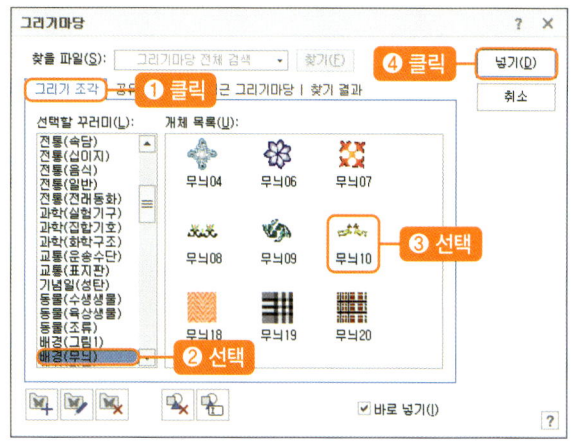

05 오른쪽 타원의 적당한 크기로 드래그하여 무늬를 넣어줍니다.

활용마당

예제파일 : 없음   완성파일 : 베스트셀러(완성).hwp

1 글상자와 스크린 샷 기능을 이용하여 다음의 문서를 작성해 보세요.

HINT ❶ 글상자 : 선 종류(이중실선), 사각형 모서리 곡률(반원), 글꼴(한컴 솔잎M), 글자 크기(15pt), 글자 색(남색)
❷ 스크린 샷 : 네이버에서 '베스트셀러' 검색 후 [입력] 탭-[스크린 샷(📷)]
❸ 그림 스타일 : 파란색 아래쪽 그림자

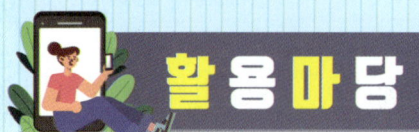

● 예제파일 : 없음   ● 완성파일 : 지혜의 숲(완성).hwp

2 타원과 스크린 샷 기능을 이용하여 다음의 문서를 작성해 보세요.

HINT ① 타원 : 면 색(주황 60% 밝게), 그림자 모양(오른쪽 뒤), 글꼴(양재둘기체M), 글자 크기(22pt), 글자 색(남색 20% 밝게)
② 스크린 샷 : 네이버에서 '지혜의 숲' 검색 후 [입력] 탭-[스크린 샷(📷)]
③ 그림 스타일 : 에메랄드색 네온

MEMO

CHAPTER 09 메일머지로 엽서 만들기

◉ **예제파일** : 없음 ◉ **완성파일** : 메일머지(완성).hwp

✖ 이번 장에서는

• 문서마당에서 유용한 문서를 찾는 방법을 알아봅니다.

• 메일 머지 표시 달기를 하는 방법과 메일 머지를 만들고 화면에서 확인하는 방법을 알아봅니다.

98 • 메일머지로 엽서 만들기

01 데이터 파일 작성하기

01 [서식] 도구 상자-[새 문서(□)]를 클릭합니다. (Alt+N)

> **TIP**
> 메일 머지란 데이터 파일과 발송할 문서 파일을 결합하여 이름, 주소 등만 다르고 나머지 내용이 같은 편지를 한꺼번에 만드는 기능으로 초대장, 안내장, 청첩장 등을 만드는 경우에 효과적으로 활용할 수 있습니다.

02 첫 줄에 필드의 개수인 '2'를 입력하고 순서대로 이름, 주소를 입력합니다.

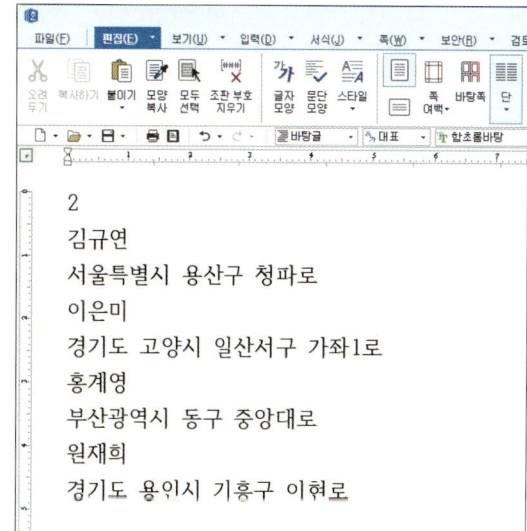

> **TIP**
> 필드는 이름과 주소를 의미하므로 필드의 개수는 2개입니다.

03 [서식] 도구 상자 [저장하기(💾)]를 클릭하고 [다른 이름으로 저장하기] 대화상자가 나오면 '주소록.hwp'로 저장합니다. (Alt+S)

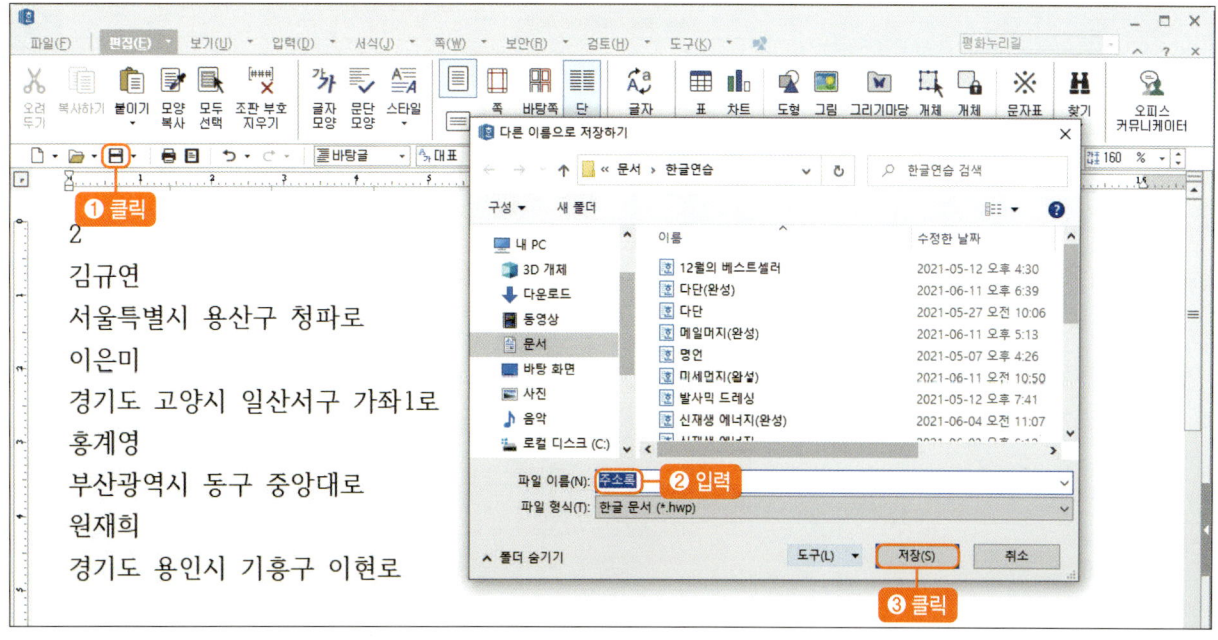

02 문서마당 이용하기

01 [서식] 도구 상자-[새 문서(□)]의 목록 단추(▼)을 클릭하고 [문서마당]을 선택합니다. ,

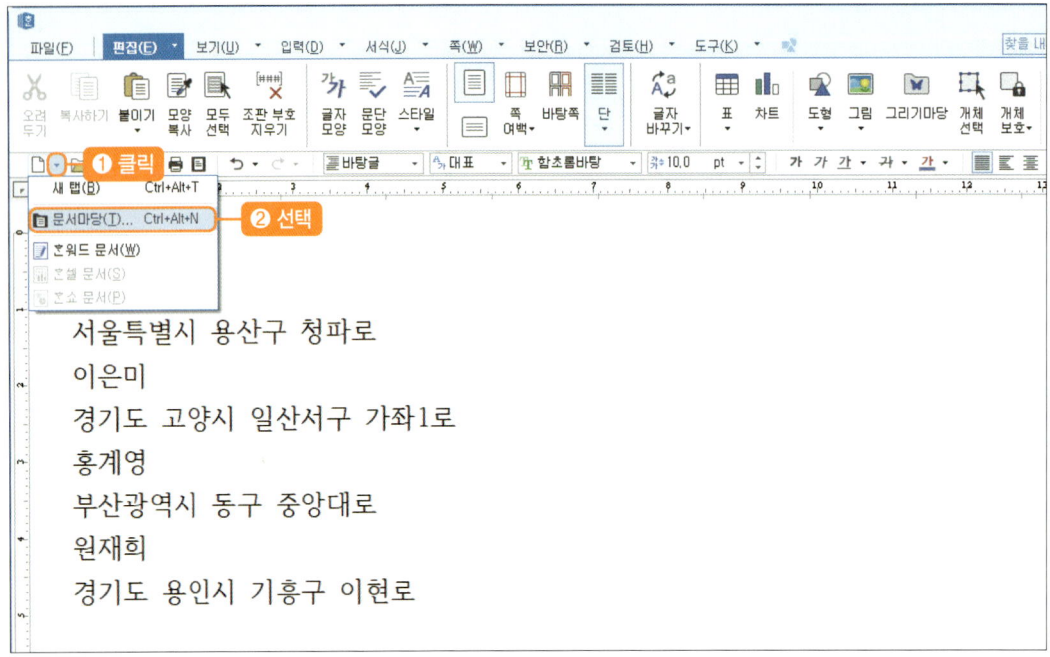

> **TIP**
> 문서 마당에는 자주 사용하는 문서의 서식 파일이 들어있으므로 필요한 문서를 불러와 빈 부분을 채워서 빠르게 문서를 완성할 수 있습니다.

02 [문서마당] 대화상자의 [서식 파일 찾기] 탭에서 찾을 서식 파일에 '엽서'를 입력하고 〈찾기〉 단추를 클릭합니다. 이어서, '엽서/카드-엽서 01'을 선택한 후 〈열기〉 단추를 클릭합니다.

03 '이곳을 마우스로 누르고 엽서 내용을 입력하세요.'를 클릭하고 다음과 같이 엽서의 내용을 작성합니다.

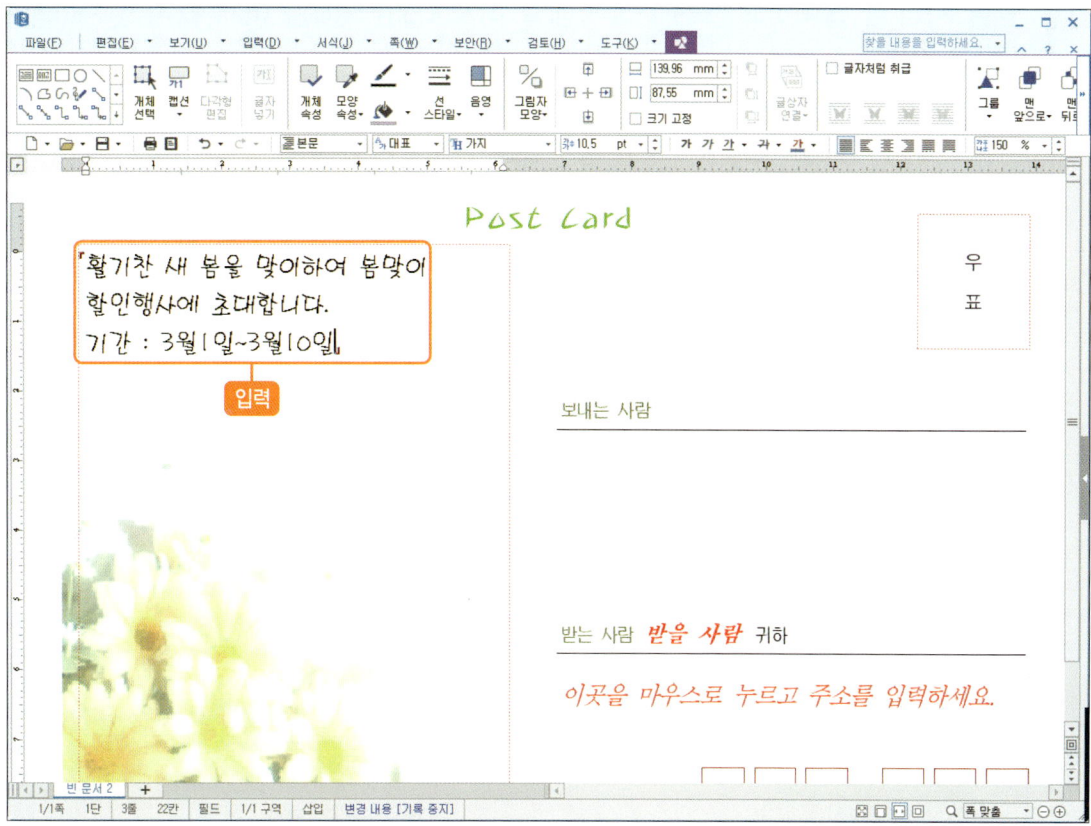

04 '보내는 사람'에 보내는 사람의 이름과 주소를 작성합니다.

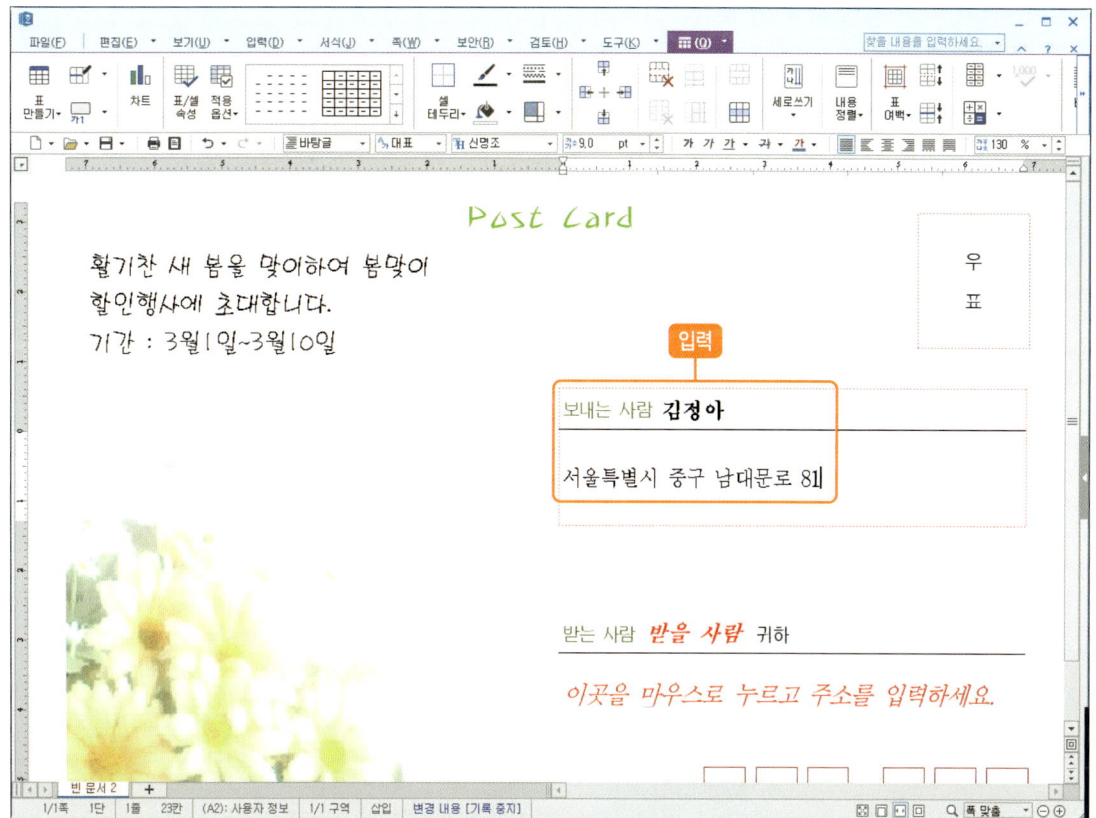

03 메일 머지 표시 달기

01 '받을 사람'을 클릭하고 [도구] 탭-[메일 머지(✉)]-[메일 머지 표시 달기(📧)]를 클릭합니다. (Ctrl+K, M)

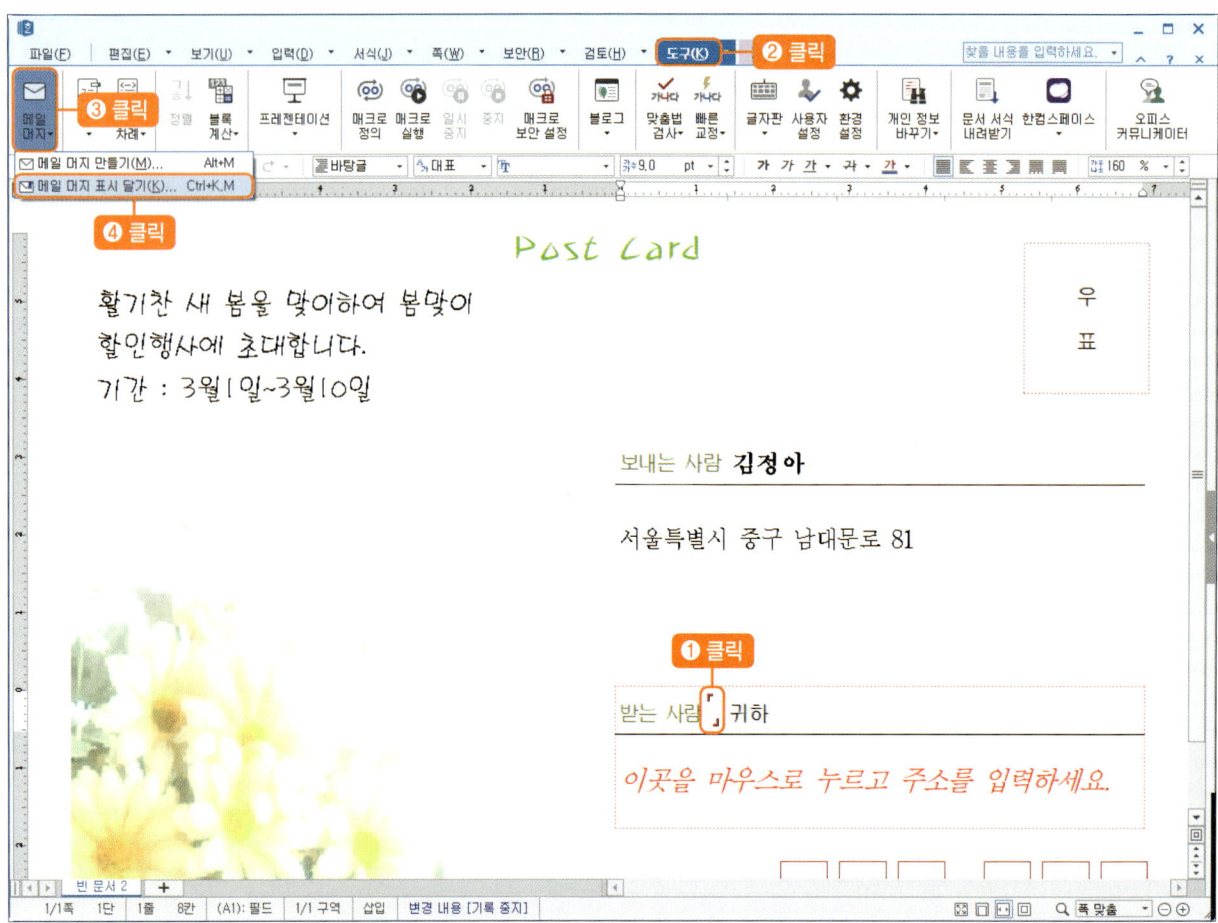

02 [메일 머지 표시 달기] 대화상자의 [필드 만들기] 탭에서 필드 번호인 '1'을 입력하고 〈넣기〉 단추를 클릭합니다.

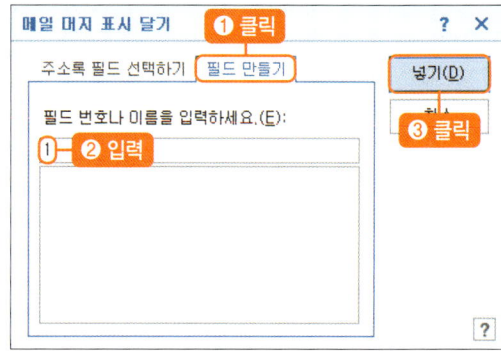

TIP

필드 번호 '1'은 이름을 의미합니다.

03 '이곳을 마우스로 누르고 주소를 입력하세요'를 클릭하고 [도구] 탭-[메일 머지(✉)]-[메일 머지 표시 달기(✉)]를 클릭합니다. (Ctrl+K, M)

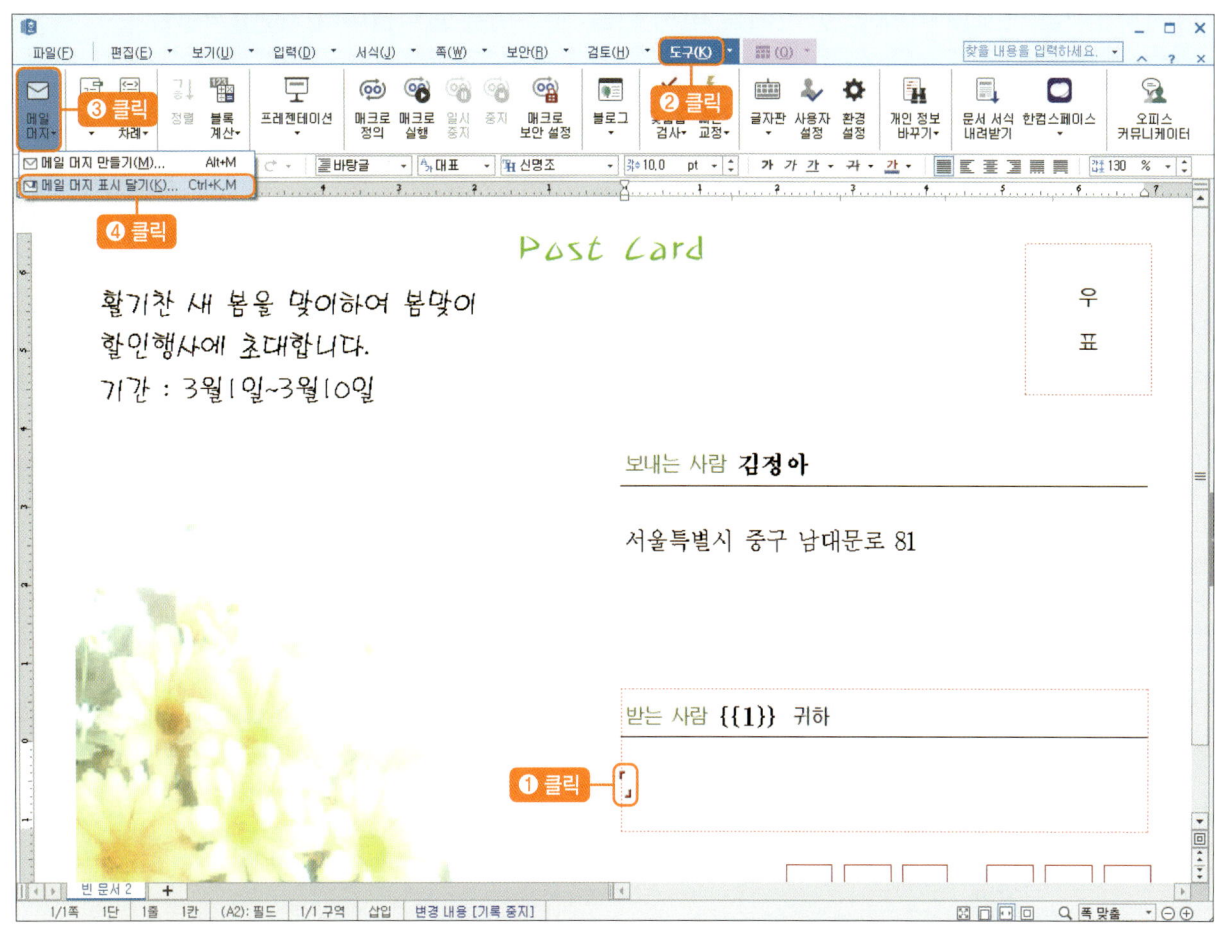

04 [메일 머지 표시 달기] 대화상자의 [필드 만들기] 탭에서 필드 번호인 '2'를 입력하고 〈넣기〉 단추를 클릭합니다.

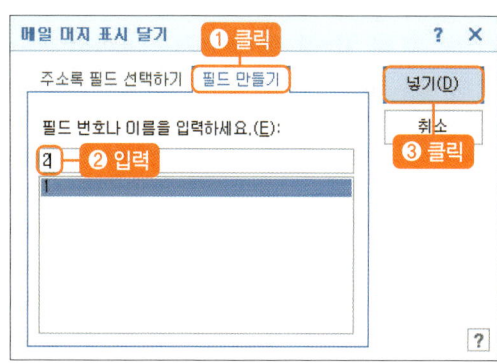

TIP

필드 번호 '2'는 주소를 의미합니다.

04 메일 머지 만들기

01 [도구] 탭-[메일 머지(✉)]-[메일 머지 만들기(✉)]를 클릭합니다. (Alt+M)

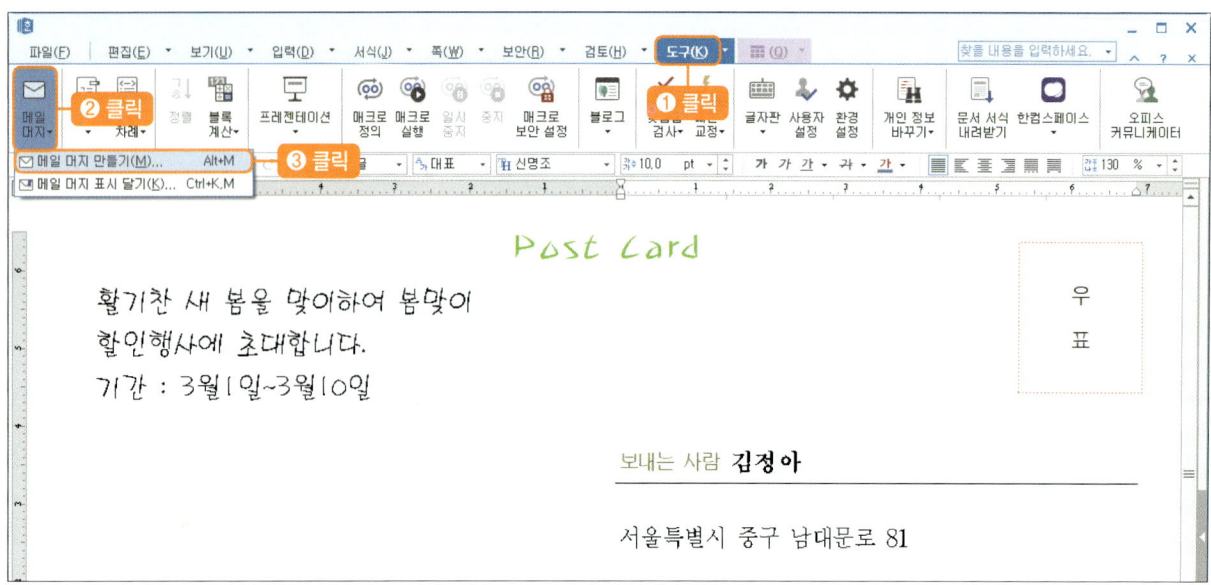

02 [메일 머지 만들기] 대화상자에서 자료 종류를 '한글 파일'로 선택하고 파일 선택(📁)을 클릭합니다.

03 [한글 파일 불러오기] 대화상자에서 '주소록'을 선택하고 〈열기〉 단추를 클릭합니다.

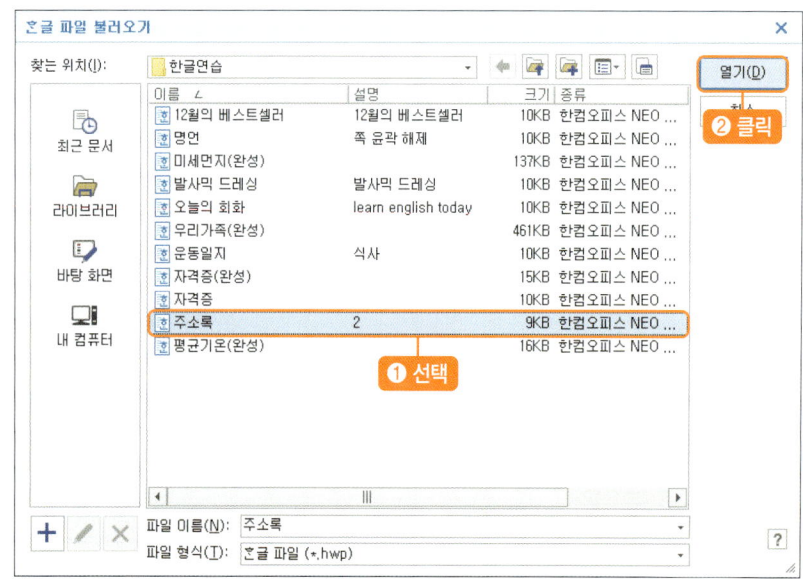

104 • 메일머지로 엽서 만들기

04 [출력 방향]을 '화면'으로 선택하고 〈확인〉 단추를 클릭합니다.

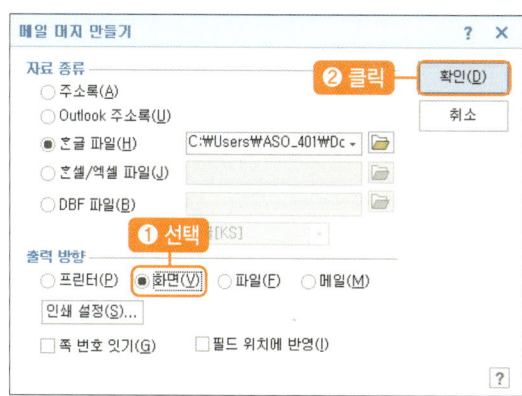

05 [미리 보기] 탭-[쪽 보기(▦)]-[여러 쪽(▦)]을 클릭하여 메일 머지의 결과를 확인하고 닫기(⬈)를 클릭합니다.

06 '메일머지(완성).hwp'로 저장합니다.

활용마당

● 예제파일 : 없음   ● 완성파일 : 영화이야기(완성).hwp

1 문서 마당을 이용하여 다음의 문서를 작성해 보세요.

작품성 ★ ☆

그랜드부다페스트 호텔

- 감독: 웨스 앤더슨
- 주연: 랄프파인즈, 틸다 스윈튼
- 음악:
- 상영 시간: 100분
- 함께 본 사람: 혼자
- 관람 날짜:

- 줄거리: 1927년 세계대전이 한창이던 어느 날, 세계 최고의 부호 마담 D.가 의문의 살인을 당하다.

  유력한 용의자로 지목된 사람은 바로 전설적인 호텔 지배인이자 그녀의 연인 '구스타브'!

  구스타브는 누명을 벗기 위해 충실한 로비보이 '제로'에게 도움을 청하고,

  그 사이 구스타브에게 남겨진 마담 D.의 유산을 노리던 그녀의 아들 '드미트리'는 무자비한 킬러를 통해 [그랜드 부다페스트 호텔]을 찾게 되는데…

- 영화평:

메모

- 시상 경력:
- 기억하고 싶은 대사:
- 사진 자료

HINT 문서 마당 : [일기 문서]–[영화 일기1]

활용마당

2 문서 마당을 이용하여 다음의 문서를 작성해 보세요.

◉ **예제파일** : 없음   ◉ **완성파일** : 이력서(완성).hwp

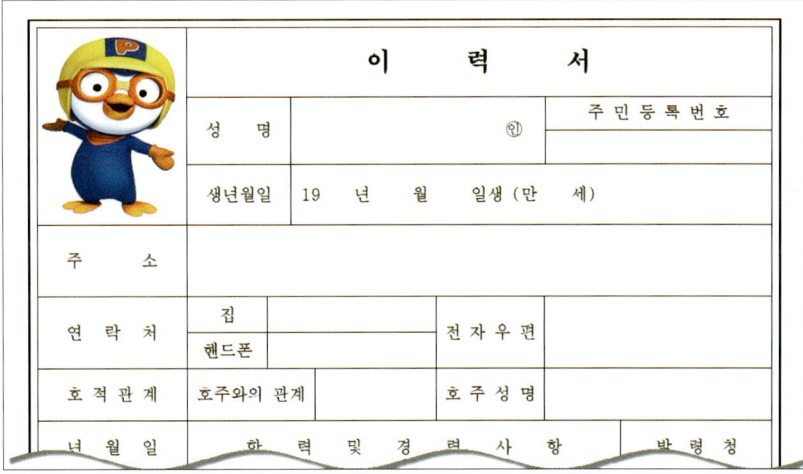

HINT ❶ **문서 마당** : [업무 문서]-[이력서(한글)]
② **사진 저장** : 네이버에서 '뽀로로' 이미지 검색 → 다른 이름으로 사진 저장
❸ **사진 넣기** : [셀 테두리/배경]-[각 셀마다 적용] → 그림 파일 선택, 채우기 유형(크기에 맞추어)

3 메일 머지 기능을 이용하여 다음의 문서를 작성해 보세요.

◉ **예제파일** : 유치원.hwp   ◉ **완성파일** : 유치원(완성).hwp

HINT ❶ 필드 개수, 반, 번호, 이름을 입력하여 '명단.hwp'를 작성
② [도구] 탭-[메일 머지]-[메일 머지 표시 달기]
❸ [도구] 탭-[메일 머지]-[메일 머지 만들기]

다단 문서 만들기

◎ **예제파일** : 아몬드　　◎ **완성파일** : 다단(완성).hwp

✱ 이번 장에서는

- 문서에 머리말과 꼬리말을 넣는 방법을 알아봅니다.
- 문서를 다단 문서로 편집하고 구역을 나누는 방법을 알아봅니다.

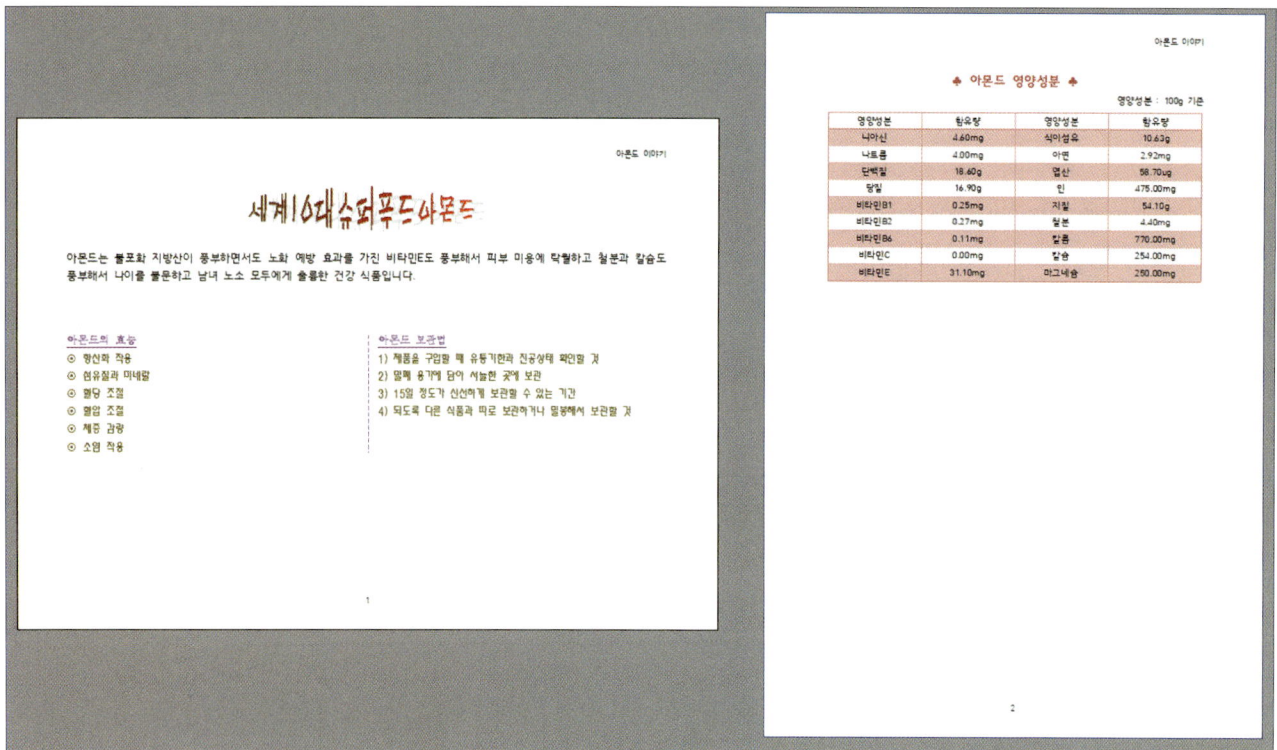

01 문서 작성하기

01 다음과 같은 내용으로 문서를 작성하고 '다단.hwp'로 저장합니다.

1. 글맵시(채우기 – 오피스 팔레트(탁한 황갈/빨강) 그러데이션, 그림자(검정 90% 밝게), 모양(육각형)
2. 글꼴(함초롬돋움), 글자 크기(12pt)
3. 글꼴(양재꽃게체M), 글자 크기(12pt), 진하게, 이중 밑줄, 보라
4. 글꼴(휴먼모음T), 글자 크기(12pt), 글머리표, 노랑 50% 어둡게
5. 글꼴(휴먼모음T), 글자 크기(12pt), 문단 번호, 노랑 50% 어둡게

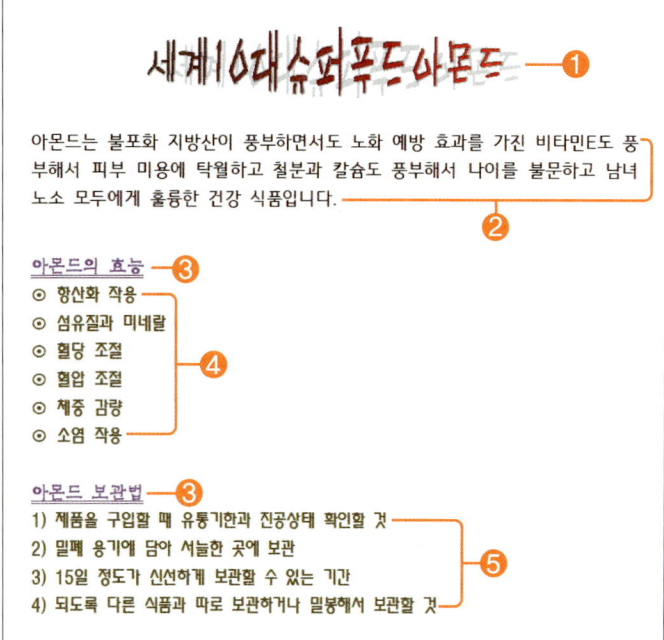

02 편집 용지를 설정하기 위해 [쪽] 탭-[편집 용지(📄)]를 클릭합니다. (F7)
이어서, [편집 용지] 대화상자에서 용지 방향을 '가로'로 선택하고 〈설정〉 단추를 클릭합니다.

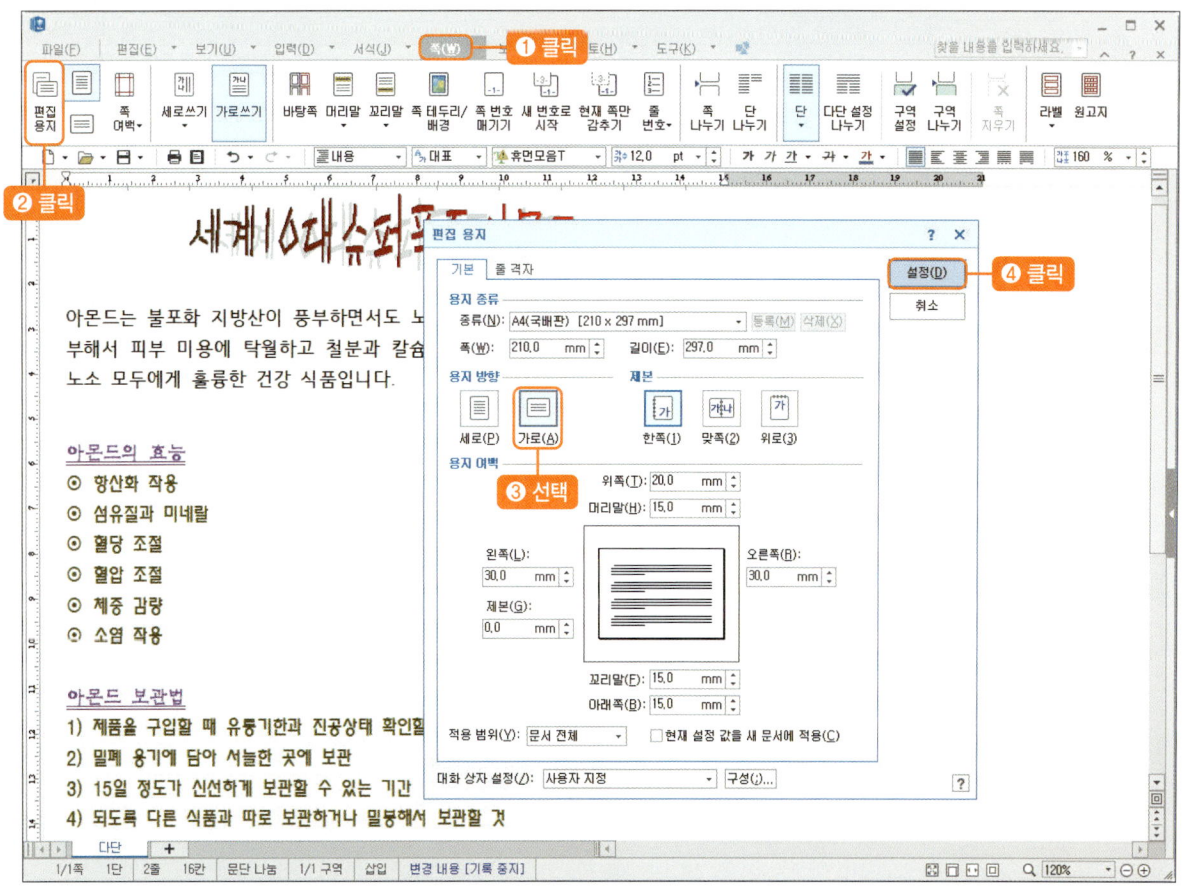

02 머리말/꼬리말 넣기

01 머리말을 넣기 위해 [쪽] 탭-[머리말(📄)]-[머리말/꼬리말(📄)]을 클릭합니다.

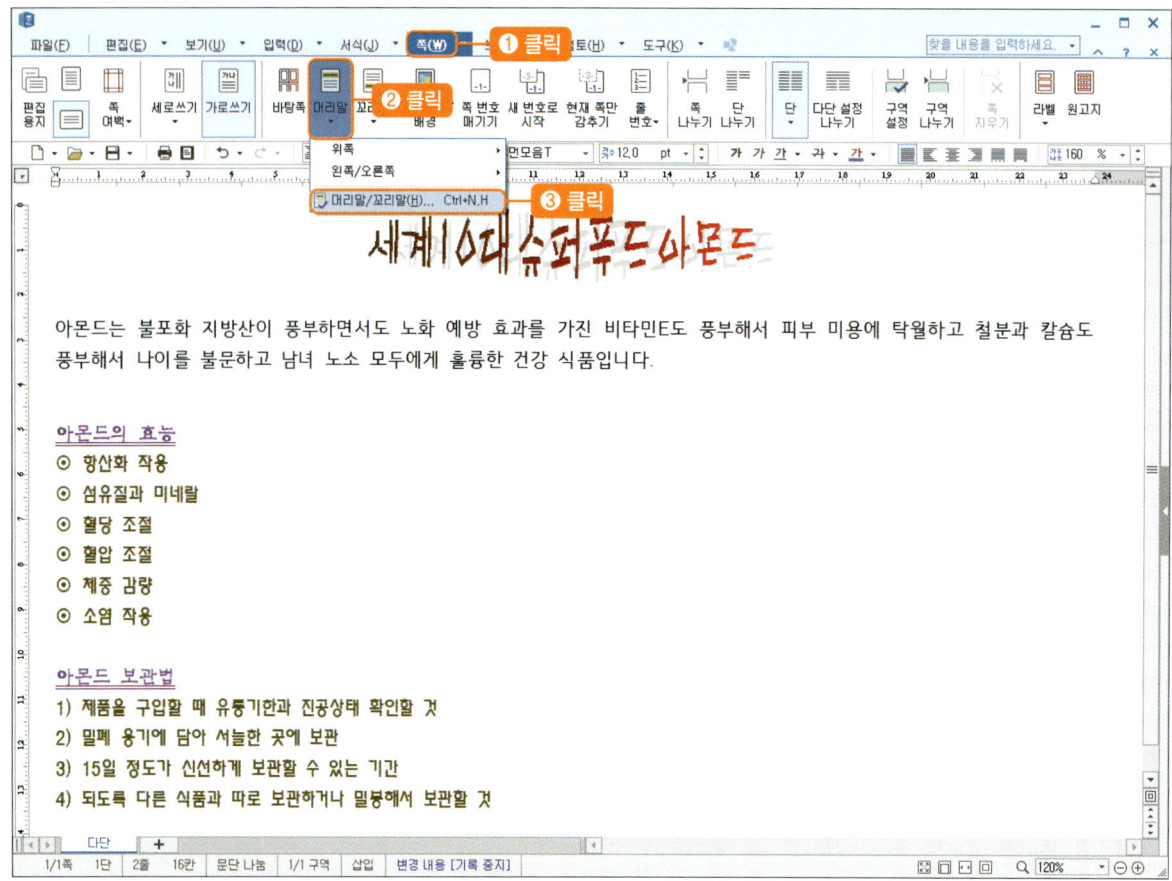

TIP

머리말과 꼬리말은 매 페이지 상단과 하단에 제목, 쪽 번호 등을 고정적으로 반복되도록 하는 기능으로 머리말과 꼬리말에는 글자, 그림, 표, 그리기 개체 등을 입력할 수 있습니다.

02 [머리말/꼬리말] 대화상자에서 종류는 '머리말', 위치는 '양 쪽'을 선택한 후 〈만들기〉 단추를 클릭합니다.

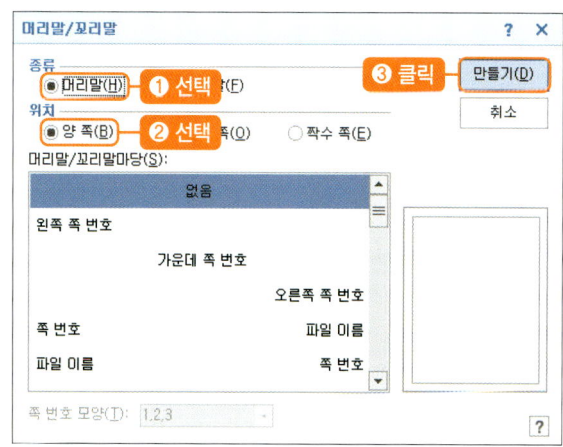

03 머리말 입력 화면에 다음 내용을 입력한 후 [머리말/꼬리말] 도구 상자의 '글자 크기(12pt), 오른쪽 정렬'을 지정하고 [머리말/꼬리말 닫기(📄)]를 클릭합니다.

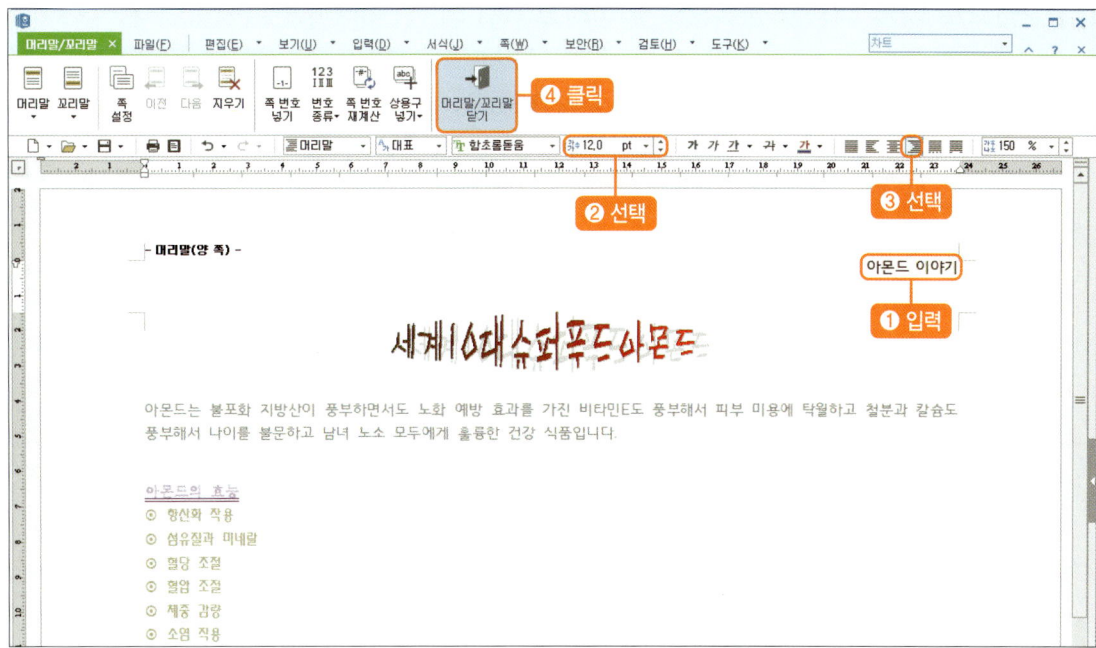

04 이번에는 꼬리말을 넣기 위해 [쪽] 탭-[꼬리말(📄)]에서 [가운데 쪽 번호]를 클릭합니다.

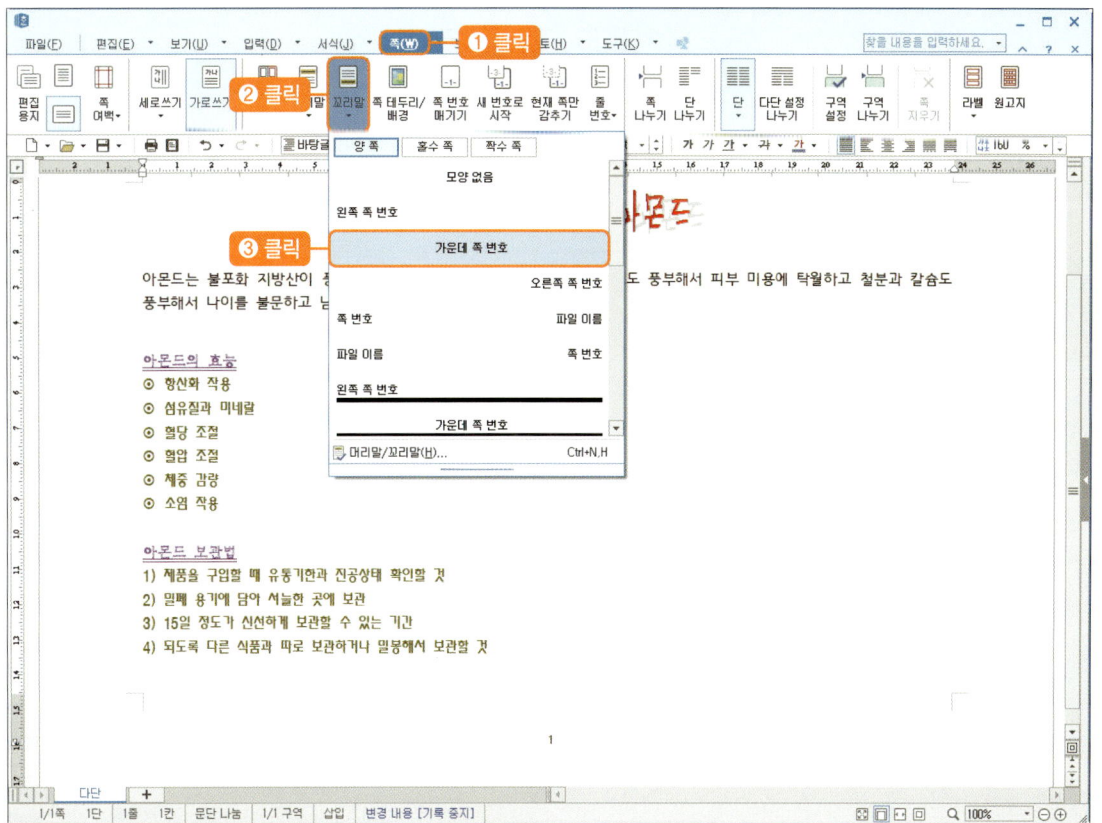

TIP

입력한 머리말이나 꼬리말을 수정하려면 머리말이나 꼬리말을 더블 클릭합니다.

03 다단 설정하기

01 2단으로 나눌 내용을 블록으로 지정하고 [쪽] 탭-[단(▤)]을 클릭합니다.

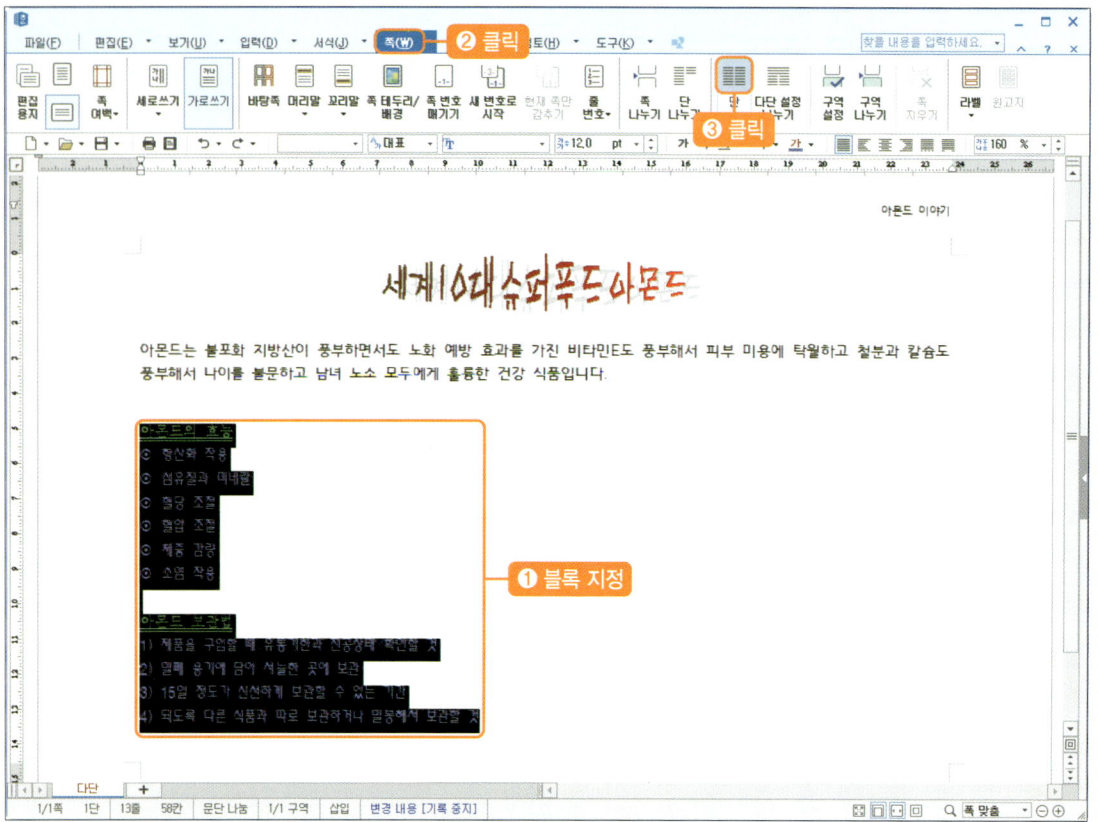

TIP
다단은 신문이나 잡지, 찾아보기 등에서 읽기 쉽게 한 쪽을 여러 개의 단으로 나누는 기능입니다.

02 [단 설정] 대화상자에서 단 개수(2), '구분선 넣기'를 체크하고 종류(파선), 색(보라)으로 선택한 후 〈설정〉 단추를 클릭합니다.

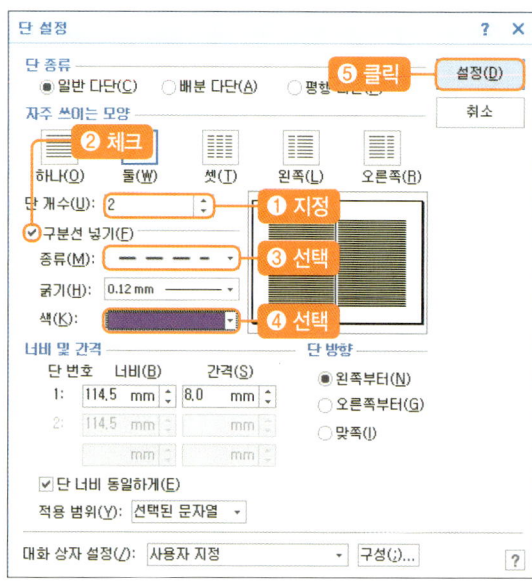

112 • 다단 문서 만들기

03 '소염 작용' 뒤에 커서를 놓고 [쪽] 탭-[단 나누기(▤)]를 클릭합니다. (Ctrl+Shift+Enter)
'**아몬드 보관법**' 위의 빈 줄은 Delete 키를 눌러 지우고 아래쪽에 생긴 문단 번호는 Enter 키를 눌러 지웁니다.

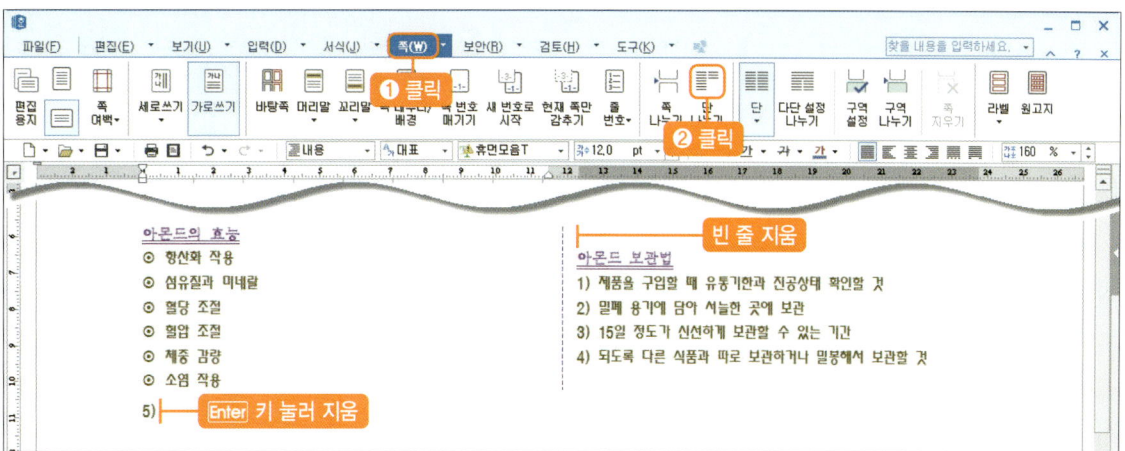

04 구역 나누기

01 다음 페이지에 구역을 나누기 위해 1페이지의 마지막 줄에서 [쪽] 탭-[구역 나누기(▤)]를 클릭합니다. (Alt+Shift+Enter)

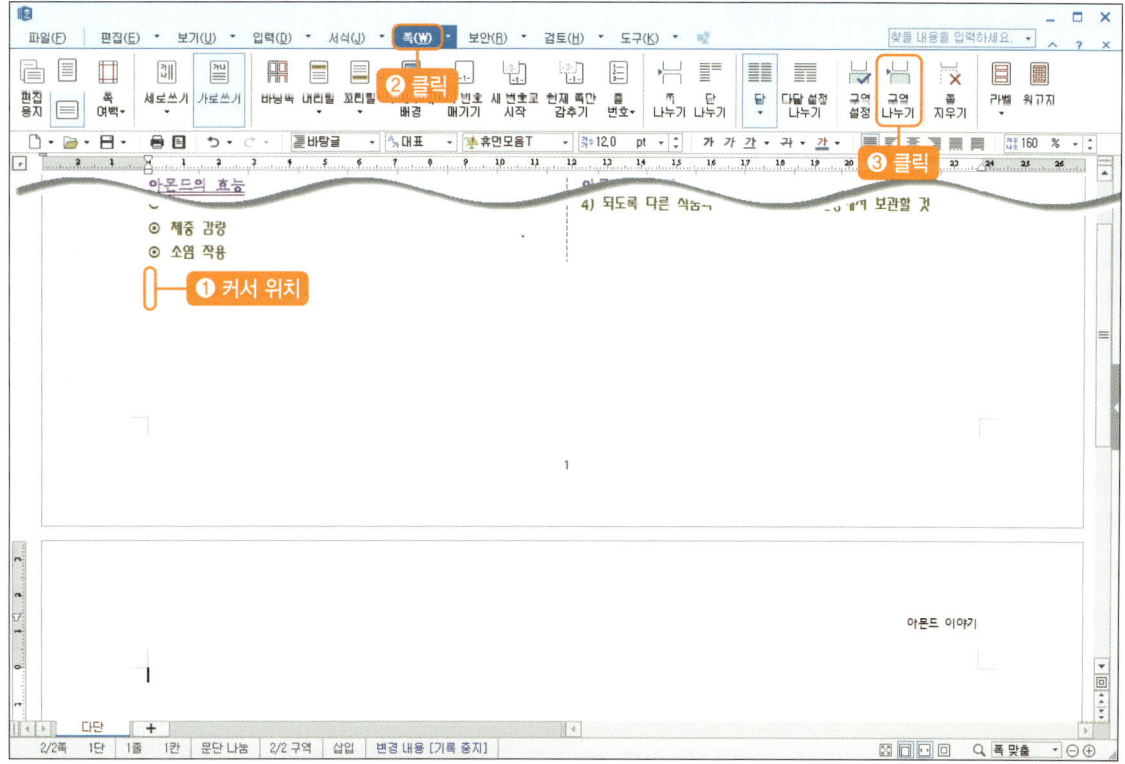

TIP
구역을 나누면 앞 부분과 완전히 별개의 내용으로 간주되어 편집 용지, 바탕쪽, 각주/미주 모양, 쪽 테두리/배경, 개요 모양, 메모 등을 다르게 지정할 수 있습니다.

02 F7 키를 누르고 [편집 용지] 대화상자에서 용지 방향을 '세로'를 선택한 후 〈설정〉 단추를 클릭합니다.

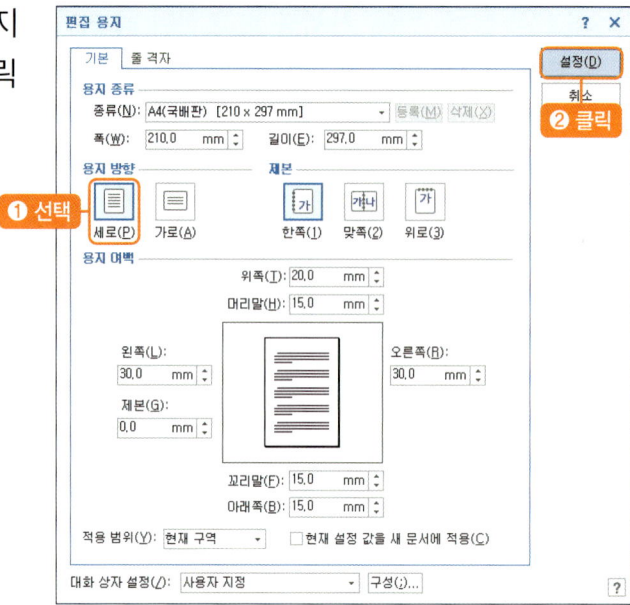

03 [입력] 탭의 목록 단추를 클릭하고 [문서 끼워 넣기(📎)]를 클릭합니다. (Ctrl+O)

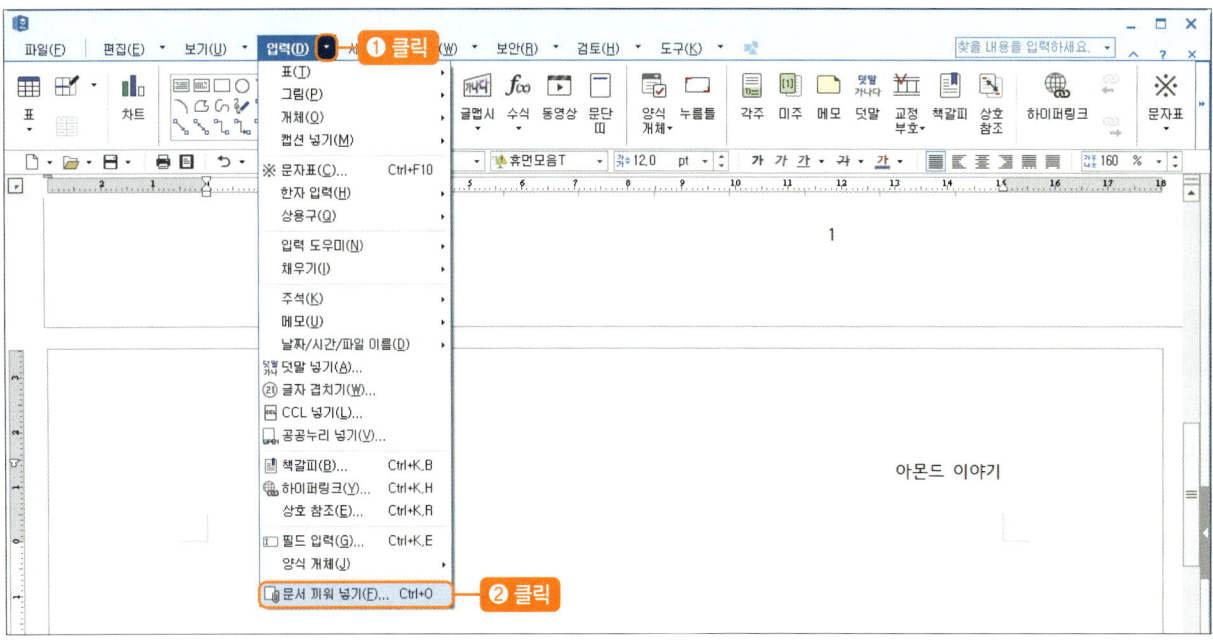

04 [문서 끼워 넣기] 대화상자에서 '아몬드'를 선택하고 〈넣기〉 단추를 클릭합니다.

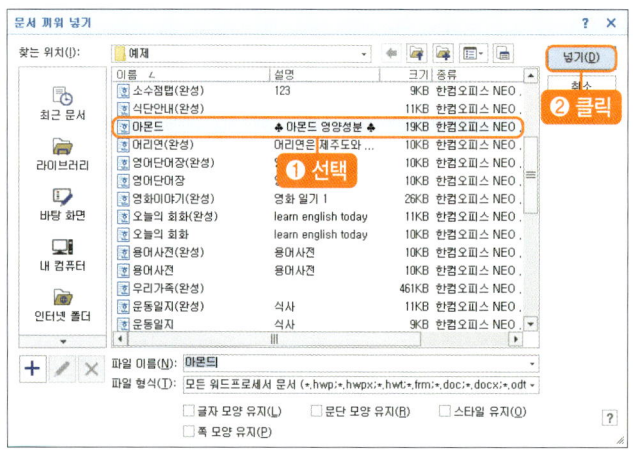

114 · 다단 문서 만들기

05 [파일]-[미리 보기(📄)]를 클릭합니다.

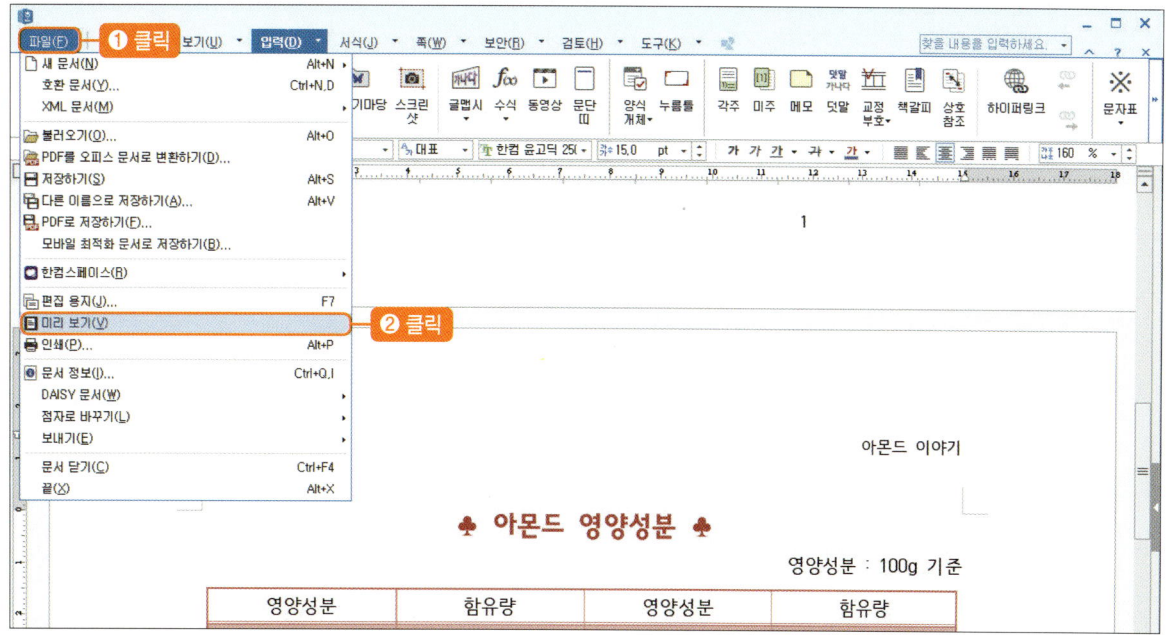

06 [미리 보기] 탭-[쪽 보기(📰)]-[여러 쪽(📖)]-[1줄×2칸]을 선택하여 두 페이지의 용지 모양이 다른 것을 확인하고 닫기(📤) 아이콘을 클릭합니다.

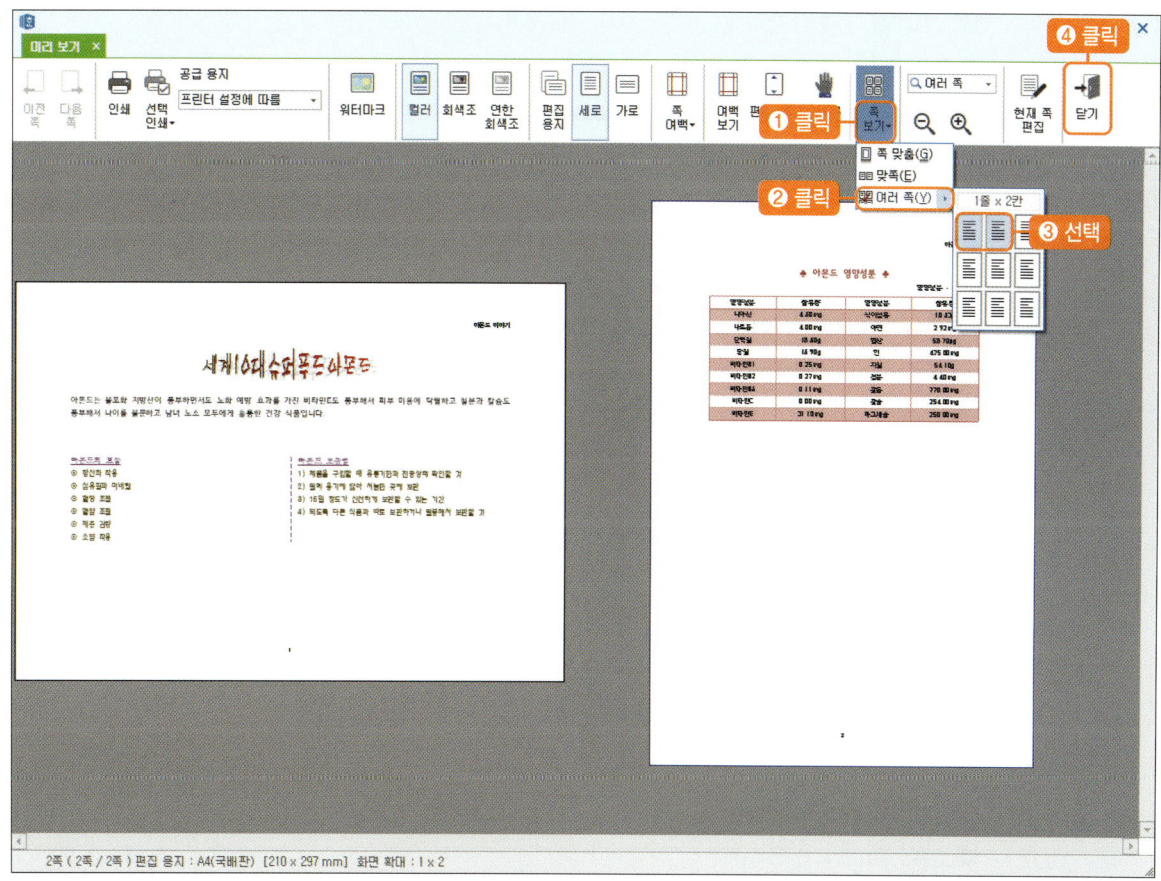

07 '다단(완성).hwp'로 저장합니다.

활용마당

1 다음과 같이 머리말과 꼬리말이 넣고 다단 문서를 완성해 보세요.

◉ **예제파일** : 청소년동반자.hwp   ◉ **완성파일** : 청소년동반자(완성).hwp

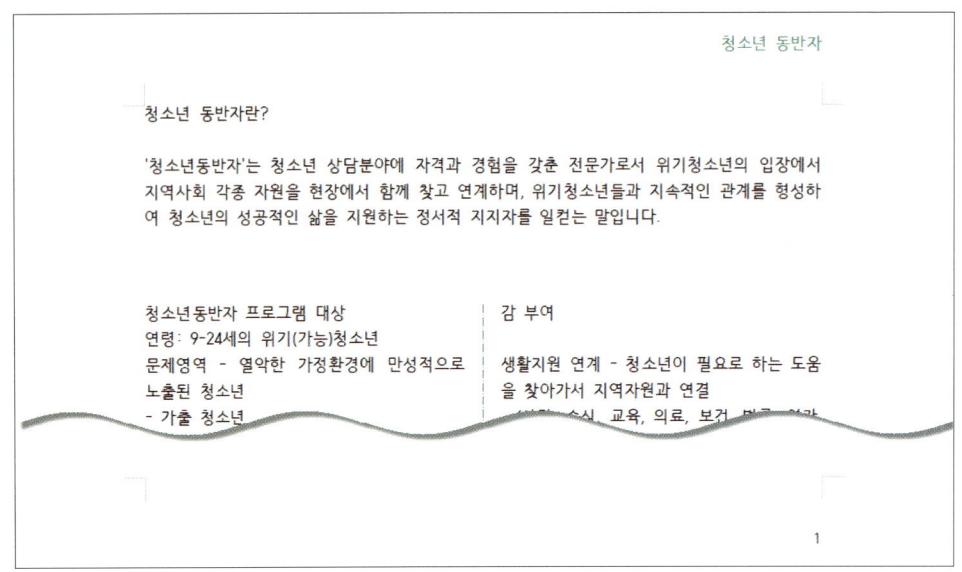

HINT
① 머리말 : 글자 크기(10pt), 글자 색(초록), 오른쪽 맞춤
② 꼬리말 : 오른쪽 쪽 번호
③ 다단 : 단 개수(2), 구분선 종류(일점쇄선), 구분선 색(초록)

2 1번의 다단 문서의 2페이지에 구역을 만들고 상담기록부를 끼워넣으세요.

◉ **예제파일** : 상담기록부.hwp   ◉ **완성파일** : 상담기록부(완성).hwp

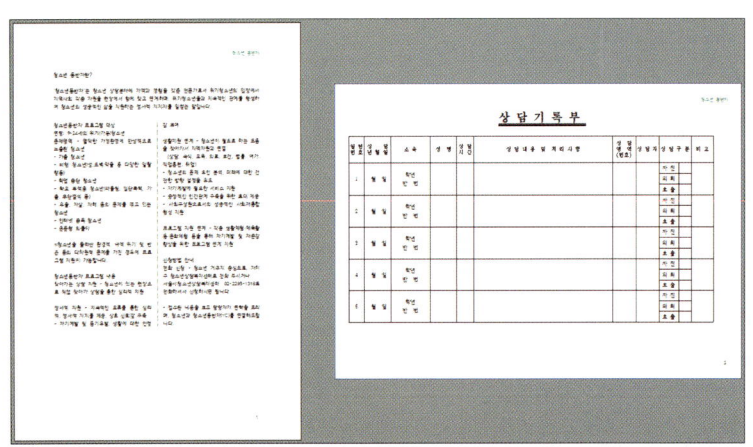

HINT
① [쪽] 탭 – [구역 나누기]
② F7 키 → 왼쪽, 오른쪽, 위쪽, 아래쪽, 머리말, 꼬리말 여백 10mm, 용지 방향(가로)
③ [입력] 탭 – [문서 끼워넣기] → 상담기록부.hwp
④ [미리 보기] 탭 – [쪽 보기] – [여러 쪽]

활용마당

3 다음과 같이 다단 문서를 완성해 보세요.

◎ **예제파일** : 한용운.hwp   ◎ **완성파일** : 한용운(완성).hwp

만해 한용운

독립운동가 겸 승려, 시인
일제강점기에 시집 <님의 침묵>을 출판하여 저항문학에 앞장섰고, 불교를 통한 청년운동을 강화하였다.

님의 손길

님의 사랑은 강철을 녹이는 불보다도 뜨거운데,
님의 손길은 너무 차서 한도가 없습니다.
나는 이 세상에서 서늘한 것도 보고 찬 것도 보았습니다.
그러나 님의 손길같이 찬 것은 볼 수가 없습니다.
국화 핀 서리 아침에 떨어진 잎새를 울리고
오는, 가을 바람도 님의 손길보다는 차지 못합니다.
달이 작고 별에 뿔나는 밤에, 얼음 위에 쌓인 눈도
님의 손길보다는 차지 못합니다.
나의 작은 가슴에 타오르는 불꽃은
님의 손길이 아니고는 끄는 수가 없습니다.
님의 손길의 온도를 측량할만한 한란계는
나의 가슴 밖에는 아무데도 없습니다.
님의 사랑은 불보다도 뜨거워서, 근심 산(山)을 태우고 한(恨)
바다를 말리는데, 님의 손길은 너무도 차서 한도가 없습니다.

알 수 없어요

바람도 없는 공중에 수직(垂直)의 파문을 내이며
고요히 떨어지는 오동잎은 누구의 발자취입니까.
지리한 장마 끝에 서풍에 몰려가는 무서운 검은 구름의 터진 틈으로
언뜻언뜻 보이는 푸른 하늘은 누구의 얼굴입니까.
꽃도 없는 깊은 나무에 푸른 이끼를 거쳐서
옛 탑(塔) 위에 고요한 하늘을 스치는 알 수 없는 향기는 누구의 입김입니까.
근원은 알지도 못할 곳에서 나서 돌부리를 울리고
가늘게 흐르는 작은 시내는 구비구비 누구의 노래입니까.
연꽃 같은 발꿈치로 가이 없는 바다를 밟고
옥 같은 손으로 끝없는 하늘을 만지면서
떨어지는 해를 곱게 단장하는 저녁놀은 누구의 시(詩)입니까.
타고 남은 재가 다시 기름이 됩니다.
그칠 줄을 모르고 타는 나의 가슴은
누구의 밤을 지키는 약한 등불입니까.

HINT
❶ **가로 글상자** : 글꼴(휴먼옛체), 글자 크기(17pt), 면 색(연한 노랑 10% 어둡게), 사각형 모서리 곡률(반원), 글자처럼 취급, 가운데 정렬
❷ **시 제목** : 글꼴(휴먼모음T), 글자 크기(12pt), 글자 색(보라)
❸ **내용** : 글꼴(휴먼모음T), 글자 크기(11pt)
❹ **다단** : 단 개수(2), 구분선 종류(점선), 구분선 색(보라)
❺ **그리기마당** : 찾을 파일(국화)-[국화4]
 [공유 클립아트] 탭-[문화유산]-[다보탑]

CHAPTER 11 조판 기능 이용하기

◉ **예제파일** : 신재생 에너지.hwp   ◉ **완성파일** : 신재생 에너지(완성).hwp

✱ 이번 장에서는

- 문서에 편집 용지와 쪽 테두리를 지정하는 방법을 알아봅니다.
- 덧말 넣기, 문단 첫 글자 장식, 각주 넣기, 문단 번호 지정, 쪽 번호 지정 등의 방법을 알아봅니다.

01 편집 용지와 쪽 테두리 지정하기

01 '신재생 에너지.hwp' 문서를 불러온 후 F7 키를 누르고 다음과 같이 용지 여백을 지정하고 〈설정〉 단추를 클릭합니다.

> 위쪽, 머리말, 꼬리말, 아래쪽 : 10mm
> 왼쪽, 오른쪽 : 11mm

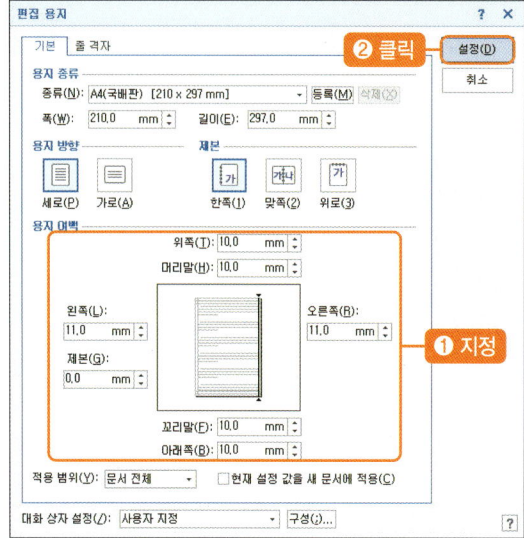

02 쪽 테두리를 지정하기 위해 [쪽] 탭-[쪽 테두리/배경(🖼)]을 클릭합니다.

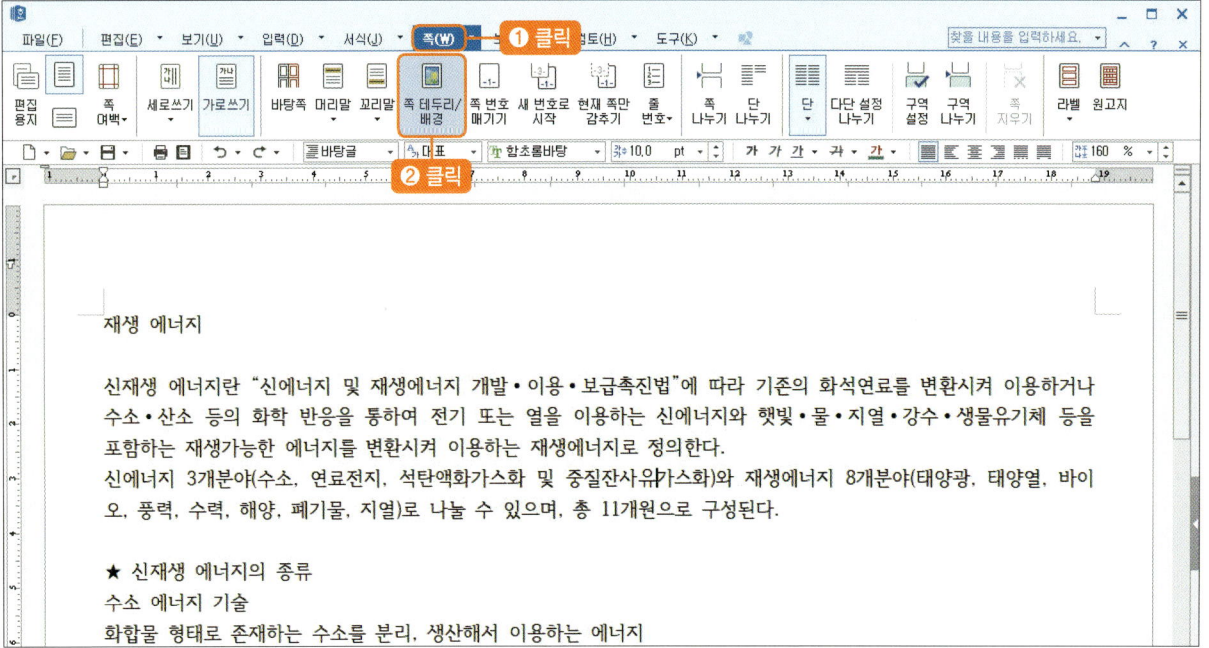

TIP

쪽 테두리란 문서의 쪽마다 가장자리에 테두리를 넣거나 배경에 단색, 그러데이션 또는 그림을 채워 넣는 기능입니다.

03 [쪽 테두리/배경] 대화상자에서 테두리 종류(파선), '모두(☐)'를 선택하고 〈설정〉 단추를 클릭합니다.

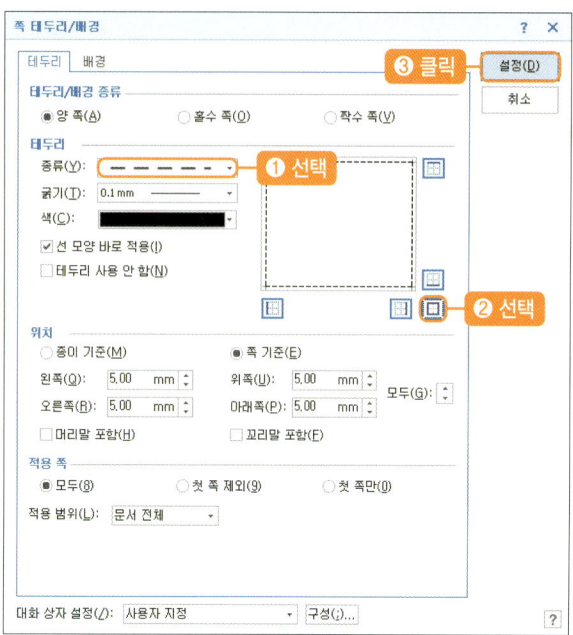

02 덧말 넣기

01 제목을 블록으로 지정하고 다음과 같이 글자 모양과 문단 모양을 지정합니다.

글꼴(궁서), 글자 크기(18pt), 진하게, 가운데 정렬

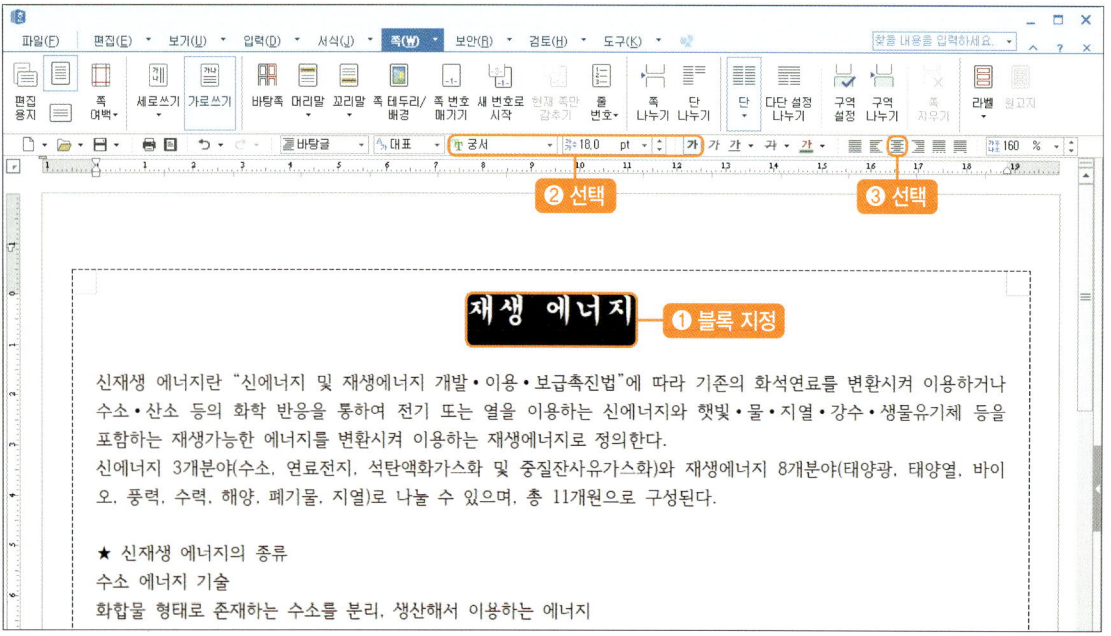

TIP
덧말이란 본문의 내용에 대해 간단한 설명을 본말의 아래나 위에 넣는 기능입니다.

02 블록이 지정된 상태로 [입력] 탭-[덧말( )]을 클릭합니다.

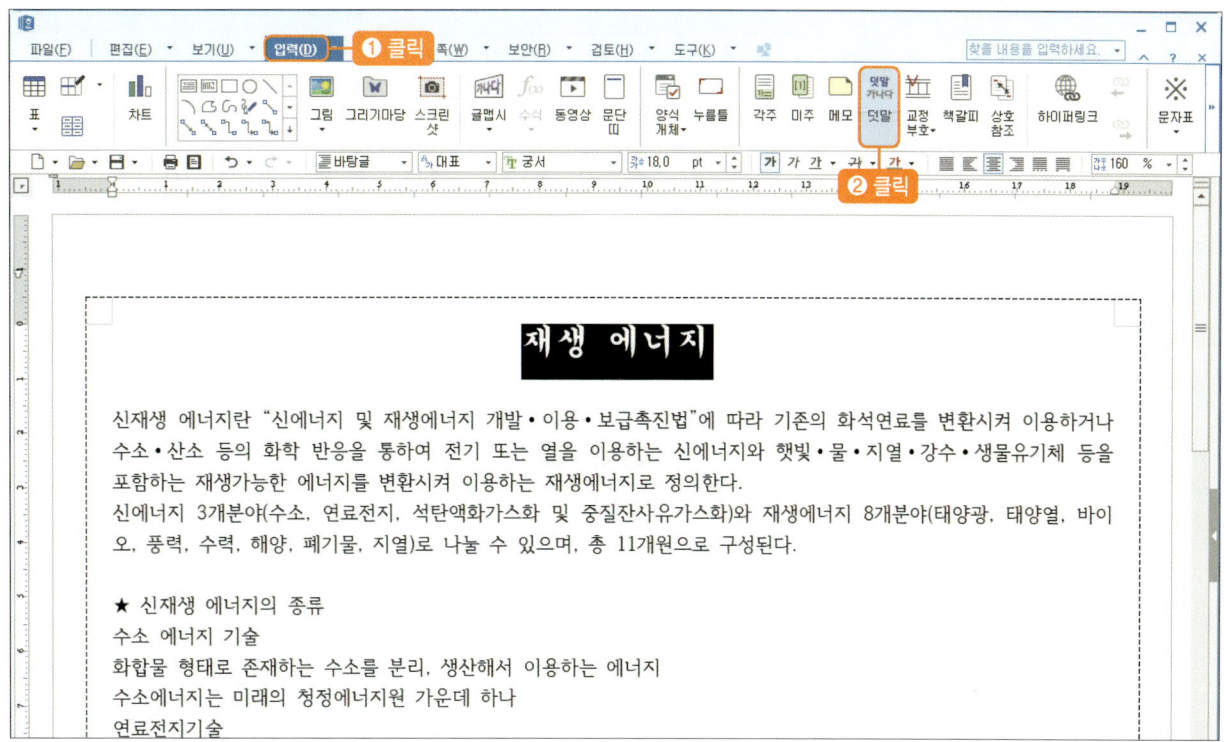

03 [덧말 넣기] 대화상자에서 '덧말'에 '미래의 에너지'를 입력하고 덧말 위치를 '위( )'로 지정한 후 〈넣기〉 단추를 클릭합니다.

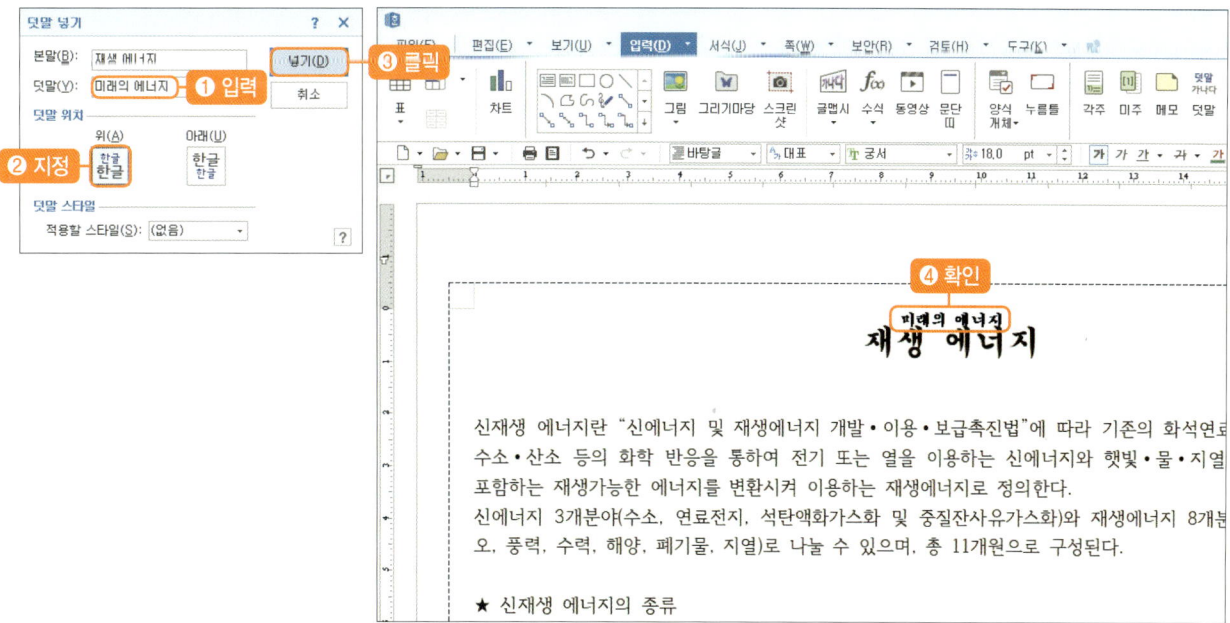

TIP

덧말을 지우려면 덧말을 더블 클릭하고 [덧말 편집] 대화상자에서 〈덧말 지움〉 단추를 클릭합니다.

02 문단 첫 글자 장식

01 첫 글자 앞에 커서를 놓고 [서식] 탭-[문단 첫 글자 장식( )]을 클릭합니다.

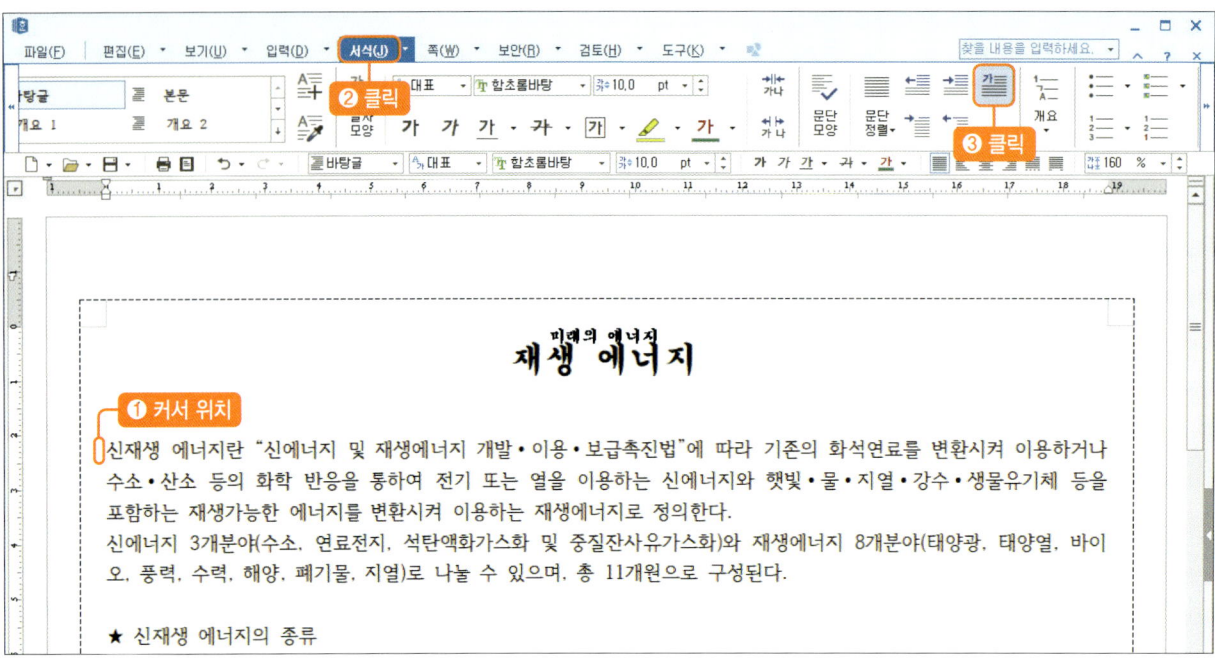

TIP

문단 첫 글자 장식이란 문단의 2줄이나 3줄에 걸쳐 문단의 첫 글자를 넣어주는 기능으로 한번에 한개의 문단에서만 실행할 수 있으며, 블록을 설정한 상태에서는 넣을 수 없습니다.

02 [문단 첫 글자 장식] 대화상자에서 모양(2줄), 글꼴(궁서), 선 종류(점선), 면색(노랑)을 지정한 후 〈설정〉 단추를 클릭합니다.

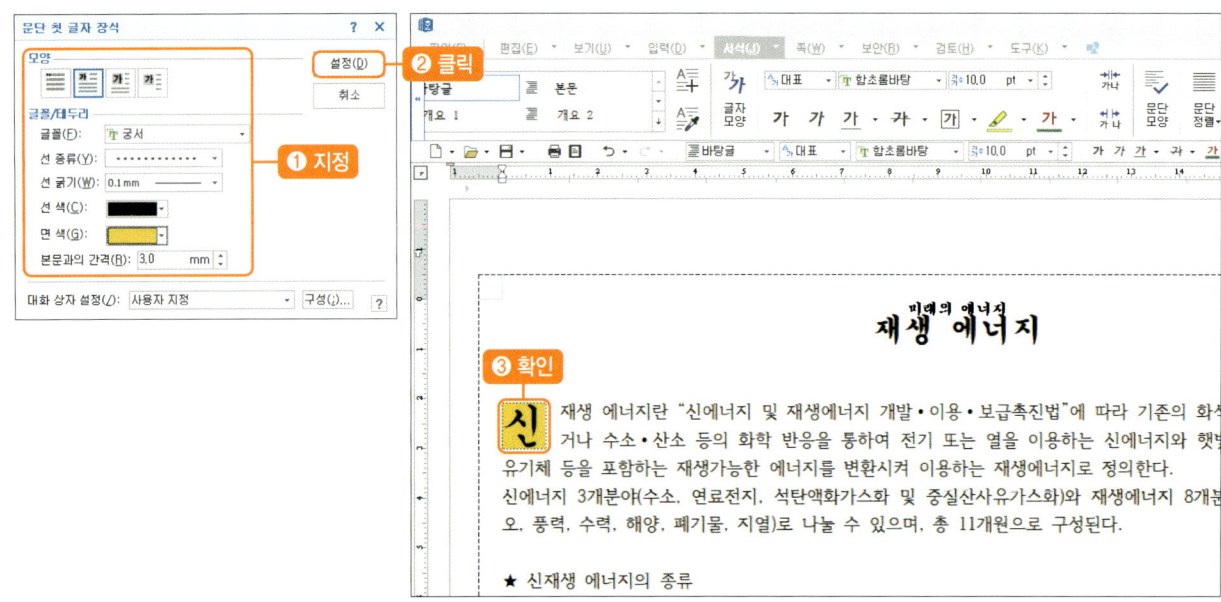

TIP

문단 첫 글자 장식을 해제하려면 [문단 첫 글자 장식] 대화상자에서 '모양'을 없음(▤)으로 지정하고 〈설정〉 단추를 클릭합니다.

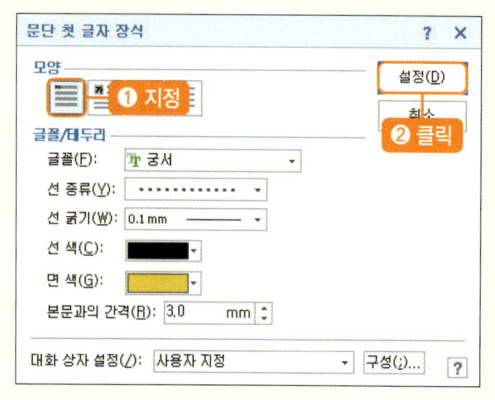

03 그림 넣기

01 문서에 그림을 넣기 위해 [입력] 탭-[그림(🖼)]을 클릭합니다.

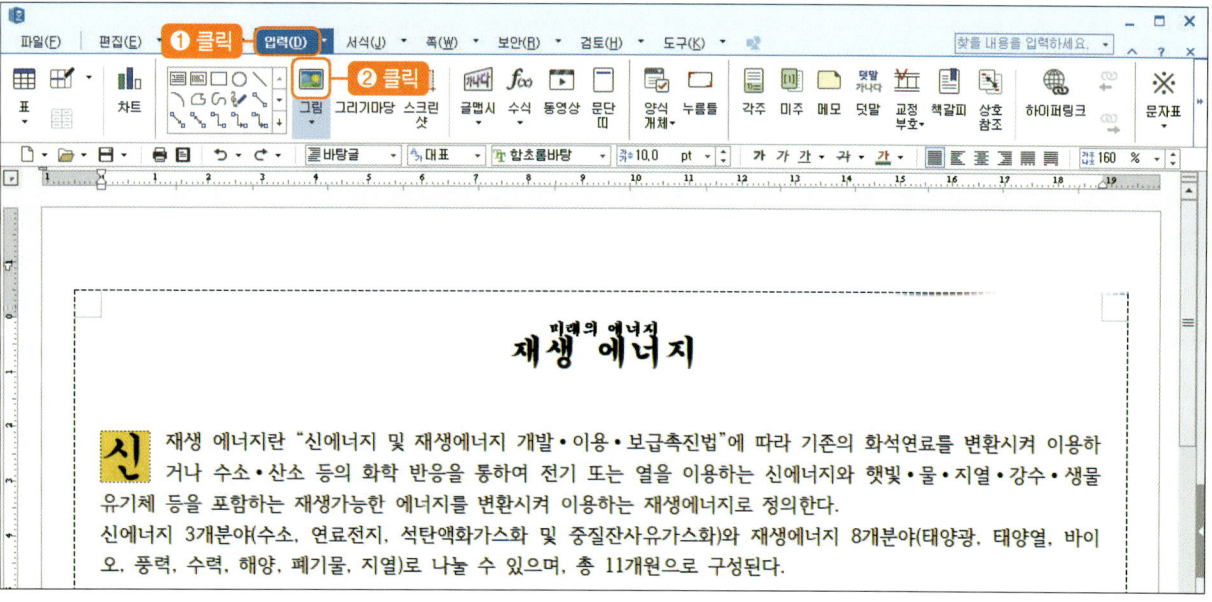

02 [그림 넣기] 대화상자에서 '에너지.jpg'를 선택하고 '문서에 포함'에 체크한 후 〈넣기〉 단추를 클릭합니다.

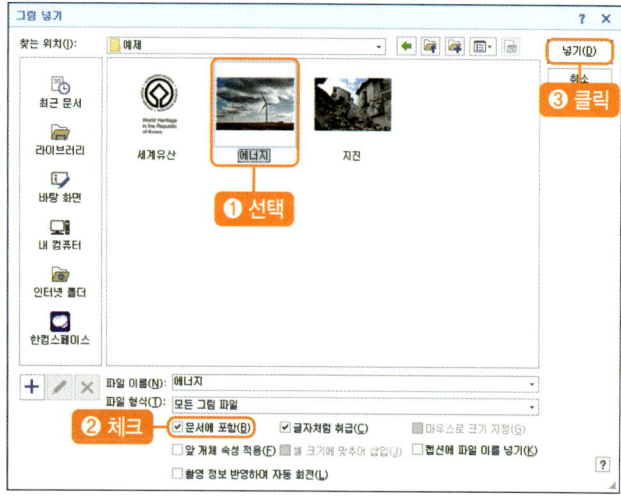

03 삽입된 그림을 더블 클릭하고 [개체 속성] 대화상자에서 다음과 같이 속성을 지정합니다.

[기본] 탭 : 너비(45mm), 높이(30mm), 크기 고정, 본문과의 배치(어울림)

[여백/캡션] 탭 : 왼쪽(2mm)

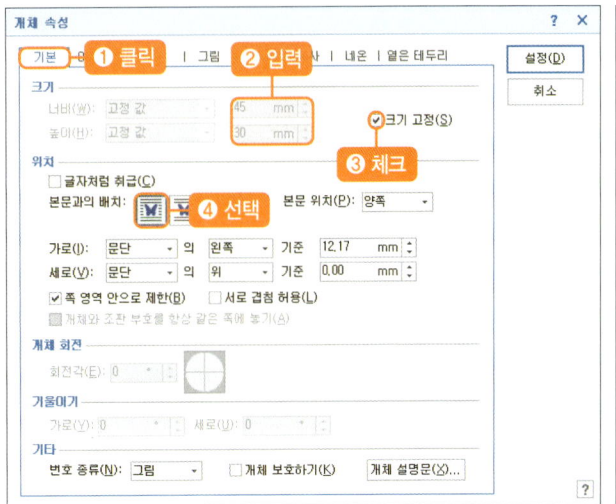 

TIP

본문과의 배치

- (어울림) : 본문이 그림 개체에 흐르듯이 어울리도록 배치
- (자리 차지) : 그림 개체가 차지하고 있는 영역에는 본문이 오지 못하도록 배치
- (글 앞으로) : 그림 개체가 글보다 앞에 나오도록 배치
- (글 뒤로) : 그림 개체는 본문의 배경처럼 뒤에 배치

04 그림을 드래그하여 본문의 오른쪽에 위치를 지정합니다.

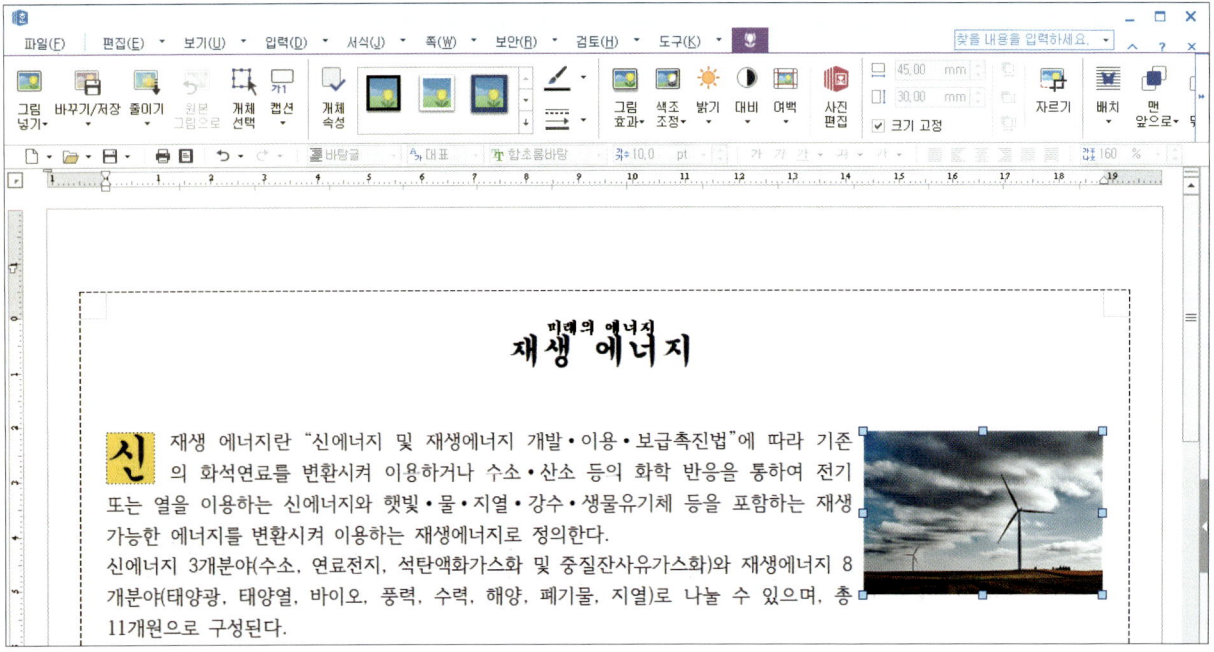

각주 넣기

01 '태양광' 뒤에 커서를 놓고 [입력] 탭-[각주()]를 클릭합니다.

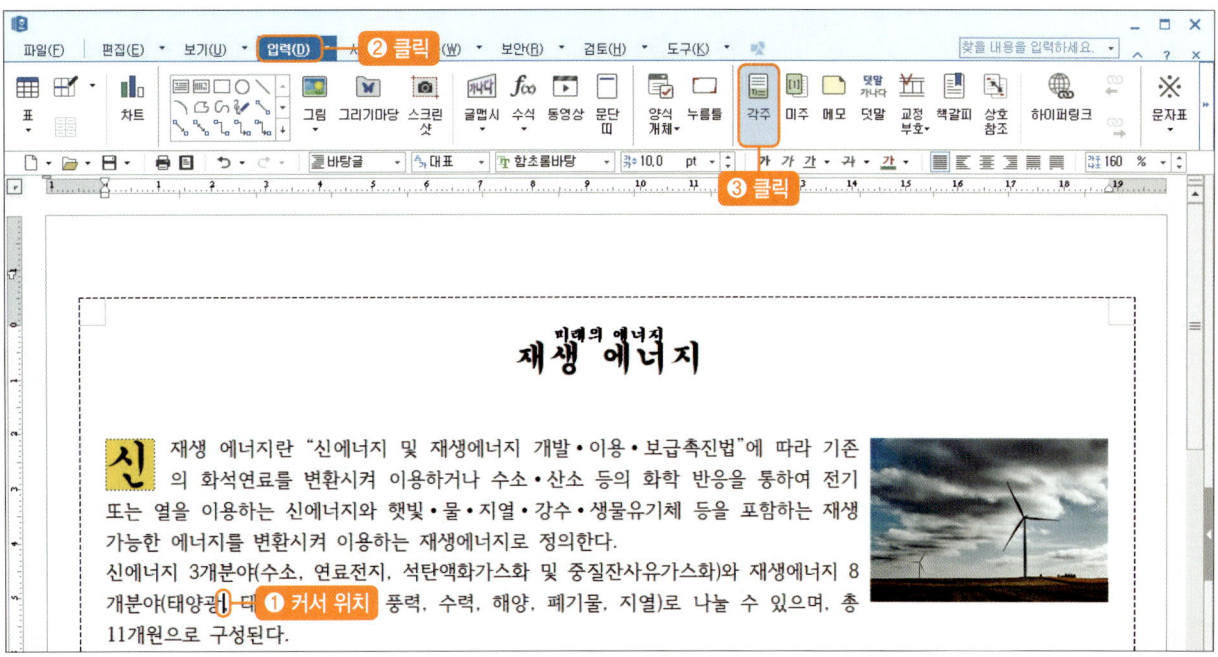

TIP
각주는 해당 쪽 하단에 본문 내용에 대한 부연 설명을 제시하는 기능입니다.

02 문서 하단에 다음과 같이 각주 내용을 입력합니다.

'무한정, 무공해의 태양 에너지를 직접 전기에너지로 변환시키는 기술'

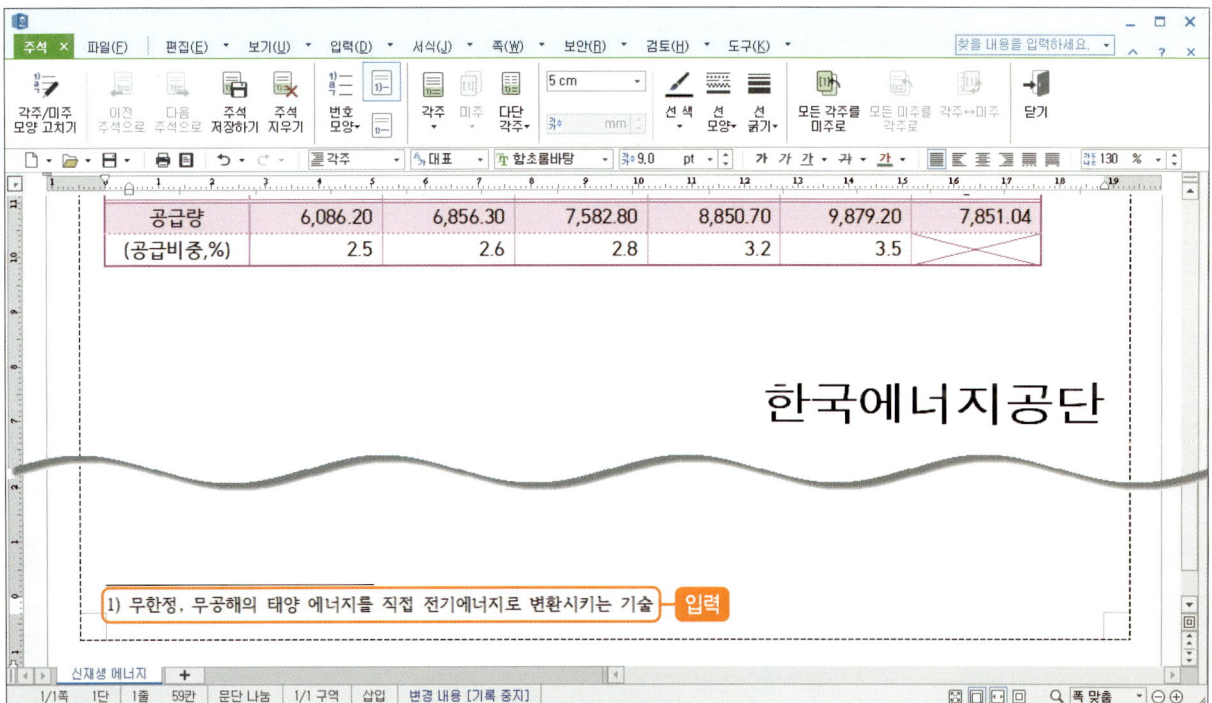

03 각주 번호 모양을 변경하기 위해 [주석] 탭-[번호 모양()]을 클릭한 후 'a, b, c'를 선택합니다.

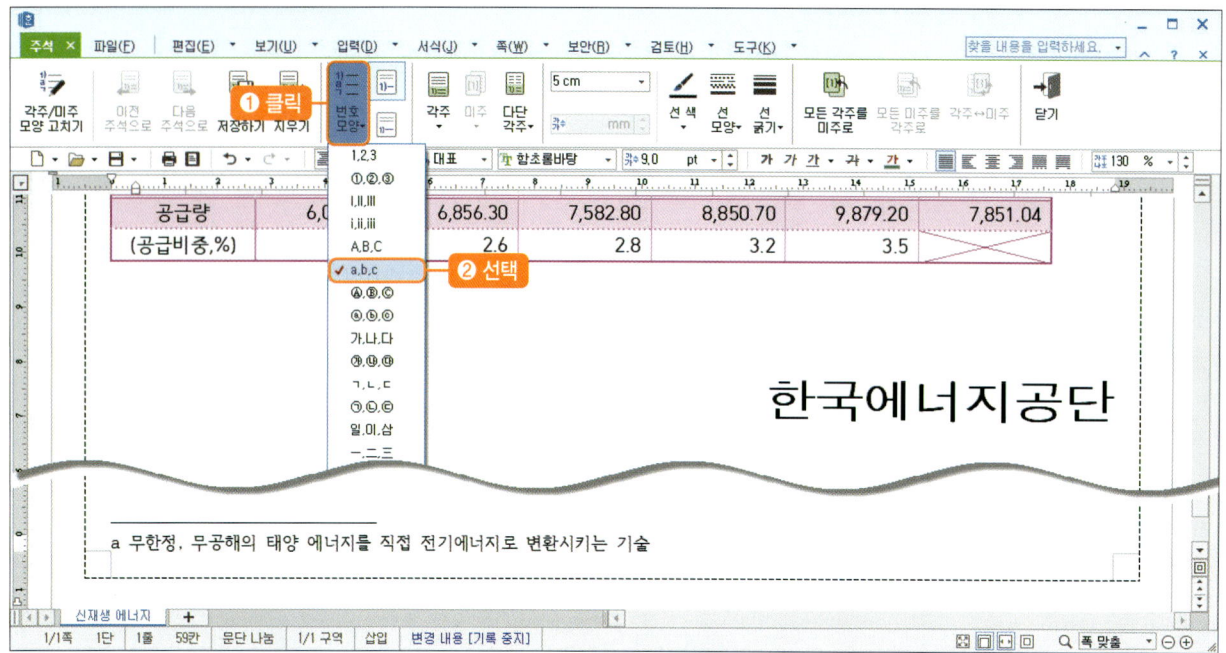

04 주석 모양을 변경하기 위해 [주석] 탭-[각주/미주 모양 고치기()]를 클릭하고 [주석 모양] 대화상자에서 '뒤 장식 문자'에 괄호')'를 입력한 후 〈설정〉 단추를 클릭합니다.

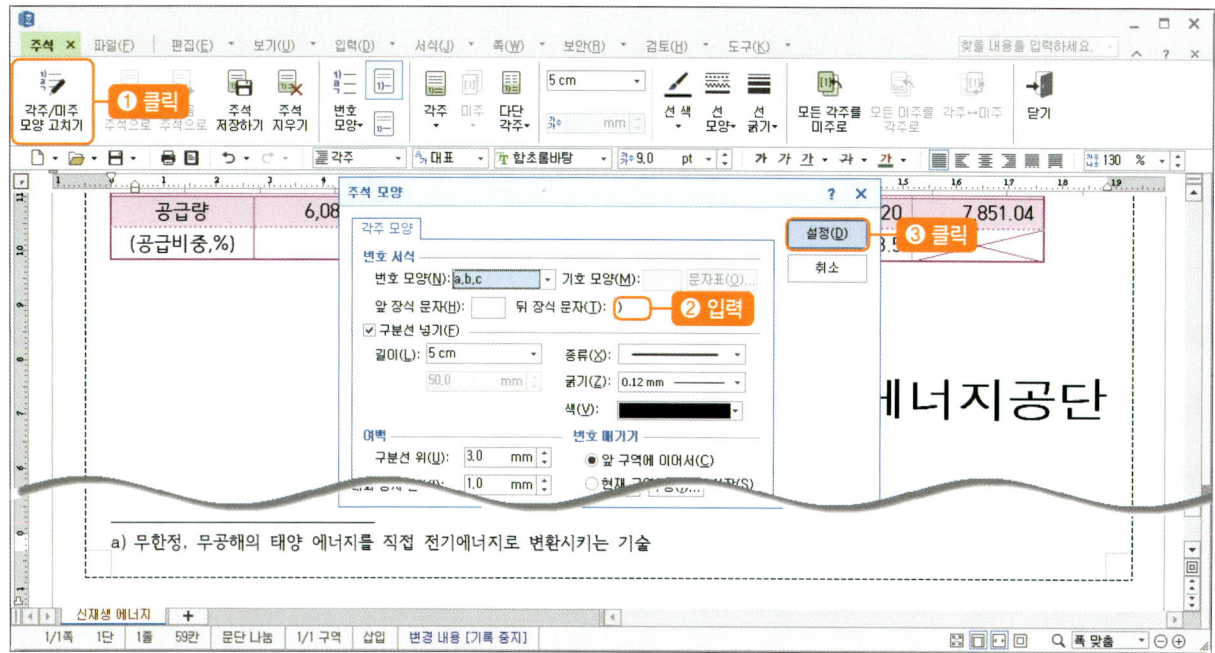

05 변경된 주석 모양을 확인하고 닫기()를 클릭하여 편집 화면으로 돌아갑니다.

> **TIP**
> 각주를 수정하거나 삭제하려면 본문의 각주 번호를 더블 클릭한 후 각주 위치로 커서가 이동되면 수정이나 삭제를 할 수 있습니다.

05 문단 번호 지정하기

01 '★ 신재생 에너지의 종류'를 블록으로 지정하고 글꼴(굴림), 글자 크기(18pt)를 지정합니다.

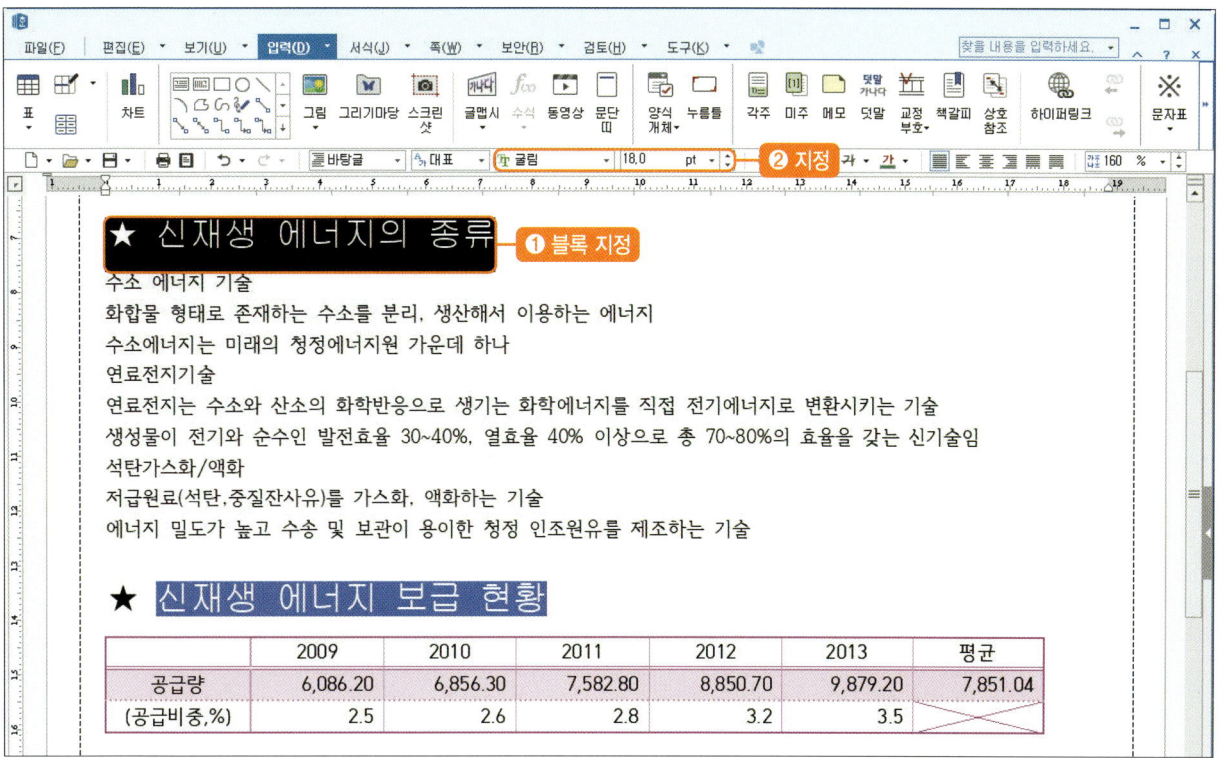

02 다시 '신재생 에너지이 종류'를 블록으로 지정하고 마우스 오른쪽 단추를 클릭한 후 [글자 모양(가)]을 선택합니다.

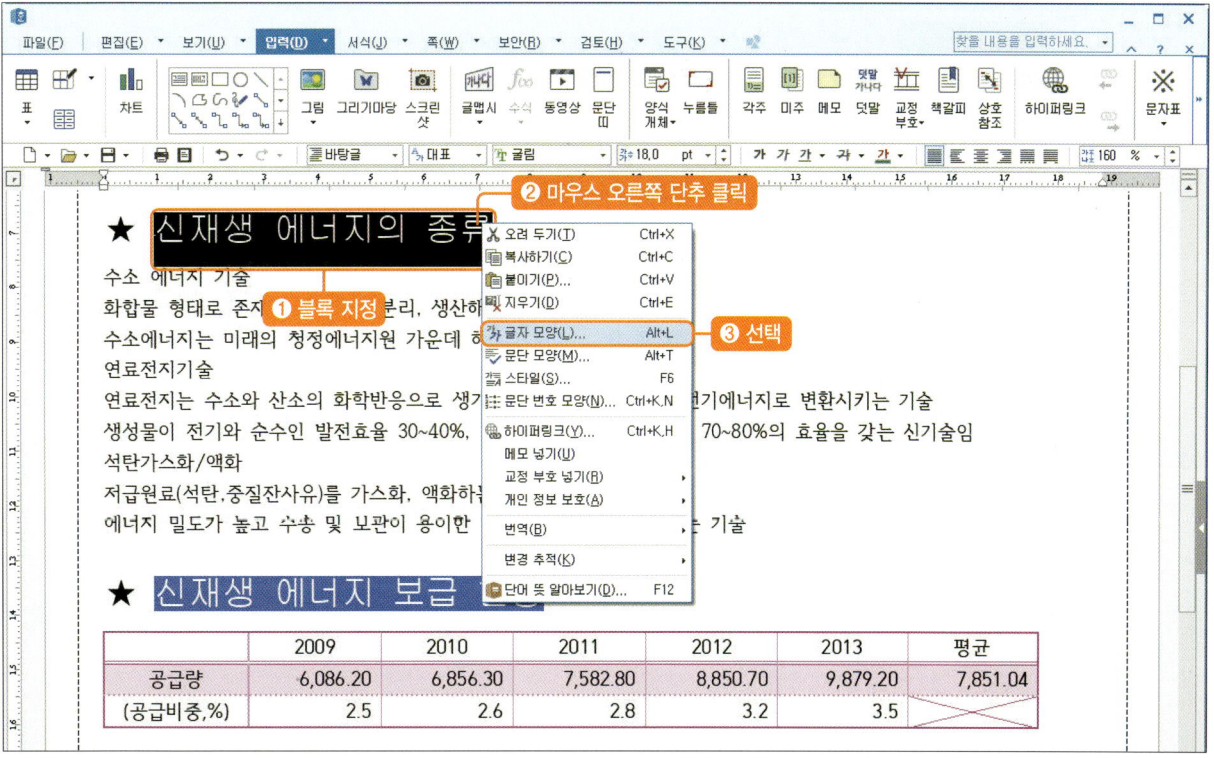

한글 NEO • **127**

03 [글자 모양] 대화상자에서 글자 색(하양), 음영 색(하늘색)을 기본 팔레트에서 지정하고 〈설정〉 단추를 클릭합니다.

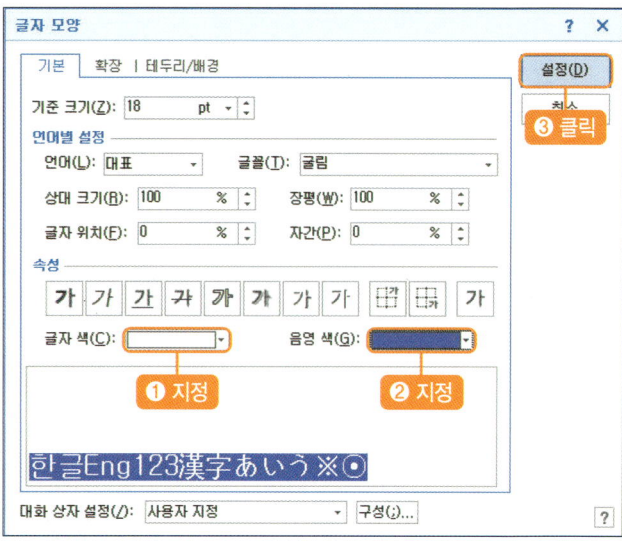

04 문단 모양을 지정할 내용을 블록으로 지정하고 마우스 오른쪽 단추를 클릭한 후 [문단 번호 모양]을 선택합니다.

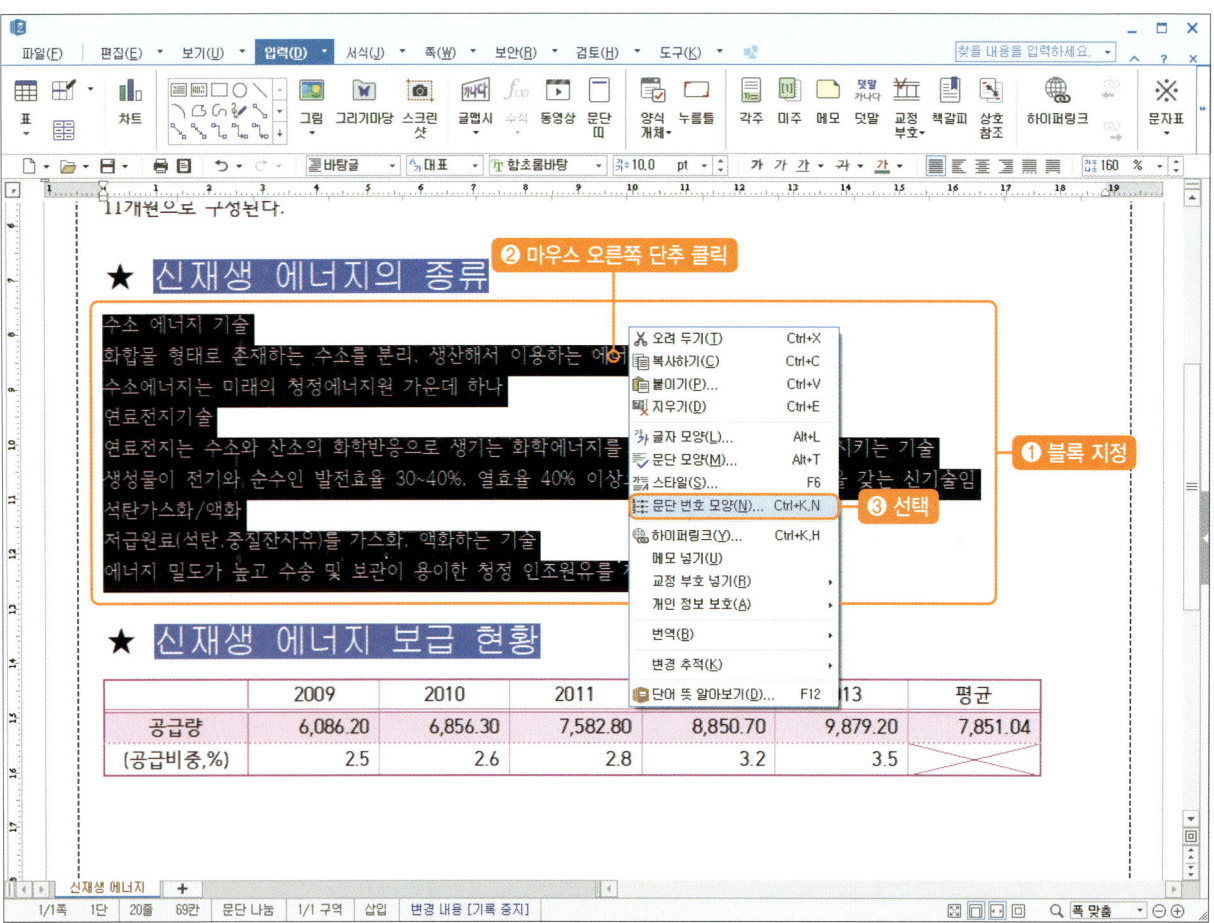

05 [문단 번호/글머리표] 대화상자의 [문단 번호] 탭에서 '문단 번호 모양'의 '1), 가), a), (1)'을 선택하고 [사용자 정의]를 클릭합니다.

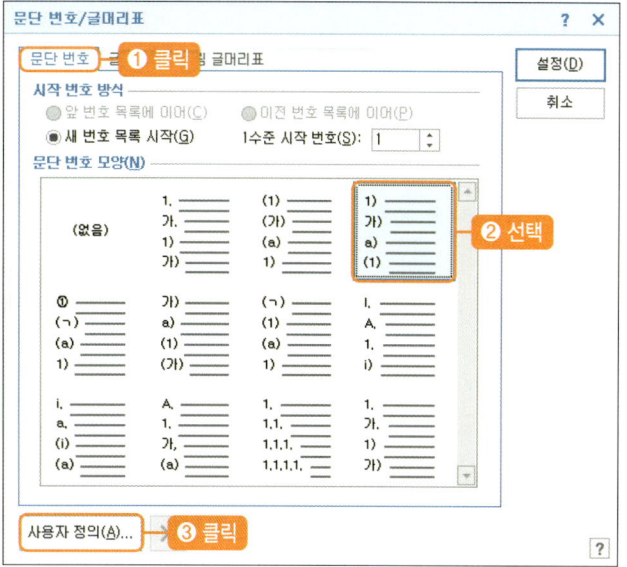

06 [문단 번호 사용자 정의 모양] 대화상자에서 1수준과 2수준의 번호 위치를 다음과 같이 지정하고 〈설정〉 단추를 클릭한 후 [문단 번호/글머리표] 대화상자의 〈설정〉 단추를 클릭합니다.

- 1수준 : 너비 조정(20pt), 정렬(오른쪽)
- 2수준 : 너비 조정(30pt), 정렬(오른쪽)

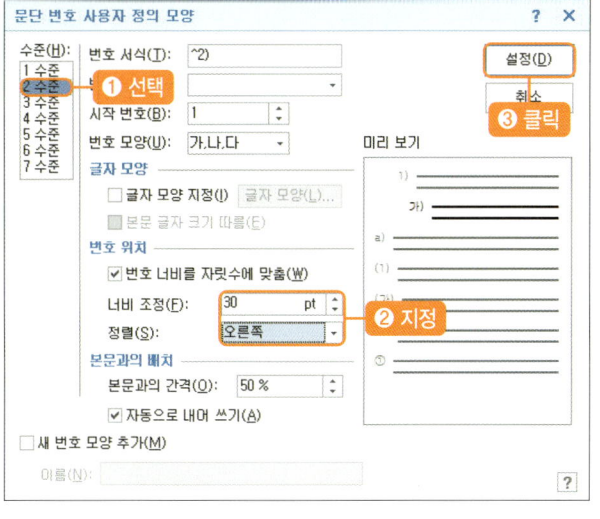 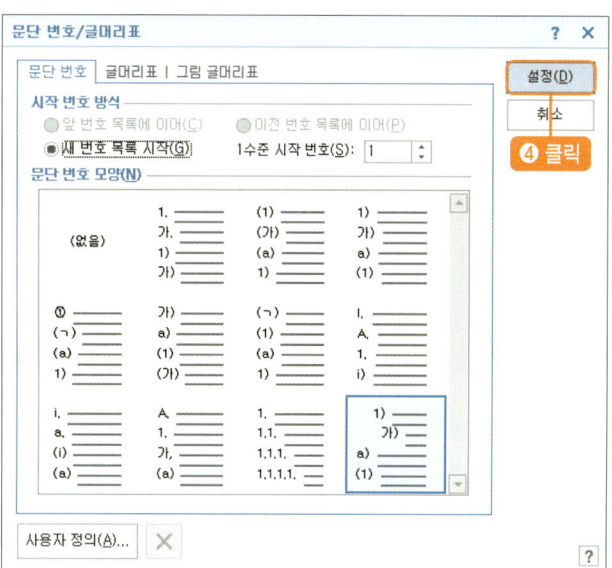

한글 NEO • **129**

07 다음과 같이 블록을 지정하고 [서식] 탭-[한 수준 감소( )]를 클릭합니다.

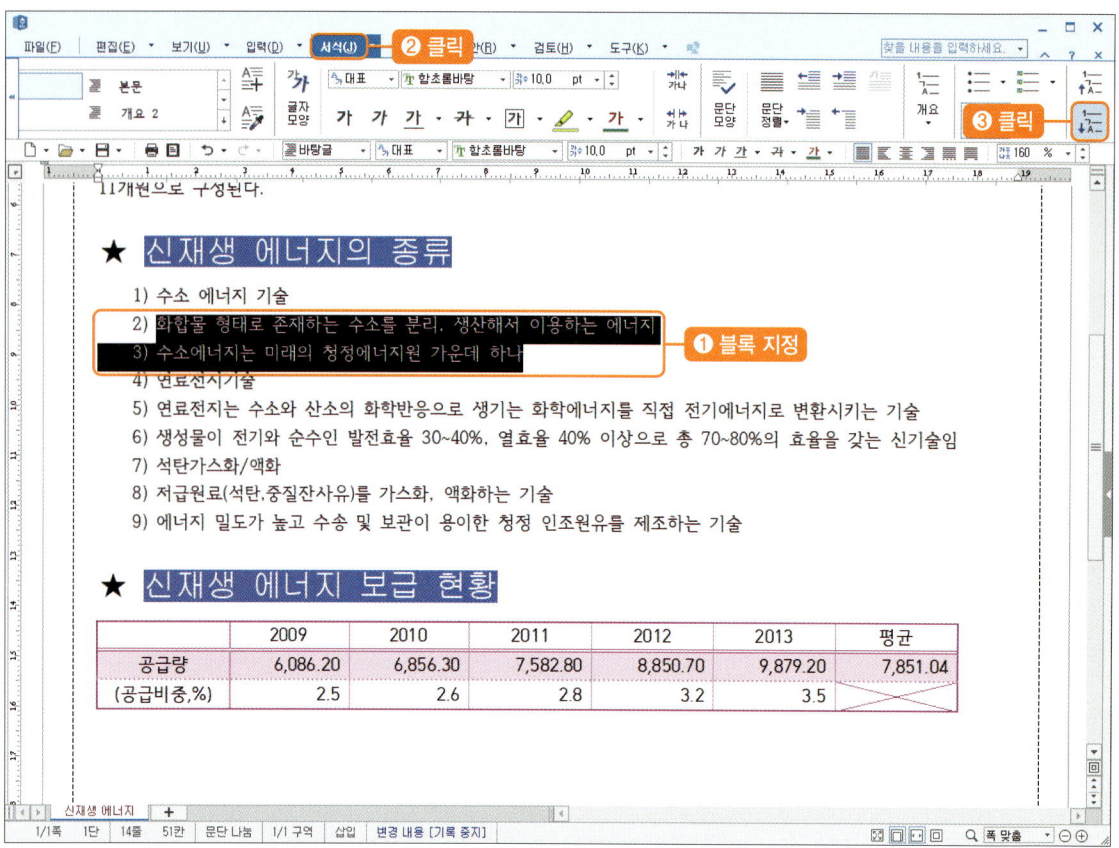

08 같은 방법으로 나머지 문단도 다음과 같이 한 수준 감소를 지정합니다.

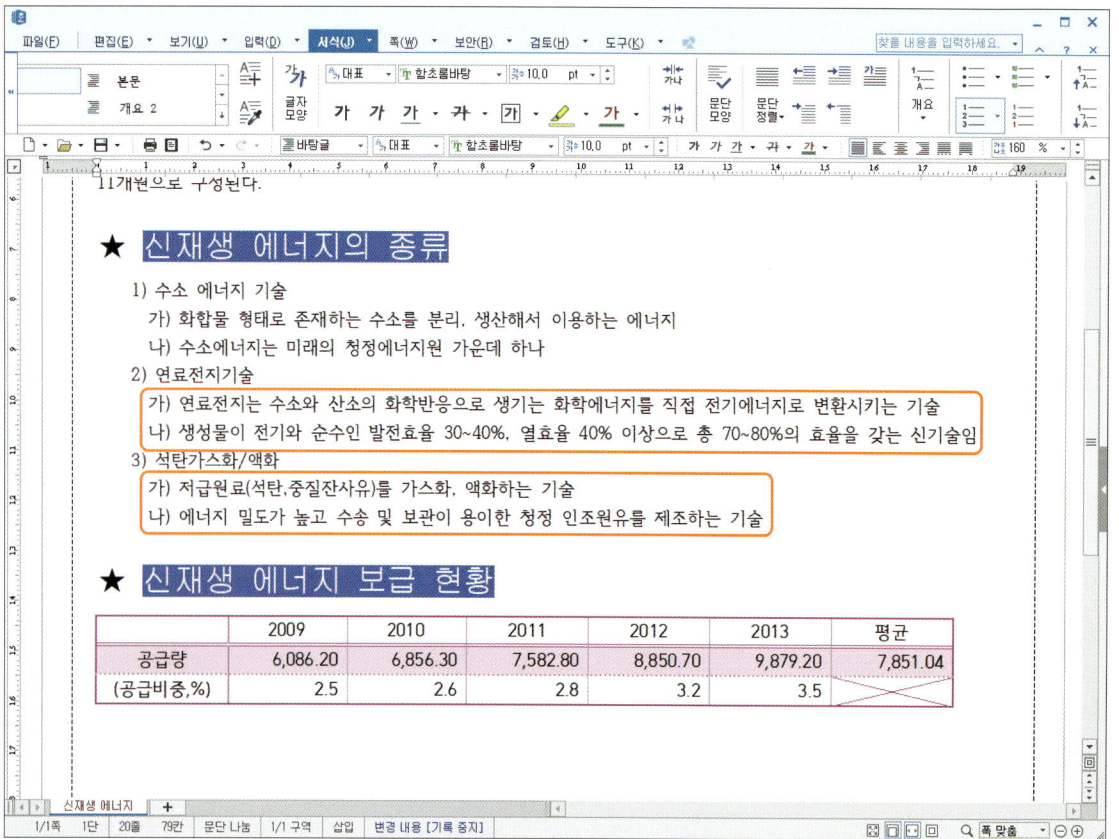

06 쪽 번호 지정하기

01 쪽 번호를 지정하기 위해 [쪽] 탭-[쪽 번호 매기기(□)]를 클릭합니다.

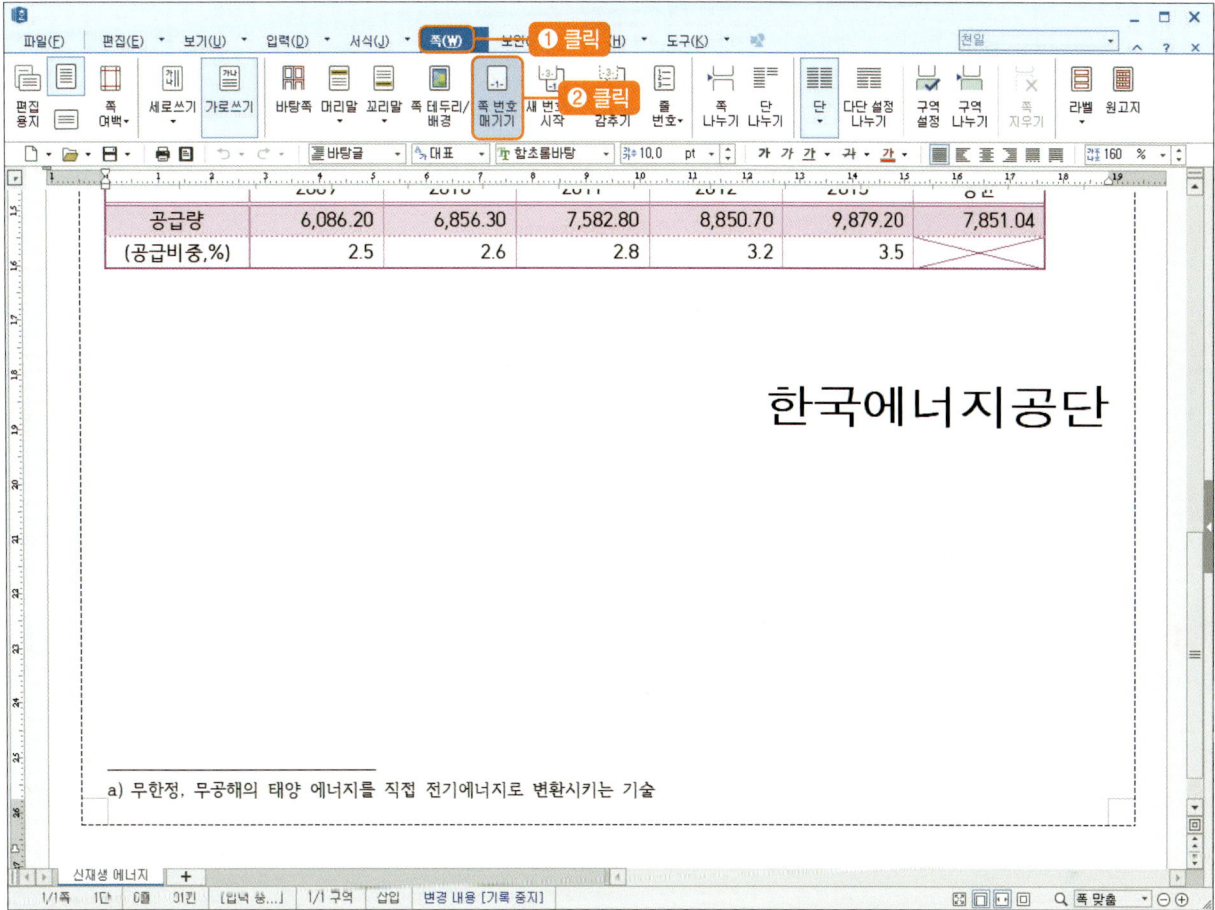

02 [쪽 번호 매기기] 대화상자에서 번호 위치(오른쪽 아래), 번호 모양(①, ②, ③), 줄표 넣기 체크를 지정한 후 〈넣기〉 단추를 클릭합니다.

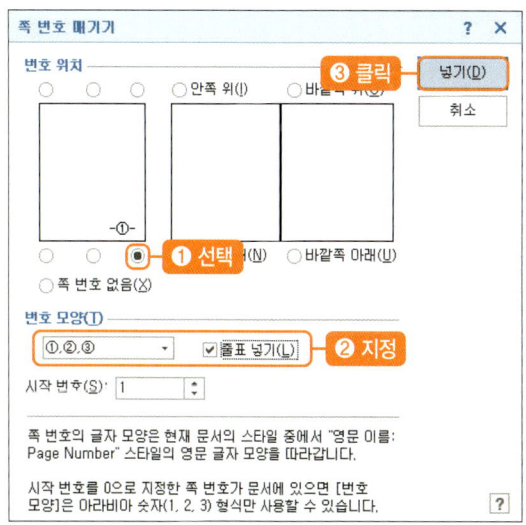

03 쪽 번호를 새 번호로 지정하기 위해 [쪽] 탭-[새 번호로 시작(📄)]을 클릭합니다.

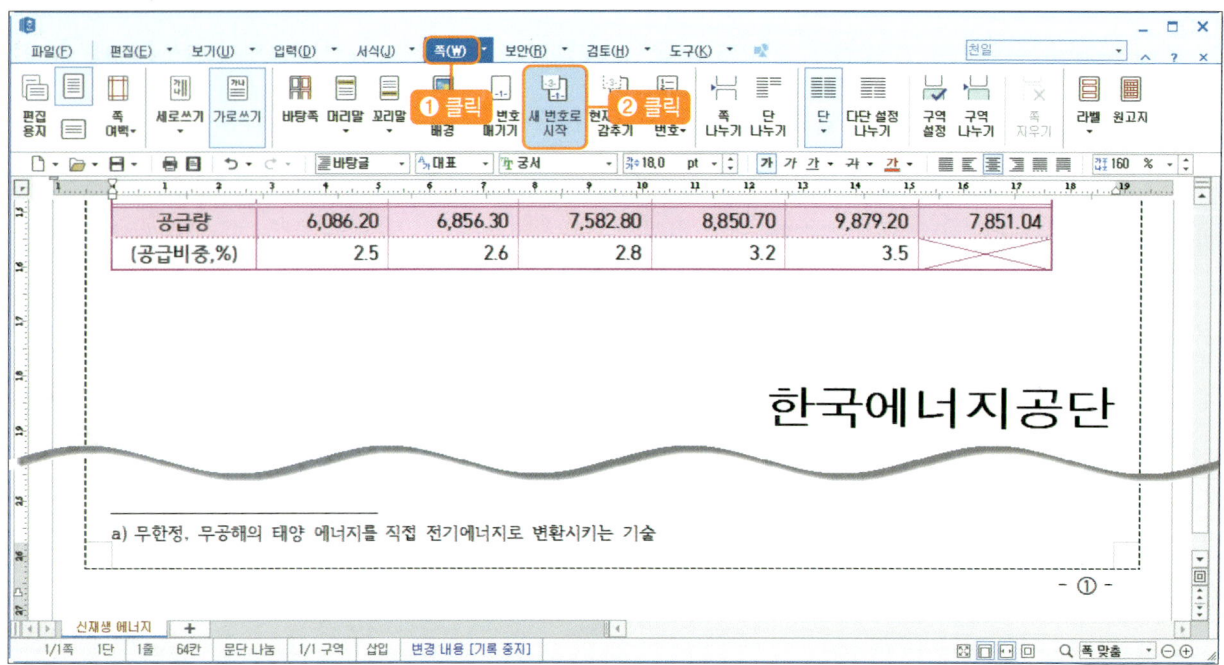

04 [새 번호로 시작] 대화상자에서 번호 종류(쪽 번호), 시작 번호(5)로 지정한 후 〈넣기〉 단추를 클릭합니다.

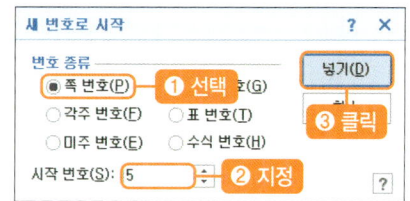

05 쪽번호가 변경되었는지 확인한 후 '신재생 에너지(완성).hwp'로 저장합니다.

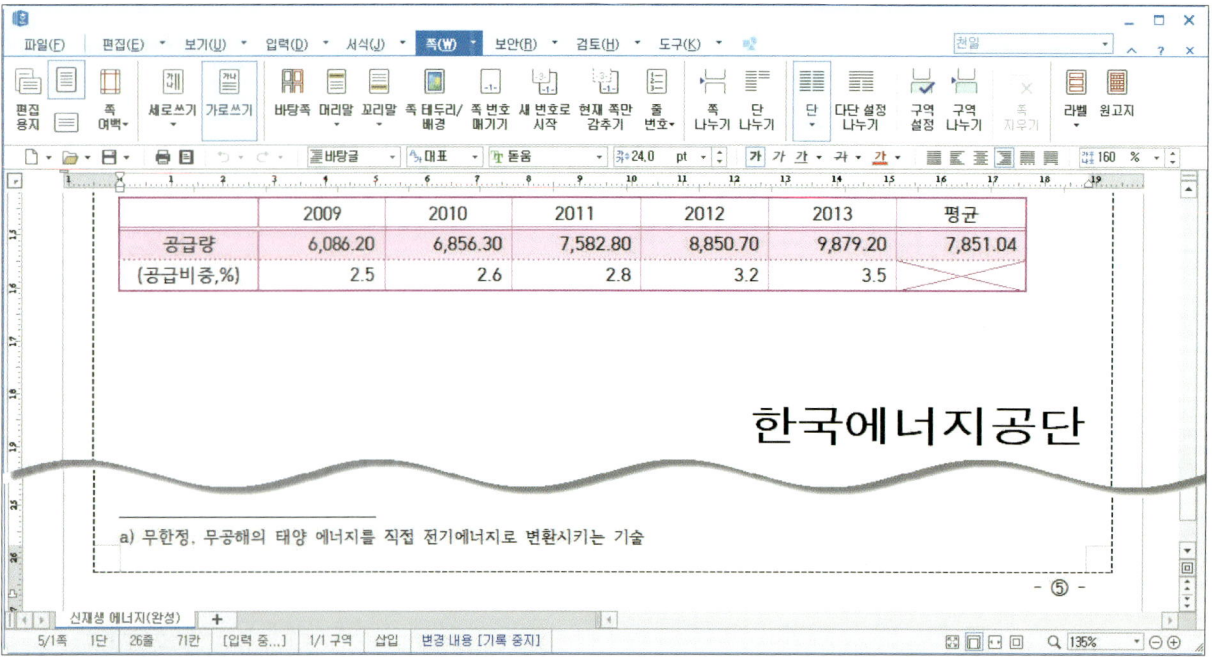

활용마당

● 예제파일 : 지진.hwp ● 완성파일 : 지진(완성).hwp

1 다음의 지시사항에 맞게 문서를 완성해 보세요.

지진

지구내부의 활동과 판구조 운동으로 인해 지구내부, 특히 지각에서 장시간 축적된 에너지가 순간적으로 방출되면서 그 에너지의 일부가 지진파가)의 형태로 사방으로 전파되어 지표면까지 도달하여 지반이 흔들리는 자연현상이다. 진원이란 지진이 발생할 때 지반의 파괴가 시작된 곳으로 지진파가 발생한 지점이고, 진앙이란 진원의 바로위 지표면의 지점이다. 진앙은 위도와 경도로 표시하며 일반인의 이해를 돕기 위하여 인근지명을 사용하여 붙여진다.

규모란 지진으로 방출되는 에너지를 지진계로 측정한 크기를 말하며, 1935년 미국의 지진학자 리히터(Richter)에 의해 최초로 사용되었다.

⊠ 지진의 종류
　가) 발생한 깊이별로
　　a) 천발지진
　　b) 중발지진
　　c) 심발지진
　나) 진앙거리에 따라
　　a) 근거리 지진
　　b) 원거리 지진
　다) 발생시간과 규모에 따라
　　a) 전진
　　b) 본진
　　c) 여진

⊠ 지진 발생 빈도

	2010	2011	2012	2013	2014	합계
총횟수	42	52	56	93	49	292
유감횟수	5	7	4	15	11	42
규모 3이상	5	14	9	18	8	54

― 가) 지진에 의해 탄성체인 지구 내부 또는 표면을 따라 전파되는 탄성파

- 다 -

HINT
① 편집 용지(F7 키) : (위쪽, 머리말, 꼬리말, 아래쪽)-10mm, (왼쪽, 오른쪽)-11mm
② 쪽 테두리/배경 : 테두리 종류(이중 실선), 굵기(0.5mm), 모두
③ 덧말 : 'earthquake', 글꼴(휴먼둥근헤드라인), 글자 크기(15pt)
④ 문단 첫 글자 장식 : 선 종류(선 없음)
⑤ 각주 내용 : '지진에 의해 탄성체인 지구 내부 또는 표면을 따라 전파되는 탄성파'
⑥ 그림 : 지진.jpg, 너비(50mm), 높이(30mm), 왼쪽 여백(2mm)

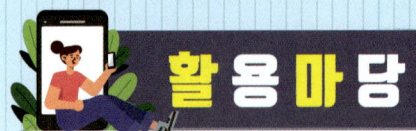
활용마당

○ **예제파일** : 세계문화유산.hwp   ○ **완성파일** : 세계문화유산(완성).hwp

2 다음의 지시사항에 맞게 문서를 완성해 보세요.

유네스코등재유산
세계문화유산

인류 전체를 위해 보호되어야 할 현저한 보편적 가치가 있다고 인정되어 유네스코 세계문화유산 일람표에 등록한 문화재를 지칭한다. 유네스코는 세계유산이 특정 소재지와 상관없이 보편적 가치를 지니고 있다고 여기고 이러한 자연유산 및 문화유산들을 발굴 및 보호·보존하기 위해 1972년 '세계 문화 및 자연유산 보호협약'을 채택하였다.
세계문화유산은 자연재해나 전쟁 등으로 파괴의 위험에 처한 유산의 복구 및 보호 활동 등을 통하여 보편적 인류 유산의 파괴를 근본적으로 방지하고, 문화유산 및 자연유산의 보호를 위한 국제적 협력 및 나라별 유산 보호 활동을 고무하기 위함이다.

◎ 세계문화유산의 유형

1. 문화유산[i]
    가. 기념물
    나. 건조물군
    다. 유적지
2. 자연유산
    가. 무기적 또는 생물학적 생성물들로부터 이룩된 자연의 기념물로서 관상상 또는 과학상 탁월한 보편적 가치가 있는 것
3. 복합유산
    가. 문화유산과 자연유산의 특징을 동시에 충족하는 유산

◎ 한국의 유네스코 유산 현황

	2010	2011	2012	2013	2014	2015
세계유산	10	10	10	10	11	12
기록유산	7	9	9	11	11	13
무형유산	11	14	15	16	17	18
총계	28	33	34	37	39	43

---
[i] 유적, 건축물, 문화재적 가치를 지닌 장소 등 (전체 세계유산의 77.5%)

- 四 -

HINT
1. 편집 용지(F7) 키 : (위쪽, 머리말, 꼬리말, 아래쪽)-10mm, (왼쪽, 오른쪽)-11mm
2. 쪽 테두리/배경 : 테두리 종류(파선), 색(보라), 모두(□)
3. 덧말 : '유네스코등재유산', 글꼴(한컴 소망 B), 글자 크기(18pt)
4. 문단 첫 글자 장식 : 선 종류(선 없음)
5. 각주 내용 : '유적, 건축물, 문화재적 가치를 지닌 장소 등 (전체 세계유산의 77.5%)'
6. 그림 : 세계유산.jpg, 너비(30mm), 높이(25mm), 왼쪽 여백(2mm)

MEMO

CHAPTER 12 유용한 기능들

◎ **예제파일** : 힐링제주.hwp   ◎ **완성파일** : 힐링제주(완성).hwp

✖ 이번 장에서는

- 수식을 입력하고 원고지를 쓰는 방법을 알아봅니다.
- 맞춤법 검사, 책갈피와 하이퍼링크, 인쇄하는 방법을 알아봅니다.

---

1. 사려니숲
- 제주특별자치도 제주시 조천읍
- 비자림로의 봉개동 구간에서 제주시 조천읍 교래리의 물찻오름을 지나 서귀포시 남원읍 한남리의 사려니오름까지 이어지는 숲길
- 총 길이는 약 15km이며 숲길 전체의 평균 고도는 550m

2. 한라산
- 제주특별자치도 제주시 해안동
- 높이 1,950m으로 남한에서 가장 높은 산
- 현무암으로 이루어져 있으며 남쪽은 경사가 심한 반면 북쪽은 완만하고, 동서쪽은 비교적 높으면서도 평탄

사려니숲

한라산

 **수식 입력하기**

01 [입력] 탭-[수식(f_∞)]을 클릭합니다.

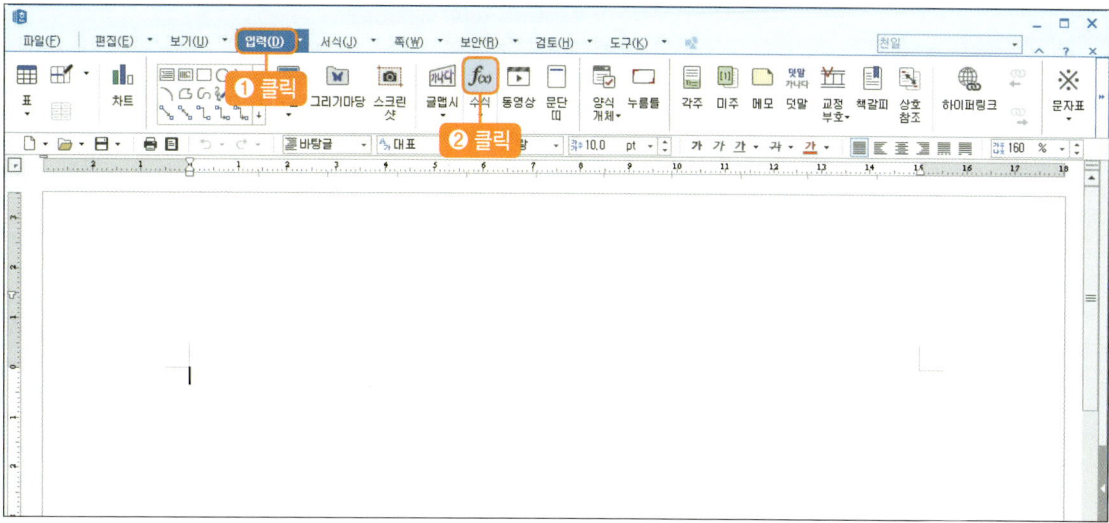

02 [수식 편집기] 대화 상자가 나오면 'x='을 입력하고 분수(吕) 아이콘을 클릭합니다.

03 다음은 분자에 '-b'를 입력하고 연산, 논리 기호(±▼) 아이콘을 클릭한 후 ±를 선택합니다.

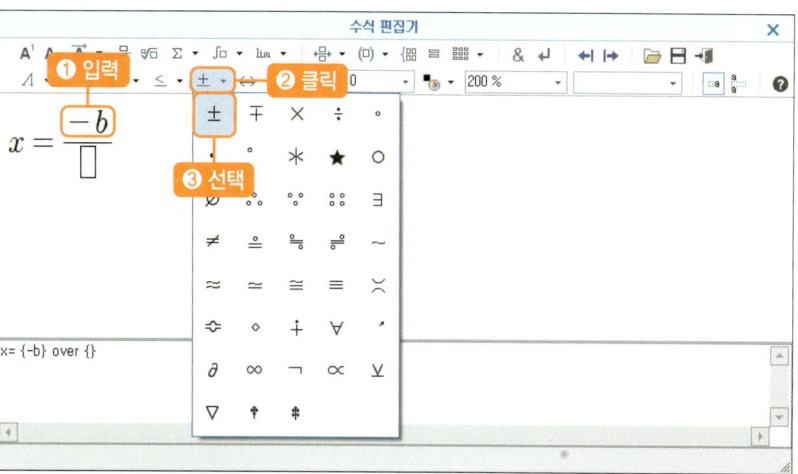

04 다음은 근호(√⁻) 아이콘을 클릭하고 'b'를 입력합니다.

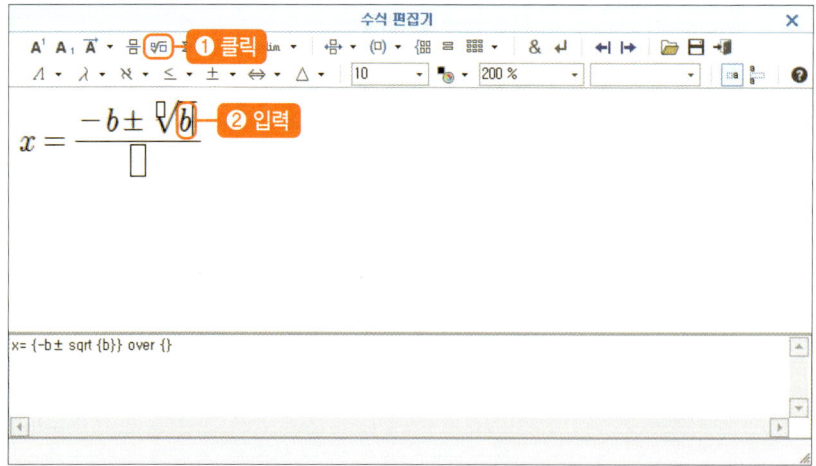

05 다음은 위첨자(A¹) 아이콘을 클릭하고 '2'를 입력한 후 Tab 키를 누릅니다.

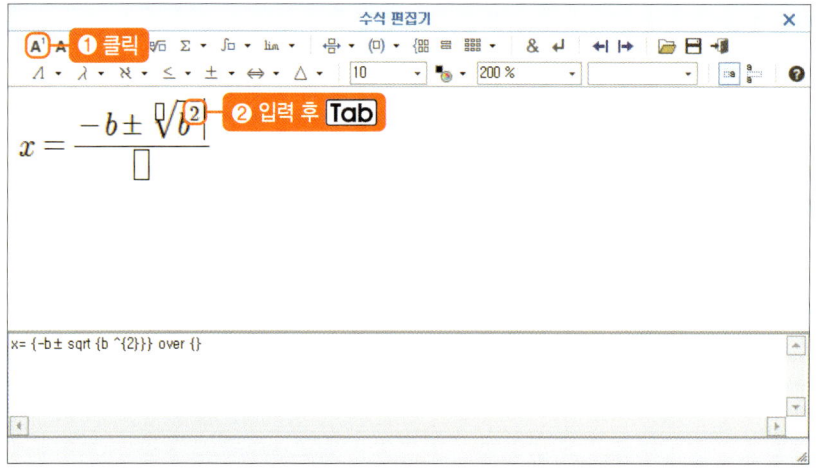

06 '−4ac'를 입력하고 분모를 클릭한 후 '2a'를 입력합니다. 수식이 모두 입력되었으면 넣기( ) 아이콘을 클릭합니다.

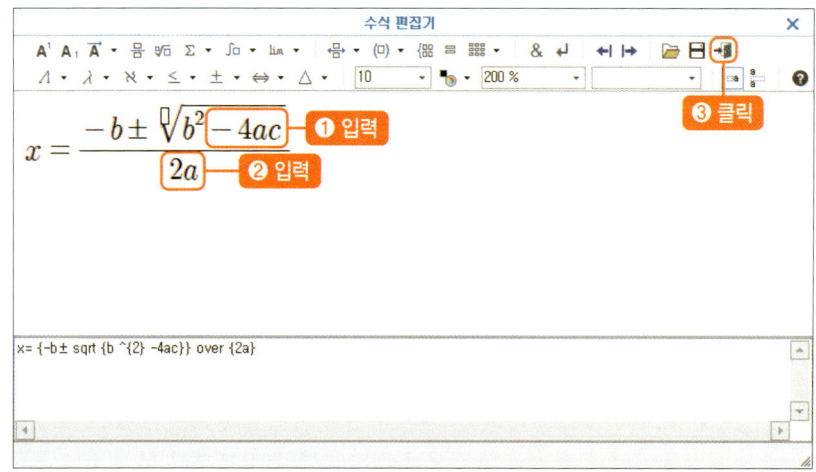

02 원고지 쓰기

01 [쪽] 탭-[원고지(▦)]를 클릭합니다.

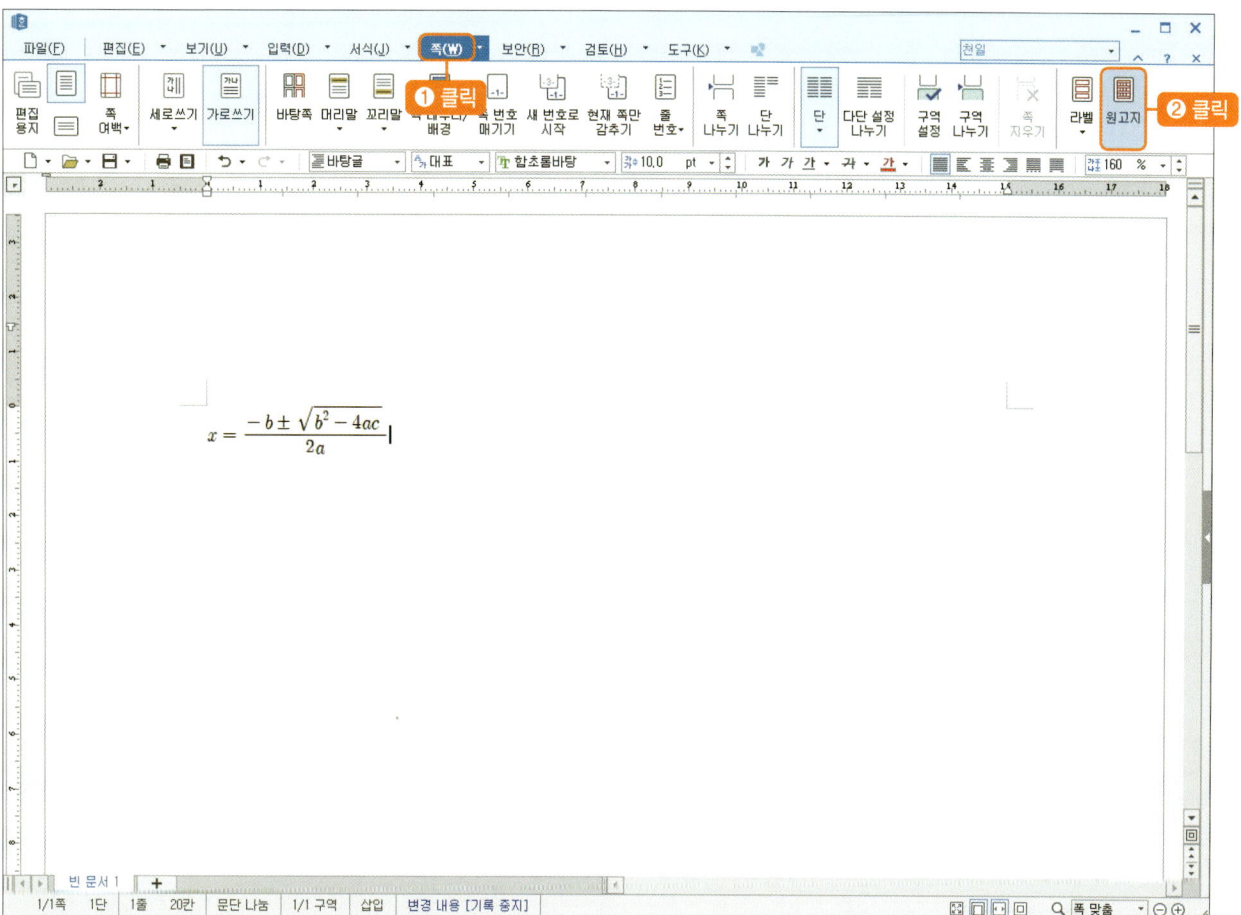

02 [원고지] 대화상자의 '원고지 목록'에서 '200자 원고지(B5 용지)-빨강'을 선택하고 〈열기〉 단추를 클릭합니다.

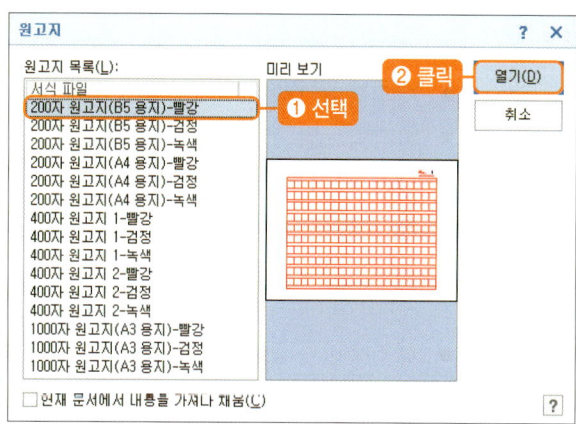

03 새 문서에 빨강 색상의 200자 원고지가 나타나면 원고지 사용법에 맞추어 내용을 입력합니다.

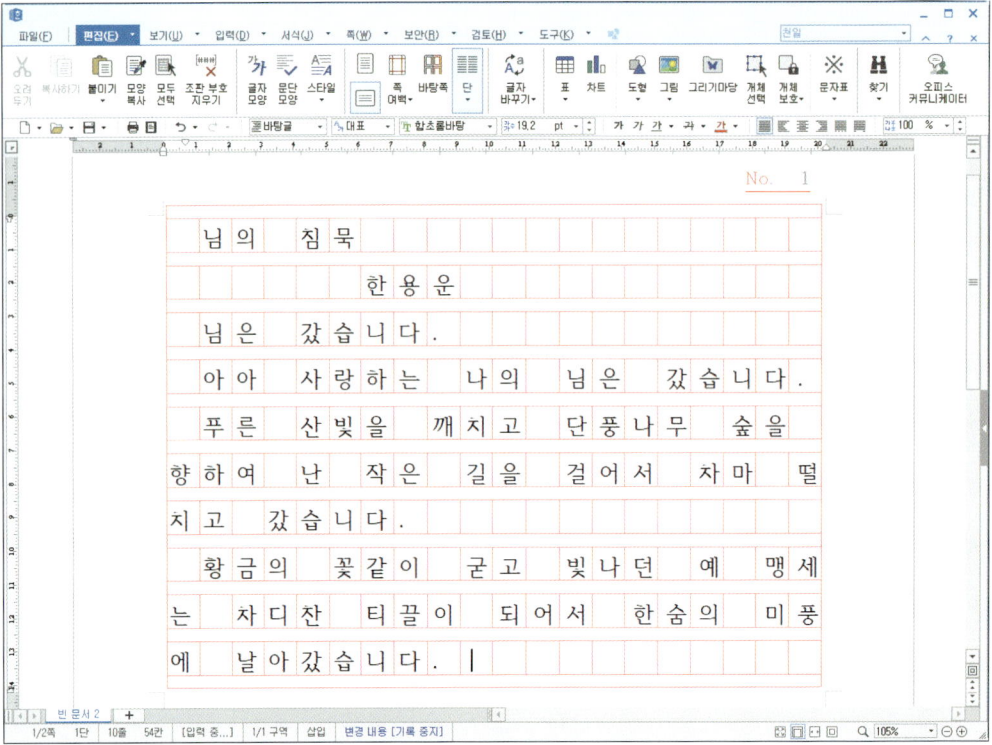

03 맞춤법 검사

01 '힐링제주.hwp'를 불러오기한 후 [도구] 탭–[맞춤법 검사( )]를 클릭합니다.

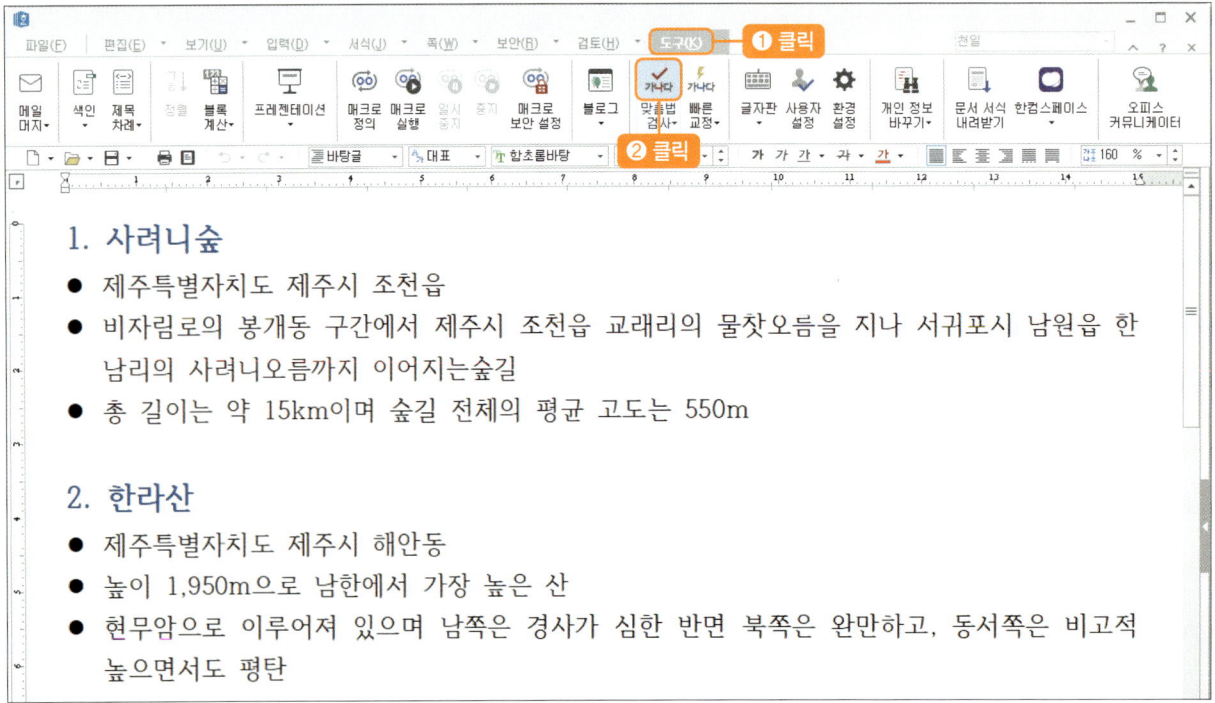

02 [맞춤법 검사/교정] 대화상자에서 〈시작〉 단추를 클릭합니다.

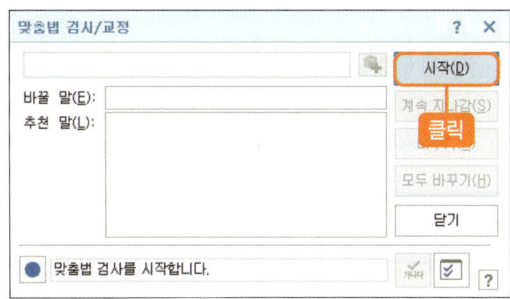

03 교정을 할 필요가 없는 경우에는 〈지나감〉 단추를 클릭합니다.

04 추천 말을 올바르게 선택하고 〈바꾸기〉 단추를 클릭합니다.

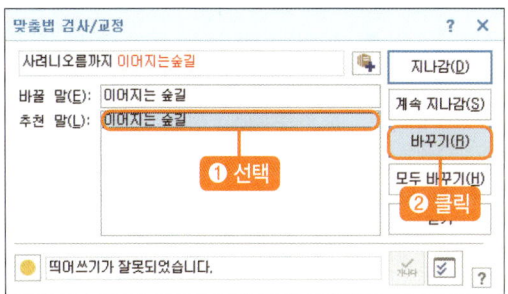

05 나머지도 맞춤법에 맞게 교정을 진행합니다.

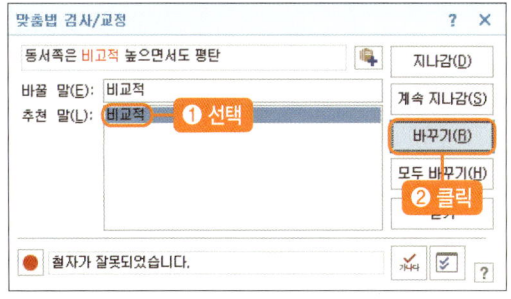

06 [맞춤법 검사기] 대화상자가 나타나면 〈검사〉 단추를 클릭하고 맞춤법 검사가 끝나면 〈확인〉 단추를 클릭합니다.

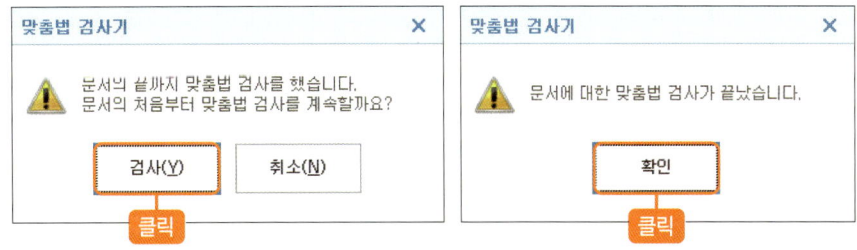

04 책갈피와 하이퍼링크

01 '1. 사려니숲' 앞에 커서를 놓고 [입력] 탭-[책갈피(📑)]를 클릭합니다.

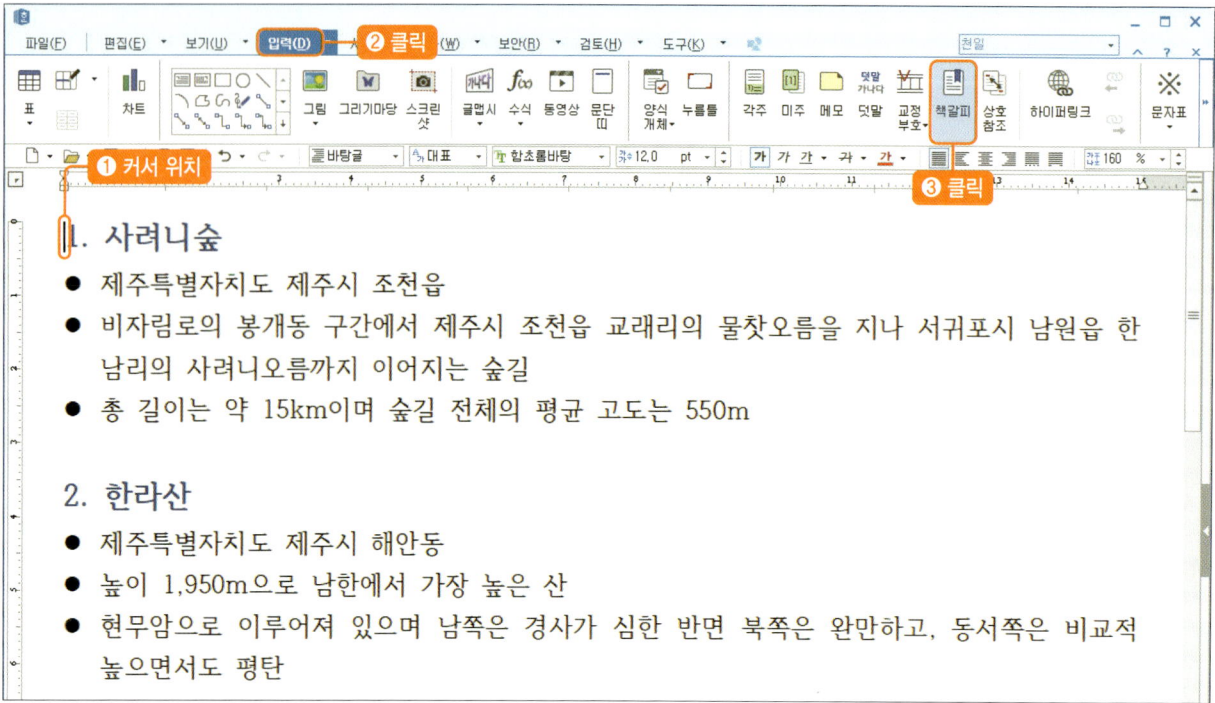

> **TIP**
> 책갈피란 본문의 여러 곳에 표시를 해 두었다가 현재 커서의 위치에 상관없이 표시해 둔 곳으로 커서를 곧바로 이동시키는 기능입니다.

02 [책갈피] 대화상자에서 책갈피 이름을 확인하고 〈넣기〉 단추를 클릭합니다. 같은 방법으로 '2. 한라산' 앞에도 책갈피를 지정합니다.

 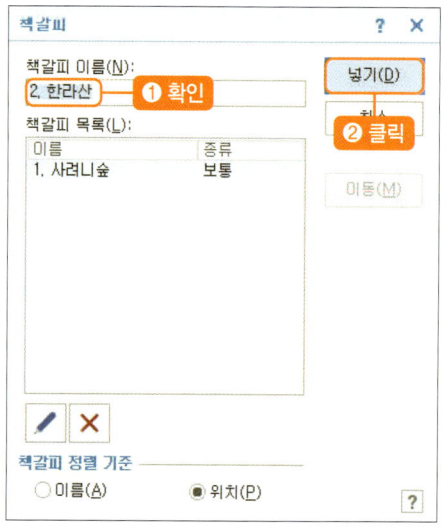

03 사진 아래의 '사려니숲'을 블록으로 지정하고 [입력] 탭-[하이퍼링크(🌐)]을 클릭합니다.

> **TIP**
> 하이퍼링크란 현재 문서나 다른 문서, 웹 페이지, 전자 우편 주소 등을 연결하여 쉽게 이동하는 기능입니다.

04 [하이퍼링크] 대화상자에서 [연결 대상]이 [현재 문서]인지 확인하고 목록 상자에서 '사려니숲'을 선택한 후 〈넣기〉 단추를 클릭합니다. 같은 방법으로 '한라산'에도 하이퍼링크를 지정합니다.

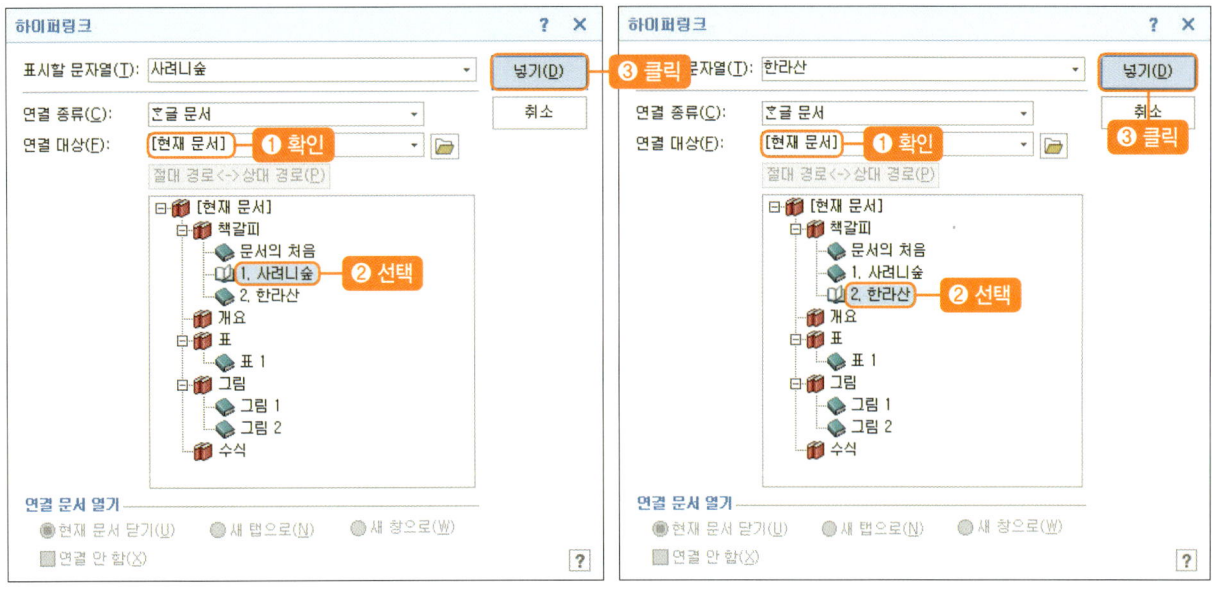

05 하이퍼링크를 클릭하여 지정한 책갈피로 이동하는 것을 확인합니다.

05 인쇄하기

01 [서식] 도구 상자-[미리보기(📄)]를 클릭합니다.

02 인쇄할 내용을 미리 확인한 후 [미리 보기] 탭-[닫기(🚪)] 아이콘을 클릭합니다.

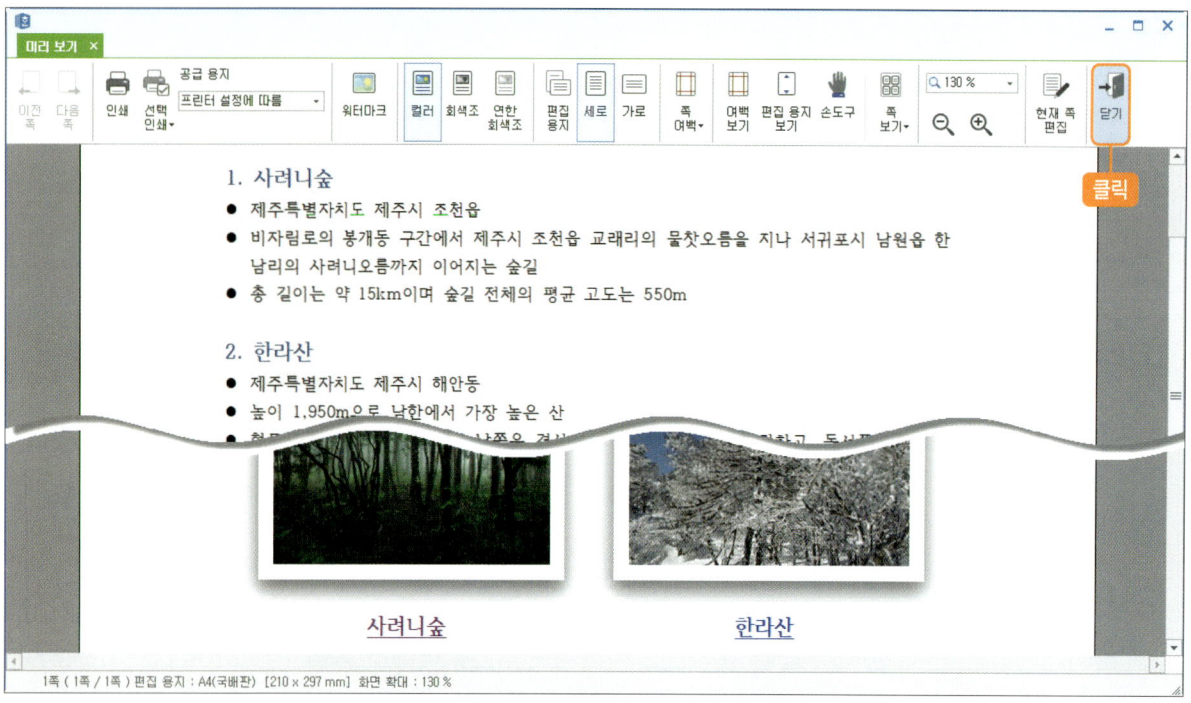

03 [서식] 도구 상자-[인쇄(🖨)] 아이콘을 클릭합니다.

04 [인쇄] 대화상자의 [기본] 탭에서 인쇄 범위, 인쇄 매수, 인쇄 방식 등을 지정하고 〈인쇄〉 단추를 클릭합니다.

활용마당

1 다음과 같이 수식을 입력해 보세요.

◐ 예제파일 : 없음   ◐ 완성파일 : 수식(완성).hwp

$$\frac{PV}{T} = \frac{1 \times 22.4}{273} \fallingdotseq 0.082$$

$$\int_0^3 \frac{\sqrt{6t^2 - 18t + 12}}{5} dt = 11$$

HINT ❶ [입력] 탭-[수식(f_∞)]
❷ 입력된 수식에서 마우스 오른쪽 단추 클릭 → [개체 속성] 선택
❸ [개체 속성] 대화상자의 [수식] 탭에서 글자 크기(13pt), 글자 색(남색, 초록)을 지정

2 다음과 같이 원고지 문서를 작성해 보세요.

◐ 예제파일 : 없음   ◐ 완성파일 : 서시(완성).hwp

HINT ❶ [쪽] 탭-[원고지( )]를 클릭
❷ [원고지] 대화상자의 '원고지 목록'에서 '200자 원고지(B5용지)-빨강'을 선택

3 다음의 예제파일 문서를 열고 맞춤법 검사를 해보세요.

● **예제파일** : 의사소통능력.hwp

HINT [도구] 탭-[맞춤법 검사( )]를 클릭

4 3번의 문서를 이용하여 책갈피와 하이퍼링크를 지정해 보세요.

● **완성파일** : 의사소통능력(완성).hwp

HINT ❶ 2쪽의 '가. 문서이해능력'에 커서를 놓고 [입력] 탭-[책갈피( )]를 클릭
❷ 1쪽의 '문서이해능력'을 블록으로 지정하고 [입력] 탭-[하이퍼링크( )]를 클릭

MEMO

MEMO